JN188235

子ども会と地方自治

地域の挑戦、行政の支援

三浦哲司

明石書店

はじめに

　わが国では近年、かつてないほど国や自治体における子どもへの関心が高まっている。国においては、2023 年 4 月 1 日にこども基本法が施行され、こども家庭庁が発足している。また、こども基本法に基づいて、同年 12 月 22 日には「こども大綱」が閣議決定された。このなかでは「こどもまんなか社会」、すなわち、すべての子どもや若者たちが、身体的・精神的・社会的に幸福な生活を送ることができる社会という方向性が明示されている。

　これらをみると、わが国の子ども政策は、主には子どもの貧困や虐待への対策、子どものいじめや自殺への対策、子育て支援のための環境整備、といった内容を中心に構成されていることがわかる。また、自治体の側は独自の子ども政策を展開しているところもあり、たとえば全国的にも有名になった兵庫県明石市は、まちづくりの中軸に子どもを据え、必要な予算を優先的に確保して、公共施設の整備とともに、子育て世帯に適した多様なサービスを実施している。

　このような子ども政策の展開の一方で、年々、衰退している子ども組織のひとつに、子ども会がある。子ども会というと、人によっては「昭和の遺産」のようなイメージを抱く場合もある。ただ、今日でもなお、全国の自治体の多くでは子ども会が存在し、なかには本書で取り上げるように創意工夫を重ねながら活動している事例もみられる。こうした子ども会は、先の子ども政策の展開とは異なり、これまでニュースや新聞で取り上げられる機会は多くなかった。

　ところが、2024 年 8 月 24 日には、NHK ニュース「サタデーウオッチ 9」のなかで、子ども会の衰退状況が全国放送された。その内容は、おおよそ以下のとおりであった。すなわち、昭和の時代には賑やかだった子ども会であるが、社会環境の変化とともに夫婦共働き世帯が増加し、保護者が運営を担うのが困難になって、休止・解散するところが増加している。そのため、令和の時代に合った子ども会のあり方が問われている、と。

たしかに、かつての子ども会は現在とは大きく異なり、団体数も会員数も多く、それぞれの自治体における加入率も高い状況にあった。しかし、社会環境の変化とともに、保護者負担をはじめとするさまざまな問題が顕在化していった事実がある。ここでいう保護者負担とは、金銭的負担、時間的負担、体力的負担、精神的負担などの内容からなる。こうして、わが国では全国的に、しだいに「子ども会離れ」が進行していった。今日にいたっては、SNS 上で「子ども会」でキーワード検索すると、子ども会に対する不平不満の投稿が数多くみられる。

　このような状況に対して、筆者はしだいに、従来とは異なる学問領域からのアプローチにより、少しでも子ども会が抱える課題の解消に寄与できないか、という思いを抱くようになった。というのも、子ども会をめぐる問題状況が顕在化しているにもかかわらず、子ども会について検討する先行研究の多くは、子ども会の教育的意義を説く内容が中心だからである。

　そこで、筆者が中心となって、2023 年 2 月にはコミュニティ政策学会の主催で「子ども会と地域コミュニティの関係を考える」というオンラインシンポジウムを開催し、さまざまな学問領域からの子ども会の研究可能性を模索した。このときには、地方自治論、社会心理学、地域社会学、法社会学などの研究者、および自治体職員が登壇し、子ども会のあり方について多角的に討論している。詳しい内容は、オンラインシンポジウムの様子をまとめた、コミュニティ政策学会監修・コミュニティ政策学会中部支部編著（2024）『子ども会と地域コミュニティの関係を考える』東信堂、に譲るが、筆者はこのシンポジウムでの討論をとおして、あらためていま、地方自治研究者としての立場から、子ども会について分析・考察しなければならないという必要性を痛感したのである。

　筆者は地方自治論を主な研究領域とし、そのなかでも自治体内分権や自治体コミュニティ政策について研究してきた。その立場からすると、既存の子ども会研究は自治体行政との関わりについてほとんど扱ってこなかったといわざるをえない。ただ、実際には自治体行政は補助金や助成金の交付、子ども会育成会の連絡・連合組織の事務局機能の担当、などのかたちで子ども会を支援して

きた経緯があるし、現在も大半がそのような対応をしている。そうであるなら
ば、地方自治論を基盤とし、従来とは異なるアプローチから子ども会について
検討することによって、既存の子ども会研究ではなしえなかった視点や知見を
提供し、現在の子ども会の行き詰まりの解消に少しでも貢献できるのではない
か。こうした思いで、ここ数年にわたり、筆者は子ども会研究を進めてきた。

　本書においては、その内容からもわかるように、ワークショップやリスケー
リングをとおした従来の子ども会の運営と活動の変更、自治体行政による子ど
も会支援事業の見直し、子ども会育成会の連絡・連合組織の改革、子ども会支
援事業の再直営化、といった動向を扱っている。これらはいずれも、既存の子
ども会研究にはみられない視点からのアプローチであり、そこから得られる示
唆は少なくないだろう。

　本書の研究目的とも関連するが、筆者は子ども会について、常に３つの思い
を抱いて研究してきた。第一は、筆者がこれまで取り組んできた地方自治研究、
なかでも自治体コミュニティ政策の研究における視点や知見が大いに役立つ、
という点である。第二は、子ども会という存在は、子どもたちが自分の住む地
域に対して興味・関心を抱き、関わりをもつ最初の入り口としての可能性を有
している、という点である。第三は、全国的に休止・解散が進行するのであれ
ば、いま、子ども会について研究しておかなければ、いずれは研究すること自
体が困難になる、という点である。

　筆者はこうした３つの思い、とりわけ「子どもたちにとっての地域への関わ
りの入り口」という点を大切にし、子ども会研究に取り組んできた。子ども会
に参加し、数々の経験を積んで身近な地域への思いを強めた子どもたちが、次
の時代の地方自治や地域コミュニティの担い手として活躍する、という明るい
将来展望をこれからも抱き続けていきたい。

　なお、本書は名古屋市立大学による以下の学内研究助成を用いた成果である。
・名古屋市立大学令和４年度特別研究奨励費（三浦哲司「社会環境の変化に応じた
　子ども会の組織と活動にはいかなる形態があり得るか？ —— 名古屋市瑞穂区の

子ども会活動を例に」（交付決定番号：2230003））

・ 名古屋市立大学令和5年度特別研究奨励費（三浦哲司「少子化時代の子ども会に相応しい運営と活動にはどのような形態があるか？—— 名古屋市瑞穂区の子ども会を例に」（交付決定番号：2330004））

・ 名古屋市立大学令和6年度共創まちづくり研究推進費（三浦哲司「時代の変化に適した子ども会への支援はどのようなものか？—— 自治体行政と大学による支援に注目して」（交付決定番号：2413449））

目　　次

第 1 部

子ども会を考える前提

いま、子ども会を考える

本章では、本書の研究対象である子ども会そのものに焦点を当て、なぜいま子ども会に関する研究が必要なのか、そもそも子ども会とはどのような組織なのか、これまで学術研究は子ども会をどのように取り上げてきたのか、それらの学術研究に照らして本書にはどのような意義があるのか、などをみていく。本章の内容を通じて、今日の子ども会の実態、および子ども会に対する学術研究の動向が明らかとなろう。

1　なぜ、子ども会の研究なのか

1 − 1　問題の所在

本書は、全国の自治体の多くで存在する子ども会に焦点を当て、自治体コミュニティ政策研究の知見を活かし、今後の子ども会のあり方を検討するものである。これは、以下の問題関心に基づく。すなわち、1980 年代前半から半ばまでという、子ども会の団体数と会員数でみた場合の最盛期に比べ、子どもや保護者を取り巻く社会環境は大きく変化している。そうしたなかで、今日の時代状況に見合った子ども会の運営と活動が要請されているのではないか、と。

さて、わが国では住民にとって身近な地域コミュニティとしては、まずは自治会・町内会があげられよう。この自治会・町内会は現在、全国的に運営が困難な状況にある。若い世代を中心に自治会・町内会への加入率は低下し、活動の担い手の確保も容易でないことから、自ずと役員の固定化と高齢化が進み、活動

もマンネリ化しているといわれる。結果として、ますます加入率は低下し、自治会・町内会は運営面でも活動面でも悪循環に陥っている。もちろん、全国各地の自治会・町内会のなかには、いわゆる地域リーダーが存在し、彼らのけん引力によって数多くの魅力的な活動を展開して成果をあげている場合もある[1]。ただし、そうした事例は稀有であり、多くの自治会・町内会では依然として上記の問題状況にどう向きあうかが問われている。

　こうした状況と関連し、全国の自治体で存在する子ども会も、現在では年を追うごとに運営と活動が困難となり、休止や解散にいたるケースが後を絶たない。子ども会そのものは、いわゆる教育の3形態（学校教育、家庭教育、地域教育）のなかでも地域教育の一翼を担う存在であり、その歴史は決して浅くない。ただし、そもそも少子化が進行し、また子どもや保護者を取り巻く社会環境が大きく変容するなかで、しだいに「子ども会離れ」が進んでいるのも事実である。

　それでは、こうした状況に対して、これまで学術研究はどのように向きあってきたのだろうか。たしかに、わが国ではこれまで、子ども会に関する研究はなされてきた。ただ、詳しくは後述するが、件数だけでみると、その前までの時期に比べて、1990年代以降は多くの研究成果が出ているとはいえない。また、子ども会に関する研究の大半は、社会教育学や児童福祉論からのアプローチが中心で、子ども会という組織そのものに焦点を当て、教育的意義を説いている。換言するならば、既存の子ども会研究のなかでは、上記のような問題状況について検討した内容は、必ずしも多くない。もっというと、自治体行政の対応に注目し、子ども会支援事業の動向を扱っている内容は、管見の限りでは把握されない。

　以上をふまえると、時代の推移とともに、子どもや保護者など子ども会に関わる主体をめぐる環境が変化しているにもかかわらず、多くの子ども会では以

1　たとえば、全国的に注目された事例として、東京都立川市の大山自治会では、女性リーダーが自治会をけん引し、孤独死を出さない見守り活動を展開してきた経緯がある（佐藤（2012）参照）。

前からの運営と活動が継続して今日の時代状況にそぐわなくなり、参加者も減少している。かといって、現在のような子ども会をめぐる問題状況を打開できる見通しも立っていない。既存の学術研究に関しても、こうした状況の改善に寄与する示唆は、必ずしも与えることができてこなかったといわざるをえない。ここに、問題の所在を求めることができる。

１－２　研究の目的

そこで、本書は主に３つの研究の目的を含んでいる。第一は、自治体コミュニティ政策研究の知見を活かし、さまざまな問題を抱える子ども会の運営と活動の現場に対して、それらの解消に寄与するような視点や示唆を与えることである。後述するように、子ども会はかつて、運営と活動における豊富な担い手の存在もあり、多くの子どもたちが参加し、地域社会における遊びの場として、また体験の場として機能していた。しかし、今日にいたっては、子どもたちや保護者を取り巻く社会環境は大きく変化し、以前のような運営と活動はしだいに困難となっていった。特に指摘されるのは、子ども会の担い手不足の問題であり、その背景には保護者にとっての負担問題がある。すなわち、子育て世帯のあいだでは夫婦共働きが当たり前となり、日々の仕事や子育て、週末の家事育児で追われるなかで、子ども会の世話をする、子ども会の面倒を見る、まではとても不可能という事情がある。もちろん、なかには仕事を抱えながら子ども会を支えている保護者がいるし、実際に学術研究でも保護者の就労状況が子ども会の加入・未加入に影響するとは必ずしもいえないという指摘もある[2]。それでも、保護者の負担問題がいたるところで把握されており、何らかの対応が要ることはたしかであろう。こうしたなかで、自治体コミュニティ政策研究の知見は、子ども会の負担問題を考える際に、さまざまなかたちで活用できよう。具体的には、すでに自治会・町内会といった地域コミュニティの運営をどうしていくか、その際に役員の負担問題をどう解消していくかが検討されており[3]、

2　高橋（2021）８〜10ページ参照。
3　たとえば、三浦（2020a）342〜353ページがあげられる。

子ども会の負担問題に与える示唆は少なくない。

　本書の目的の第二は、子どもたちにとって、子ども会が地域社会と関わりをもつ最初の入り口という意義を明らかにすることである。子ども会への加入要件のひとつに年齢があり、4歳前後から加入できる場合が多い。実際に子ども会に加入すると、まずは単位町内会・単位自治会（小学校区よりも狭域で組織される、「〇丁目町内会」などといわれる）ごとに組織される単位子ども会に参加する。そこでは、自分と同じ地域で日常生活を送る子どもたちとともに、遊びを通じて親睦・交流を重ねていく。このときに、単位子ども会の活動として、子ども神輿や子どもお獅子、地域清掃や資源回収、さらには夏休み期間中のラジオ体操などに取り組むことがあれば、子どもたちには自ずと地域社会との接点が生まれてくるだろう。こうした積み重ねが、子どもたちにとっての地域社会への興味関心の喚起に寄与し、将来的には地域社会の担い手の育成につながっていくという展望を描くことができよう。ただし、周知のとおり、わが国では現在、地域社会で活動する各種団体は、多くの場合に活動の担い手不足に陥っており、いたるところで担い手の確保が大きな課題となっている。

　本書の目的の第三は、いま、この時点で子ども会の研究に取り組み、子ども会の実態を丹念に記述し、書き残しておくことである。後述するように、全国的に共通して、わが国では現在、子ども会の団体数も会員数も、年々減少している状況にある。その結果として、単位子ども会の休止や解散が相次ぎ、さらには小学校区や自治体の範域で組織される子ども会育成会の連絡・連合組織（〇〇学区子ども会、〇〇市子ども会連合会など）も同様の状況に陥っている。こうした状況が続けば、近い将来に子ども会がわが国からほとんど姿を消してしまう可能性も、完全には否定できない。そうであるならば、まだ子ども会が全国各地に存在するいまの時点で、子ども会について研究し、子ども会がどうなっているのか、際立った運営と活動に取り組んでいるならばそれはなぜか、といった点を書き残しておく必要があるのではないか。もちろん、子ども会が消滅した時点でも、子ども会についてまったく研究ができないことはないだろう。ただ、子ども会に関わる当事者へのヒアリング調査の実施、子ども会の運営と活動に

関する資料の入手、といった事情にかんがみると、子ども会が消滅する前の時点で、子ども会に関する研究に取り組むことには、一定の意義を見出せるのではないか。

1－3　研究の問い

　こうした目的からなる本書は、主に3つの研究の問いを基に、一連の検討を進めていく。第一の研究の問いは、「わが国の子ども会はいま、どのような実態にあるのか」という点である。上記のとおり、最盛期に比較すると、子ども会は現在、団体数も会員数も大きく減少し、その数は今後も年々減り続けていく見通しとなっている。同時に、保護者の負担問題がかつてないほど顕在化し、保護者の事情によって子ども会への加入が敬遠される場合もみられる。こうした状況において、はたして子ども会にはどのような子どもたちが参加し、誰が子ども会を支え、どのような運営と活動の実態となっているのだろうか。また、子どもたちや保護者を取り巻く社会環境が大きく変化するなかで、創意工夫を重ねながら、今日の時代状況に見合った運営と活動を達成できている子ども会はみられるのだろうか。本書ではまず、今日の子ども会の実態について、さまざまな角度から把握してみたい。

　第二の研究の問いは、「子ども会が抱える問題状況をふまえ、運営と活動の改善を達成できた場合、そこにはどのような背景や事情があるのか」という点である。たしかに、全国的にみるとさまざまな問題を抱え、休止や解散を余儀なくされる子ども会が数多くみられる。他方で、そうした問題に直面しながらも、子ども会を支える育成者や行政の創意工夫により、持続可能な体制を構築して子ども会を支援し、子ども会としてこれまでにはみられなかった新しい活動に取り組みはじめたうごきも把握される。具体的には、**第4章**でも扱うように、単位子ども会が休止してしまい、居住地域によっては子ども会の活動に参加できない状況に置かれている子どもたちのために、単位子ども会の空白地帯に住む子どもたちを対象とした合同単位子ども会を新たに組織して活動している事例があげられる。他にも、**第6章**で扱うように、保護者や育成者の負担問

題を受け止め、子ども会育成会の連絡・連合組織として長年にわたって開催してきた全市的な行事などを、以前からの慣例にとらわれずに廃止させた事例もみられる。本書においては、こうした事例を検証することで、子ども会の運営改善や活動見直しを達成できた場合の背景や事情を検証し、いかなる条件が整えばそうした改善や見直しにいたるのかを明らかにしたい。

　第三の研究の問いは、「これからの時代の子ども会に対して求められる視点や発想は、どのようなものか」という点である。本書においては、上記のふたつの問いを基にした検討をとおして、最終的には今後も子ども会が運営と活動を続けていくうえで必要となる視点や発想を提示したい。もちろん、ひとつひとつの子ども会は、参加する子どもたちも、支える保護者や育成者も、その人数や属性は一様ではない。それ以外に、子ども会の運営と活動を支える存在の有無も大きく異なる。もっというと、都市部なのか、それとも農山漁村部なのかといった、子ども会が置かれている地域特性のちがいもある。そうであるならば、本書における検討をとおして得られた視点や発想について、これを一般化する際には留意を要するのも事実である。ただ、子ども会は「子どもが主役の子ども会」という本質的なところでは共通しており、また運営と活動を支えるうえでの育成者の存在もある。そのため、たしかに子ども会ごとの事情や地域特性はみられ、普遍化や一般化の限界はあるものの、本書における一連の検討をとおして、共通して今後の子ども会の運営と活動にとって寄与する視点や発想、新たな知見を提示してみたい。

2　子ども会をめぐる動向

2−1　子ども会とは何か

　そもそも子ども会をめぐっては、論者によってさまざまなとらえ方がなされている。たとえば、鵜野祐介は「集団的な遊びやスポーツ・レクリエーション・キャンプ、文化活動・ボランティアなどを通して、子どもの自主性・社会性・

道徳性を育てることを目的として組織される異年齢の子ども集団[4]」と整理している。また、公益社団法人全国子ども会連合会のホームページでは、「子ども会は、乳幼児から高校３年生年齢相当までを構成員とし、地域を基盤とした異年齢の集団です。その活動を支える指導者と側面から援助する育成者が必要であり、この子どもの集団と指導者、育成者を含めた総称として用います」「子ども会とは、仲間と活動を共有することによって、その子およびその子が参加している集団の、より望ましい成長を意図したコミュニティ活動です。地域を基盤とし、仲間集団のもつ形成力と、活動（経験）を通しての成長を統合し、よりたくましい子ども、子ども集団を実現しようとする活動です。家庭・学校では、与えることが困難な、しかし、子どもの発達にとって不可欠な経験を与えることを目的としており、家庭・学校はもとより、地域の諸機関・諸集団と強い連携を保ちながら、活動を進めていくことが大切です」との記述がみられる[5]。

　こうした子ども会について、その特徴はおおよそ以下のように整理できよう。すなわち、①ある一定の地域に住む子どもを対象に、遊び集団を基盤として組織する異年齢の集団であること、②子どもの自由意思で参加できる集団であること、③学校と連携は図るが、学校教育とは別個の組織の社会教育関係団体であること、④子どもの欲求を基調に置いて、教育的に配慮したプログラムを編成し、活動する集団であること、⑤成人指導者の指導のもとに独自の活動目標をめざして、子どもが自主的に運営する集団であること、⑥親や地域の人々に見守られながら、地域で活動する集団であること、の６点である[6]。

　もっとも、そもそも子ども会に関しては、これを対象とする何らかの法整備がなされているわけではなく、制度としての明確な定義づけがあるわけでもない。子ども会があるからといって、国から当該自治体に対して、地方交付税交付金の措置がなされるわけでもない。こうした状況であるため、「子ども会とは

4　鵜野（2020）59 ページ。
5　公益社団法人全国子ども会連合会ホームページ「子ども会用語集」より。2025 年 2 月閲覧。
　　https://www.kodomo-kai.or.jp/yougoshuu/
6　福留（1980）53 ～ 54 ページ参照。

何か」に関しては、論者によっても自治体によっても、とらえ方がさまざまである。実際に、子ども会の運営も活動も多岐にわたり、地域ごとに地域特性に応じた特色がみられる。そこで、本書ではひとまず、子ども会を「同じ地域に居住する異年齢の子どもたちが任意で参加し、運営は育成者や保護者を中心に担い、定期・不定期の活動を通じてさまざまな参加者同士が学びあい、研鑽を積み、自己の成長を促すための組織」と位置づけ、検討を進めていきたい[7]。同時に、こうした子ども会について、以下の4点を指摘しておきたい。

　第一には、子ども会は「子どもが主役の子ども会」という理念があるものの、実態としては育成者や保護者が運営と活動を担っている、という点である。たしかに、たとえば自治体行政から補助金や助成金の交付を受けるにあたり、子どもたちの代表としての子ども会長の名前を明記して申請する場合がみられる。ただし、補助金や助成金の申請書を作成するうえで、子どもたち自身が1年間の運営と活動にともなう収入予算や支出予算といった必要事項を記載するのは、実際には困難である。そのため、育成者や保護者が申請のための書類づくりを担うことになる。同様に、夏祭りやクリスマス会といった催事の開催にあたり、事前の企画づくりや各種の準備と調整、当日の運営と事後の残務処理を子どもたち自身ですべて担当するのは、おおよそ不可能である。こうした事情から、子ども会の催事にとって必要な作業を育成者や保護者が担わざるをえない。このようにみるならば、子ども会が抱える負担の大きさや担い手の不足といった問題というのは、実は子どもたち自身の問題というよりも、むしろ子ども会を支える育成者や保護者にとっての問題であることがわかる[8]。

　第二には、子ども会の活動は多岐にわたり、個々の子ども会ごとに活動内容

7　こうした子ども会のとらえ方に関連して、多くの論者は「異年齢の集団」という点に、子ども会の特徴を見出している。なお、異年齢の子どもたちが学びあうことの重要性は、ロジャー・ハートも指摘するところである（ハート（2000）35 ～ 36 ページ参照）。

8　こうした内容に関連して、子ども会の会員を子どもたちのみに限定し、育成者や保護者はあくまでも子ども会を支えるメンバーとして位置づけるのか、あるいは子どもたちに加えて育成者や保護者、さらにはジュニアリーダーなども会員に含めるのか、という点に関しては、子ども会ごとに事情は異なるのが実態である。

や頻度が異なる、という点である。子ども会としてどのような活動を展開するかは、当該子ども会、もっというと、上記とも関連するが、運営を担う育成者や保護者の意向や都合に大きく左右される。換言すると、彼らが子ども会の運営と活動に多くの時間と人員を割くことができれば、多種多様な活動が可能となる。具体的には、お泊まり会やキャンプといった宿泊行事、バレーボールやドッジボールなど球技を中心とするスポーツ大会、演劇鑑賞やボウリングなどの親睦行事、その他バザーや廃品回収といった活動があげられよう。反対に、彼らに時間的余裕がなく、対応できる人員も限定的という場合には、子ども会活動を頻繁に実施するのは容易でなく、限られた活動にとどまらざるをえない。このようにみると、子ども会の活動量は、子ども会を支える育成者や保護者の事情に大きく左右されることがわかる。

　第三には、子ども会活動は地域性がともなってくる、という点である。すなわち、子どもが参加できる子ども会は原則、自らが居住する地域における子ども会となる。そのため、自らが居住する地域に子ども会が存在しない場合は、そもそも子ども会活動に参加する機会が得られないことを意味する。なお、地域性といっても、そのスケールは一様ではなく、最も身近な範域における単位子ども会（「地域子ども会」ともいわれる）、小学校区程度の範域における校区子ども会・学区子ども会など、多層的に子ども会が存在する点にも留意を要する。

　第四には、子ども会に参加するのは小学生の子どもが多く、中学生は主にジュニアリーダーとして側面支援を担うかたちで関わっていく、という点である[9]。ただし、実態としては、小学生のあいだは子ども会の会員として活動していても、小学校を卒業するタイミングで子ども会を退会する場合が多い。そのため、中学生になってからも、ジュニアリーダーとして関わり続ける子どもは決して多くない。ちなみに、子ども会に加入するタイミングは必ずしも小学1年生に限定されないし、習い事やクラブ活動の多忙化、さらには転校などの事情から、小学校の卒業を待たずして子ども会を退会する場合もある。こうした

9　ジュニアリーダーに関しては、たとえば神戸市のある地域では高校生が担うなど（小林（2001）120ページ参照）、自治体によってちがいがある点には留意する必要がある。

事情からもわかるように、そもそも子ども会は任意加入の組織であり、基本的には当該地域に居住したからといって自動加入を強いられることはない。

　なお、こうした子ども会について、かつて増山均は組織形態や活動内容を基に、以下の７つに類型化していた。それはすなわち、①町内会・自治会によって育成される「町内子ども会」（狭い意味での「地域子ども会」）、② PTA 校外生活指導部による「PTA 子ども会」、③教育委員会や行政機関が夏休みに行なう「緑陰子ども会」「巡回子ども会」、④児童館や図書館が企画する「行事子ども会」、⑤部落解放運動による「部落子ども会」、⑥セツルメント、ユネスコ、児童文化研究会など青年・学生による子ども会、⑦児童教育・文化団体や婦人団体、宗教団体が取り組む子ども会、の７つであった[10]。

2－2　子ども会の歴史

　このような子ども会は、これまでどのような歴史をあゆんできたのだろうか。子ども会の源流は江戸時代の「子ども組」にまでさかのぼるといわれ、これは寺子屋とは別に子ども同士が集う遊びの場であるとともに、神事や村行事への参加の場でもあった[11]。こうした「子ども組」はその後も明治、大正と続いていったものの、昭和の時代には時局の影響を受け、子どもが集う場の中心は学校主体の少年団組織へと移行していく[12]。1941 年には、あらゆる少年団が統合されて「大日本青少年団」が結成され[13]、ここが子どもたちにとって戦時下における国策遂行の意識醸成の場となった[14]。

10　増山（1986）46 〜 47 ページ参照。

11　末崎（1992）188 〜 192 ページ参照。なお、伝統行事をとおした子ども組と子ども会との歴史的連続性については、服部（2010）に詳しい。

12　田中治彦によると、戦前において「子供会」といった場合、主に会合のことを指していたという（田中（1996）1 ページ参照）。

13　大日本青少年団については、上平（1996）に詳しい。

14　松本伸夫によると、戦前の隣組を中心とする町内子ども会は、当時の皇国民錬成の手段として組織化され、戦時国家として第二の皇国民を心身ともに鍛えるねらいがあったという（松本（1963）25 〜 26 ページ参照）。

　戦後に入ると、当時の文部省と厚生省のふたつが、子どもの地域活動に関する指導や助言を担い、文部省の指導で児童愛護班が作られ、ここが子どもクラブの結成を促していくこととなる。他方、厚生省に関しては、児童指導班の結成を進め、ここが子ども会の結成を推し進めていった。なお、こうしたふたつのながれが存在したのは、当時、文部省は青少年の不良化対策が、厚生省は社会性の発達を意図した児童の組織化が、それぞれ課題として位置づけられていた事情に由来する。

　その後、1963 年には、子ども会活動を支え、子どもの徳性の涵養や健全な育成をめざすねらいから、全国少年団体指導者連絡協議会が結成されている[16]。これは、文部省が主催する少年生活指導研究集会において、ここに参加した有志のなかから結成を求める声が上がり、実際に結成にいたったという経緯がある。その後、1964 年にはこの協議会を発展的に解消し、単位子ども会、指導者、連合組織を会員とする全国子ども会連合会が結成され、ここに全国の子ども会が加盟していった。こうして、子ども会は全国組織も作られ、団体数と会員数でみると、1980 年代前半から半ばにかけて最盛期を迎える。

　ちなみに、全国組織としての全国子ども会連合会は、ちょうどこの最盛期の時期に機関誌『月刊子ども会』の発行をはじめている[17]。この機関誌は 1980 年 10 月の創刊号から、1995 年 3 月に休刊となるまでのあいだ、おおよそ 15 年にわたり毎月 1 回の頻度で発行し、全国の子ども会の活動の様子、有識者による子ども会の運営と活動に関する助言、などを掲載してきた。ちなみに、毎回の特集テーマをみると、たとえば「『子ども会』ってなあに」（1990 年 4 月号）、「育成会再発見」（1991 年 4 月号）、「子ども会のウィークポイント」（1992 年 10 月号）、

15　なお、吉原直樹によると、戦後の間もない時期において、子ども会のなかには青年団との協力と監督のもとで、女子が地区内の郵便物の配達を、男子が地区内の警備と火の用心を兼ねた定期巡回を、それぞれ担当する事例もみられたという（吉原（1989）89 ページ参照）。

16　公益社団法人全国子ども会連合会ホームページ「設立のあらまし」より。2025 年 2 月閲覧。https://www.kodomo-kai.or.jp/aramashi/

17　『月刊子ども会』については、野垣（1985）159 〜 168 ページに詳しい。

図表序－1　全国の単位子ども会の団体数と会員数の推移

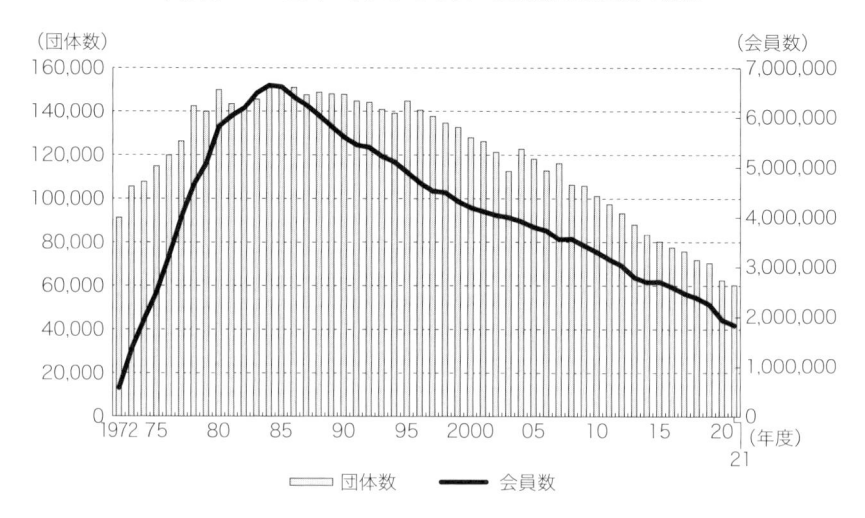

出所：内閣官房ホームページ「こどもまんなかフォーラム（第6回）」での美田耕一郎氏（公益社団法人全国子ども会連合会会長）の配布資料「全子連加入者数推移」を参照して筆者作成。2025年2月閲覧。https://www.cas.go.jp/jp/seisaku/kodomo_mannaka_forum/pdf/dai6/siryou5.pdf

「育成会役員入門 —— 今日から旅立ち」（1993年4月号）、「子ども会の戦略」（1994年3月号）など、現在の問題状況にも通じ、また今日の子ども会のあり方を検討していくうえで、寄与しうる内容も把握することができる。

　もっとも、**図表序－1**にあるように、1980年代半ばからは、子ども会の衰退が加速し、子どもの数の減少以上に、子ども会の団体数と会員数の減少が顕著になったと指摘される[18]。同時に、こうした状況は今日まで継続している。このような子ども会の衰退の背景について、三宅博之は北九州市における事例研究を基に、外部要因と内部要因のふたつに分けて整理している[19]。このうち、外部要因に関しては、子ども会活動を支える町内会で未加入者が増加している動向、および習い事やスポーツクラブといった子ども会以外の活動の豊富化、の2点があげられる。このなかで、町内会との関係に関しては、子ども会への参

18　三宅（2014）157ページ参照。
19　同上、167〜172ページ参照。

加は町内会の加入が前提となっている場合が多く、町内会の未加入世帯が増加すればするほど、子ども会への参加人数が減少していく関係にあるという。また、習い事やスポーツクラブに関しては、子ども会の行事活動が行なわれる土曜日や日曜日に、同様に活動がある場合も多く、結果として子ども会活動への参加が難しくなっているといわれる。

　他方、内部要因に関しては、子ども会の活動を支える役員の担い手不足問題の顕在化、および時代の変化に合わない活動内容の継承、の2点が指摘できるという。このうち、前者に関しては、自治会・町内会や学校のPTAなどにおいても同様の問題状況が発生しており、共通する点も多い。子ども会の役員に関しても、会計、連絡調整、印刷物作成、物品購入など、運営と活動において細かな作業が発生し、役員負担を増大させてしまう。このような役員負担ゆえに、「6年生になると役員をしなければいけなくなるので、5年生が終わった時点で子ども会を脱会させる親がいる[20]」という。かといって、子ども会活動のあり方を見直そうにも、多くの場合に役員の任期は保護者の時間的余裕の不足から1年交代となっており、1年間を無難にこなして引き継ぐのが精一杯という現実がある[21]。なお、子ども会の役員に関しては、男性の参加率が決して高くはなく、場合によっては役員が女性のみの子ども会も存在し、「子ども会活動は女性が担うもの」という誤解もみられる[22]。

　また、後者の子ども会の活動内容に関しては、子どもを取り巻く社会環境が大きく変化しているなかで子どもの遊び方も変わってきており、こうしたなかで従来の行事が、上記の役員事情もあいまって今日まで継続している現実がある。具体的には、神社での祭事への参加、スポーツ大会や校区運動会への出場、

20　同上、170ページ。

21　この点に関しては、すでに長年にわたり指摘されてきた内容である（たとえば、加藤・藤田（1989）347 〜 356ページ参照）。

22　この点に関連して、小山弘美によると、女性のボランティア活動への参加者のうち、年代別でみると、40代では「子どもを対象とした活動」の割合が高く、こうした背景にはPTAや子ども会などの子どもの活動に関わる人が多い事情に由来するという（小山（2021）90 〜 91ページ参照）。

夏休みラジオ体操、遠足、廃品回収、クリスマス会、歓迎会やお別れ会などがあげられる。ただ、現状においてはテレビゲームをはじめとして子どもを惹きつけるものが数多く存在するなかで、既存の子ども会活動が子どもにとって魅力的な内容となっているかどうかは再考が要る、と指摘されている。

2－3　子ども会の位相

ここで、子ども会の性格を相対的に把握するねらいから、わが国の地域コミュニティの中心的な存在といわれる自治会・町内会を取り上げ、子ども会と比較してみたい[23]。一般的に自治会・町内会は、大きく6つの特徴が存在するといわれる。すなわち、「世帯単位で加入する」「当該地域に住むと原則として加入する」「地域の事柄に対して包括的な機能・活動を担う」「行政に対して補完的な機能・活動を担う」「当該地域に存在するのは1つの自治会・町内会のみで地域的重複はみられない」「（例外はあるものの）全国で普遍的に存在する」の6つである[24]。

このようにみると、地域的な重複がない点、（昨今の減少傾向は別にして）全国で普遍的に存在する点、で子ども会と自治会・町内会とのあいだに共通性を見出すことができる。他方で、子ども会は（世帯単位ではなく）子どもが個人として加入し、（一部地域の慣例は除いて、自動加入ではなく）任意制のもとで自らの判断に沿って加入し、（包括的な活動というよりは）親睦や交流を中心として活動し、（行政からの補助金はあるものの、行政に対する補完よりも）自らの組織の意向

23　先行研究のなかには「単位子ども会の存続が自治会のあり方に大きく依存している」（高橋（2021）4ページ）との指摘がみられるように、子ども会と自治会・町内会との関係を重視する内容が把握される。他にも、子ども会育成会の特質が自治会・町内会のあり方から大いに影響を受けている点を指摘する先行研究もある（たとえば、住田（1977）があげられる）。なお、自治会・町内会を中心とする地域コミュニティの全体における子ども会の位相に関しては、倉田（1990）170〜176ページが参考になる。また、今日の自治体コミュニティ政策のなかで注目される住民自治協議会においても、子ども会は構成団体のひとつとしてとらえられている（中川（2022）27〜28ページ参照、直田（2022）70〜71ページ参照）。

24　自治会・町内会の特徴に関しては、日高（2003）60〜68ページが参考になる。

図表序－２　自治会・町内会と子ども会との比較

特徴	自治会・町内会	子ども会
加入の単位	世帯単位で加入する	（世帯単位ではなく）子どもが個人として加入する
加入のながれ	当該地域に住むと原則として加入する（ただし、今日ではこの自動加入制が揺らいでいる）	（一部地域の慣例は除いて、自動加入ではなく）任意制のもとで自らの判断に沿って加入する
活動の内容	地域の事柄に対して包括的な機能・活動を担う	（包括的な活動というよりは）親睦や交流を中心として活動する
行政との関係	行政に対して補完的な機能・活動を担う	（行政からの補助金はあるものの、行政に対する補完よりも）自らの組織の意向にしたがって活動する
地域的重複	当該地域に存在するのは１つの自治会・町内会のみで地域的重複はみられない	当該地域に存在するのは１つの子ども会のみで地域的重複はみられない
普遍性	（例外はあるものの）全国で普遍的に存在する	（昨今の減少傾向は別にして）全国で普遍的に存在する
加入の年齢要件	なし	４歳前後からという場合が多い
流動性	地域特性に応じて入退会が流動的な場合がある	年齢要件によって、時間的経過のなかで子どもたちの入退会がある

出所：筆者作成。

にしたがって活動しており、相違点も少なくない。これらをまとめたのが、**図表序－２**である。

　これら６つの特徴以外でいうと、子ども会への加入には年齢要件が設定されているのが一般的である。すなわち、多くの場合に４歳前後からという加入の年齢要件があり、小学校を卒業する際には、ジュニアリーダーというかたちで引き続き子ども会に関わるか否かを判断することになる。いずれにしろ、実態としては子どもたちが小学生である時期に、子ども会に参加・活動する場合が多いといえよう。こうした事情ゆえに、当然のことながら時間的経過のなかで、子どもたちの入退会がある。つまり、定期的に子どもたちの入れ替わりが起こり、それにともなって子ども会に加入する子どもの保護者の入れ替わりも生じるわけであり、組織としては一定の流動性を有しているといえる。こうした入退会にともなう流動性という性格もまた、自治会・町内会とのちがいとしてと

らえることができよう。

　ちなみに、自治会・町内会との特徴のちがいに関連して、わが国では「最大動員システム」といわれるように、自治体行政運営において、既存の自治会・町内会の協力が前提となっている現実がある[25]。すなわち、上記の6つの特徴のうち、「行政に対して補完的な機能・活動を担う」とあるように、自治体行政の側も、自らの力量のみでは対応しきれない領域で、自治会・町内会が補完的な機能・役割を担ってくれることを前提に、各種事業を実施している点は否定できない[26]。具体的にいうと、たとえばごみステーションの維持・管理は多くの場合、自治会・町内会の役員が輪番制で担当しており、心無い住民が夜中にごみを出した結果としてカラス被害によって路上にごみが散乱した場合、ごみを出した当事者に代わって彼らが清掃活動を担うことになる。換言するならば、自治体行政の環境部署がこうした場合に直接対応する場合はまれであり、日常的に自治会・町内会の協力に依拠しているのである。

　このような事情もあいまって、自治会・町内会の加入率低下問題は、自治体行政の運営にとって将来的に深刻な事態をもたらすおそれがある。そのため、しばしば議会でもこの問題が取り上げられる。一方で、子ども会に関しては、その存在の有無や活動のあり様が、必ずしも自治体行政の運営において決定的・致命的な影響を与えるとは言い切れない。こうした事情もまた、これまで子ども会のあり方に関する検討が進んでこなかった一因ではないか。

　なお、わが国では現在、自治会・町内会やPTAをめぐり、活動の担い手が抱える負担問題をどう解消していくかが問われている。ここでいう負担とは、会費や寄付・募金といった金銭的な負担、会議や活動への参加によって生じる時間的な負担や体力的な負担、さらには同じ役員とのあいだの人間関係から生じる精神的な負担、などがあげられる。このような負担が大きく、また社会環境の変化のなかで夫婦共働きが一般化しており、仕事をしながら運営と活動に参

25　村松（1994）30ページ参照。
26　自治会・町内会と国または自治体行政とのあいだにみられる相互依存関係の背景・事情については、日高（2018）88〜94ページが参考になる。

加するのは困難となって、自治会・町内会離れや PTA 離れが加速しているといわれる。とりわけ PTA に関していうと、参加者同士のあいだで、「やらないといけない」（義務感）、「やらされている」（強制感）、「やらない人がいる」（不公平感）という「3 本の『や』」が蔓延し、その結果として保護者にとって PTA は関わりをもちたくない存在という認識が浸透してしまっている現実がある。[27] こうした負担問題や「3 本の『や』」という視点は、子ども会においても共通する部分があるといえよう。そのような状況のなかで、自治会・町内会や PTA、子ども会の活動で発生する負担感について、「責任は共有する。その上で作業は分担する」[28] という運営に変更することで、負担感の減少につながる、という西川正の指摘は示唆に富む。[29]

3　学術研究における子ども会

3－1　子ども会研究のあゆみ

　子ども会に関しては、これまでは主に社会教育学や児童福祉論からのアプローチが多く、学術研究の量で判断するならば、1980 年代までは盛んに子ども会研究が行なわれていたといえる。もっとも、「子ども会は量的には学校と並び称するほどの規模をもちながらも、その内容や方法についてはほとんど研究的にとり扱われておらず、いまだ経験主義の域を脱していない。また、その取り組みの多様さにもかかわらず、子どもの成長・発達、人格形成に関して子ども会がもつ意義や役割について、積極的に研究されることがあまりにも少なすぎ

27　山本（2016）7 ～ 8 ページ参照。
28　西川（2023）89 ページ。
29　あわせて、西川はさまざまな組織に参加するうえでは「やってみたら楽しかった」「もっとやりたい」「またやってもいいな」と思うような結果になることが望ましく、反対に強制参加や動員は不満や恨みの感情を生んでしまう点に言及している。そこでのちがいを分けるのは、ボランティアコーディネーションやファシリテーションの有無であると説いている（西川（2023）93 ～ 98 ページ参照）。なお、自治体行政が地域の各種団体に対して動員を求める背景や事情については、沼尾・花立（2019）に詳しい。

たのではないか[30]」との指摘がみられる点には留意を要する。

　こうしたなかで、わが国を代表する子ども会研究には、先駆的な内容として鈴木道太による一連の「子ども会論」がある[31]。鈴木は子ども会について、子どもたちが良い社会人になるためには、遊びをとおして子どもたちの正しい自主性と協同性を育む必要があり、これが子ども会のねらいである、と述べる[32]。そうした子ども会は、以下の4つの要件を備えると、無理なく活動できるという。その4要件とは、すなわち、自発的かつ積極的に、自分のすべてをさらけ出す活動としての「遊び」、小学3年～6年ぐらいまでは最も遊びが積極的かつ活動的となるゆえに、子どもたちの心理的な特質を考慮する必要があるという点での「時期」、自然発生的な地域集団を基本成員とする「地域」、子どもたちが遊びうる能力をふまえると、子ども会の基本的な単位は多くても14～15人を超えてはならないとする「人員」、の4つとなる。いずれにしろ、鈴木は一連の「子ども会論」のなかで、再三にわたって子どもにとっての遊びの重要性を説き、実際に遊びを実践できる場としての子ども会に存在価値を求め、子ども会での遊びを通じた人間関係の形成を重視していることがわかる[33]。同時に、長年にわたる全国各地の活動現場での指導経験を基に、子ども会のあるべき姿という規範論とともに、子ども会の実践に寄与する運営と活動の具体的な取り組み事例を要所要所で提示している点に、鈴木による「子ども会論」の意義を見出すことができよう。

30　増山（1986）144ページ。

31　たとえば、鈴木（1955）、鈴木（1956）、鈴木（1958）、鈴木（1961）、鈴木（1969）があげられる。ちなみに、こうした鈴木の子ども会論を対象とした森本扶による研究（森本（2003））や増山均による研究（増山（2018）、増山（2021））も把握される。このうち、増山均によると、1961年に出版された鈴木道太の『地域子ども会入門』は、「10刷を超えるロングセラーとして、民間・行政の子ども会関係者にひろく読まれ、全国各地の子ども会活動に、直接・間接の影響を与えてきた書物である。戦後著された、子ども会に関する手引書・理論書の中で、鈴木の著書は最も広く普及し、各地の実践に影響を与えた」（増山（2021）272ページ）という。

32　鈴木（1956）55～58ページ参照。

33　鈴木（1956）55ページ参照、鈴木（1961）13ページ参照。なお、鈴木がこうした認識にいたった個人的な背景や事情は、鈴木（1969）に詳しい。

　その後も、増山均や野垣義行による検討もみられる[34]。このうち、増山均は、子ども会を含む子ども組織について、「学校から帰れば、仲間といっしょに夢中になって遊べる地域の異年齢集団が、日本国中どこにでも自然に存在している時代でなくなった現在、子ども会・少年団や学童保育など地域子ども集団・子ども組織は、子どもの発達にとってなくてはならない福祉・教育機関と言えるのではないか」と指摘する。こうした認識のもと、増山は子ども会について[35]「健全な娯楽と、遊び・スポーツ・文化活動・学習・仕事など子どもの自主的集団活動を通して、社会の一員としての豊かな成長を保障するために父母住民によって育成された子ども集団」ととらえる[36]。とはいうものの、実際の子ども会については、大人がすべてお膳立てしてしまい、子どもたちがお客さん状態になってしまっている。そのため、常に子どもが主人公として活動すること、地域を舞台として活動する特性からも当該地域のすべての子どもたちに開かれていること、といった子ども会としての本来のあり方が必要であると説いている[37]。

　また、野垣義行は、子ども会について、子どもを取り巻く生活環境の問題を克服していく機会として、また子どものたくましい成長にとって不可欠な機会として、その必要性を見出している[38]。野垣によると、子ども会は子どもたちに対して、家庭や学校では経験することが難しい活動を提供することにより、彼らのたくましい成長を約束してくれるという。このような期待のもと、野垣は子ども会を「仲間と活動を共有することによって、その子の、その子が参加している集団のより望ましい成長を意図したコミュニティ活動で、地域を基盤とし、仲間集団の持つ形成力と活動を通しての成長を統合し、よりたくましい子ども、子ども集団を実現しようとする活動」[39]、ないしは「同じ地域に住む子どもたちが、遊びを中心とした活動を共にすることを通じて、彼らのたくましい

34　たとえば、増山（1986）、野垣（1993）があげられる。

35　増山（1986）36 〜 37 ページ。

36　同上、46 ページ。

37　同上、51 〜 52 ページ参照。

38　野垣（1993）133 〜 135 ページ参照。

39　同上、136 ページ。

成長を実現しようとするコミュニティ活動[40]」ととらえている。子ども会の活動をとおして、身近な地域を人間形成の場として再構築し、かつ子どもたちの自治能力の育成をめざす必要があり、そのためにも地域の大人たちの理解と協力は欠くことができない。同時に、子ども会の活動に際しては、「子どもに感動を与える活動」「子どもが自己の能力にチャレンジするような活動」「子どもに自己価値感を育てる活動」という3つの条件を整えることが求められるという[41]。

　これらをみると、子ども会の活動内容を概説するとともに、その存在意義や教育的重要性などを説くものが中心であったことがわかる。同時に、当時の子ども会の運営と活動を進めるうえで一定の方向性を示しており、子ども会に関わるさまざまな立場の人々から参照されることもあっただろう。ただ、いずれも執筆当時の時代状況をふまえつつ、場合によっては半世紀以上前になされた研究でもある。換言するならば、今日の子ども会の運営と活動における危機的状況をふまえ、その背景や事情、さらには今後の方向性を提示する内容では、必ずしもなかった。

　もっとも、1990年代以降の子ども会に関する研究は、しだいに子ども会をめぐる問題に焦点を当て、どのような実態にあるのか、いかなる要因が子ども会の問題を引き起こしているのか、今後に子ども会をどうしていけばよいのか、といった内容を扱うようになってきた。たとえば、**第2章**でも取り上げるが、星山幸男は仙台市の子ども会を事例に、保護者へのアンケート調査を基にした保護者負担の問題について検討している[42]。このなかで星山は、一連の検討をふまえ、子ども会活動においては保護者負担の軽減のためにも、専門的力量を有している支援者との連携の必要性を説いている。また、三宅博之は北九州市の子ども会を事例に、こちらも保護者へのアンケート調査を基にしながら、多角的に子ども会の実態を分析し、子ども会再生の可能性と展望について言及してい

40　同上、140ページ。
41　同上、167〜169ページ参照。
42　星山（1996）参照。

る。このなかで三宅は、先に触れたように、子ども会の衰退には外部要因と内部要因があり、子ども会の状況をふまえるならば、幅広い住民による子ども会への関わり方の検討、役員任期の見直し、役員としてのファシリテーションスキルの習得、などが必要となる、と指摘している。

このようにみると、わが国の子ども会研究に関しては、もともとは社会教育学や児童福祉論によるアプローチが中心であり、子ども会の存在意義や教育的重要性を説く内容が多くみられたことがわかる。もっとも、その後は保護者を対象としたアンケート調査、あるいは特定の自治体における子ども会を対象とした事例調査、などに取り組む研究がしだいに増えていった。もちろん、上記で取り上げた内容以外でも、子ども会に参加する子どもたちや保護者・育成者を対象としたアンケート調査に基づき、今後の子ども会および育成会への支援のあり方を追究する研究もみられる[44]。また、子ども会活動が子どもたちの行動・態度にもたらす影響について明らかにするねらいから、子ども会に参加している子どもたちと、参加していない子どもたちとの比較をとおして、「子ども会に参加することにより、友だちが多くなり、年齢の異なる子どもと遊び、年少児の世話をすることも多くなる[45]」と指摘する研究もある。いずれにしろ、わが国の子ども会研究をみると、これまで多くの研究者が取り組んできた経緯があることがわかる。ただ、子ども会を対象とした学術研究の件数自体は、1990 年代以降はしだいに減少していったのも、また事実である。

3－2　子ども会研究の進化

わが国の子ども会に関するこうした研究動向のなかで、従来とは異なる手法や視点から、子ども会が抱える問題状況を引き起こす要因の解明につとめる研究も、今日ではみられるようになってきた[46]。

43　三宅（2014）参照。

44　山本・大野（2007）参照。

45　谷田貝・村越・西方（1996）19 ページ。

46　なお、子ども会が抱える問題状況の改善を意図した内容ではないものの、子ども会が取り組む伝統行事について、民俗学の視点から「子ども組」との歴史的連続性を検証した

　たとえば、加登田惠子は山口県内の子ども会について調査するなかで、市町村単位の子ども会育成会の連絡・連合組織の会長 11 名を対象とし、半構造化面接法によってインタビュー調査を実施しているのは興味深い[47]。その結果によると、子どもたちにとっての子ども会には「社会性や思いやる心を育むことができる」「家族以外の色々な大人に出会える」などの魅力・長所があるという。他方、連絡・連合組織の会長たちの課題認識としては、「育成会の役員のなり手がいない」「育成会の役員の任期が短すぎて、活動が継承されない」という点が把握される。

　同様に、加登田は山口県内の子ども会について検討する過程で、初めて単位子ども会の育成会の会長に就いた保護者を対象に、フォーカス・グループ・インタビューの手法を用いてインタビュー調査を実施している。そのなかでは、保護者自身が幼少期に子ども会活動の一環で、クリスマス会やバス旅行で体験した楽しい思い出が語られる一方、以下のような回答もみられるという[48]。すなわち、役員の立場であっても本音では子ども会を活性化したいなどと思っておらず、活動が面倒くさくて退会したいと感じることもある。子ども会の活動以外でも集まりが多いゆえに、仕事との兼ねあいも容易ではない。そうしたなかで、長年にわたって活動している育成者からの依頼も多く、負担面を考えるならば、子ども会は要らないかなとも思ってしまう。それでも、子ども会に入らないと地区内で「あの人、入ってないんよ」と言われてしまう現実がある、と。

　こうした加登田の研究は、従来の先行研究で多くみられたようなアンケート調査によるのではなく、育成者や保護者に対する半構造化面接法やフォーカス・グループ・インタビューという調査方法に基づき、子ども会の実態について検討している点で興味深い。実際に、加登田の研究からは、子ども会の現場における事情をつぶさに把握することができるし、こうした事情というのは多くの子ども会においても共通する内容でもある。

　服部比呂美の研究（服部（2010））は、子ども会研究にとって貴重な内容といえる。
47　加登田（2017）78 〜 81 ページ参照。
48　加登田（2018）99 〜 100 ページ参照。

　また、その他の先行研究としては、子ども会への加入者が減少している要因の解明につとめる、高橋征仁による社会心理学的アプローチからの研究がみられる[49]。この高橋の研究においては、保護者を対象としたアンケート調査を実施しつつも、サンプルには子ども会に入っていない保護者も含めることで、より社会全体の状況にあった保護者事情の解明につとめている点が注目される。高橋によると、保護者にとって自らの子どもを子ども会に加入させるか否かに関しては、保護者の就労の有無や雇用形態、少子化や子どもの習い事の増加といった社会環境の変化が要因ではないという。むしろ、周囲の家庭がどれほどの割合で子どもたちを子ども会に加入させているか否か、あるいは子ども会として自治会・町内会から何らかのサポートが得られているか否か、という地域事情が子ども会への加入・未加入に大きく影響すると指摘している。そのため、今後の子ども会には、加入することによって得られるメリットづくり、あるいは自治会・町内会との関係構築が必要になる、と説く。

　こうした高橋の研究は社会心理学に依拠し、これまでの先行研究にはみられない斬新な視点から現実社会が抱える本質的な問題を扱っており、社会的な意義とともに学術的な意義を見出すことができる。同時に、既存の自治会・町内会とのあいだでどのような関係を構築していくべきかについて注目している点で、本書の問題関心とも符合する。さらにいうと、今日の時代状況にかんがみるならば、自治会・町内会に関しても当てはまることではあるが、未加入者の立場からすると加入のメリットがなければ、子ども会への加入は見送ることになる。そのため、子ども会への加入をとおして得られるメリットをいかにして整えていくかが問われている点への言及も、時宜にかなった指摘といえよう。換言するならば、もはやかつてのように「子ども会は入って当たり前」という時代状況ではなく、こうした点にも留意しながら子ども会のあり方を検討していく必要がある。

49　高橋（2021）参照。

3-3　先行研究が抱える課題

　もっとも、子ども会に関するこうした先行研究には、まったく課題がないわけではない。ここでは主に3つの観点から、先行研究が抱える課題について確認しておきたい。第一は、上記でも触れたように、そもそも先行研究が盛んに行なわれたのは1980年代までの時期であり、それ以降は件数自体が多くなく、ましてや2020年代以降はほとんど研究がなされていない点である。もちろん、すでに1990年代から子ども会の担い手不足問題や保護者の負担問題は、先行研究のなかでも指摘されていた。ただ、今日にいたっては子どもたちや保護者を取り巻く社会環境が大きく変化している事実がある。具体的には、子どもたちの絶対数の減少、夫婦共働き世帯の増加、ひとり親世帯の増加、インターネットやスマートフォンの普及、などがあげられる。このようにみると、今日の社会環境の変化をふまえた、子ども会に関する学術研究の進展が必要であるといえる。

　第二は、これまでの子ども会に関する研究は、主に社会教育学や児童福祉論からのアプローチが中心であり、自治体コミュニティ政策研究の知見が、子ども会の運営と活動の現場に活かされてきたとは、必ずしもいえない点である。すでにみたように、子ども会は現在、運営と活動においてさまざまな問題を抱えている状況にある。こうしたなかで、自治体コミュニティ政策研究の知見を活かそうとするならば、たとえば「子ども会をどのように運営していくのか」は、まさにコミュニティマネジメントの研究と大いに関連してくる。また、「子ども会に対して同じ思いをもつ人をどのように集め、どのように活動を盛り上げていくか」は、コミュニティオーガナイジングの研究と関わってくることになる。このようにみると、自治体コミュニティ政策の研究と子ども会の現場とのあいだを架橋するような、従来の先行研究にはみられない新たな視点からの学術研究が要請されるのではないだろうか。

　第三は、これまでの先行研究は、自治体行政と子ども会との関係について注目

してこなかった、という点である。換言するならば、先行研究は子ども会その
ものや参加する子どもたち・育成者を扱う内容が中心であり、自治体行政には
焦点を当ててこなかった。しかし、歴史的に自治体の範域において、子ども会
が存在しない場合は別として、これまでわが国の自治体行政は、その大半が子
ども会と何らかの関係を有してきた事実がある。具体的には、補助金や助成金
を用意して金銭面で子ども会の運営と活動を支援する、子ども会育成会の連絡・
連合組織の事務局機能を担う、などがあげられる。また、全国的に子ども会の
運営と活動にさまざまな問題が生じている現在の状況をふまえると、自治体行
政としても子ども会支援事業を通じて、少しでも問題の解消に寄与する必要が
ある。そのため、学術研究としても、自治体行政と子ども会との関係に焦点を
当て、こうした状況の改善に寄与するような、何らかの視点や知見の提示が要
請されるのではないか。

4　本書の内容と研究方法

4－1　本書の構成

　ここまでの内容をふまえ、本書は表題のとおり『子ども会と地方自治』をテー
マに、子ども会の最新動向を対象として、以下のながれから構成される。**第1
章**「分析の枠組み」では、本書における検討を進めるうえでの全体的な分析枠
組みを提示する。具体的には、コアメンバーと周辺メンバーのふたつに区分し
て、子ども会の運営と活動を支えるさまざまな主体についてみていく。同時に、

50　たとえば、増山均は「地域子ども会や少年団などの子ども組織の取り組みは、行政的に
　　は、社会教育行政下での青少年団体活動としてとらえられたり、福祉行政下での児童愛
　　護・児童育成活動としてとらえられたり、あるいは、各部局をつないでの青少年健全育
　　成活動としてとらえられている」（増山（1986）163ページ）という認識のもと、行政か
　　ら委嘱された子ども関連の委員、行政による子ども関連の施設、行政による財政的補助、
　　保護者向けの学習機会などに触れている。また、東寿隆は子ども会活動を進めるうえで、
　　住民として自治体行政に向きあうにあたり、社会教育担当部署との関係づくりの重要性
　　を説いている（東（1986）182～186ページ参照）。ただ、こうした検討以外で、自治体
　　行政と子ども会の関係に言及した先行研究は、管見の限りでは把握できない。

それらのうち、本書において扱う主体についても、あらかじめ提示しておく。

　第2章「子ども会の実態」では、名古屋市の子ども会を事例として、全市的な子ども会の状況および個別の単位子ども会の実情という双方から、子ども会の実態を整理していく。ここでは、名古屋市子ども青少年局が実施したアンケート調査の内容に依拠し、子どもたちおよび保護者の双方の事情に照らしながら、名古屋市全体の子ども会がいま、どのような実態に直面しているのかについてみていく。同時に、名古屋市瑞穂区御剱学区の竹田町二丁目子ども会という単位子ども会を対象として、そこでの運営と活動を検証することで、子ども会の現場における実態を詳細に描いていきたい。

　第3章「子ども会とワークショップ」では、名古屋市瑞穂区の御剱学区子ども会として1年間にわたり取り組んだワークショップ「ワクワク未来会議」を取り上げる。子ども会が行なうワークショップというと、たとえば工作教室において専門家からの指導を受けながら木製のコースターを作製した、などの内容の場合が多い。しかし、御剱学区子ども会が取り組んだのは、夏祭りやクリスマス会のプログラムや役割分担、必要な用具などを子どもたち自身が考え、企画を構想するためのワークショップであった。さらに、ワークショップを通じて検討した企画の内容は、子どもたち自身が担い手となって実行するところまでいたっている。こうした一連の動向を検証することで、子ども会にとってのワークショップの意義を明らかにしたい。

　第4章「子ども会とリスケーリング」では、名古屋市北区の六郷北学区における「きずな子ども会」を事例として取り上げ、単位子ども会としてリスケーリングを実行することで持続的な運営体制の構築にいたった事情について検証していく。単位子ども会は多くの場合、近隣の単位子ども会との合併にいたる前に、休止や解散となってしまう。しかし、六郷北学区では町内会長を中心に子ども会の空白地域を解消させるために、休止中の単位子ども会を復活・合併させて新たに「きずな子ども会」を創設するにいたった。こうしたうごきの背景には、いかなる事情があったのだろうか。

　第5章「行政による子ども会支援事業の廃止」では、自治体行政として実施

してきた子ども会支援事業を廃止させた、半田市と高浜市という愛知県のふたつの自治体を取り上げる。半田市と高浜市では長年にわたり、子ども会に対して補助金や助成金を交付するなどして、子ども会の運営と活動を支えてきた経緯がある。しかし、両市とも2021年度をもって、子ども会支援事業を廃止させており、その動向を検証する。実は、事業廃止の背景には、単位子ども会や小学校区子ども会による退会が相次ぎ、全市レベルでの子ども会育成会の連絡・連合組織が解散してしまったという事情があった。

　第6章「子ども会育成会の連絡・連合組織の改革」においては、愛知県豊川市の「豊川市子ども会連絡協議会」を事例として取り上げ、ここが実施した子ども会育成会の連絡・連合組織の改革について検証していく。豊川市においても他の自治体と同様に、市内の単位子ども会は担い手不足と保護者負担の問題に悩まされ、年々、子ども会の件数が減少していく状況にあった。こうしたなかで、豊川市子ども会連絡協議会として「単位子ども会を支える」という目標を打ち出し、協議会が主催するさまざまな行事や会議を大胆に見直して、保護者や育成者が単位子ども会の活動に注力できる環境を整えていったのである。はたして、豊川市子ども会連絡協議会はどのような経緯で自ら改革を進め、それがいま、何をもたらしているのだろうか。

　第7章「子ども会支援事業の再直営化」では、長年にわたり社会福祉協議会に対して委託してきた子ども会支援事業を、あえて再直営化するという対応を行なった愛知県大府市の動向を取り上げて検証する。子ども会支援事業に関しては、実は自治体行政の直営のみならず、社会福祉協議会への委託という形態も多くみられる。こうしたなかで、大府市では全庁的に総合的な子ども会支援の体制を整えるというねらいから、あえて子ども会支援事業を再直営化した経緯がある。それでは、大府市においてはどのような推移のもと、子ども会支援事業の再直営化を進めてきたのだろうか。また、再直営化の結果として、何か新たなうごきは生じはじめているのだろうか。

　終章「子ども会の展望」では、本書における一連の検討の結果として、本書の3つの問い、すなわち「わが国の子ども会はいま、どのような実態にあるの

か」「子ども会が抱える問題状況をふまえ、運営と活動の改善を達成できた場合、そこにはどのような背景や事情があるのか」「これからの時代の子ども会に対して求められる視点や発想は、どのようなものか」に対する答えを提示する。そのうえで、本書の残された研究課題にも言及したい。

4－2　研究の方法

　本書では、主に単一事例の検証という研究方法を採っている。そのため、各章においては個々の子ども会の具体的な事例を取り上げ、それらの実態がどうなっているのか、なぜそのような実態にいたったのか、などを明らかにしていく。というのも、各章における事例はいずれも他に例がなく、その希少性ゆえに検証に値する内容だからである。ただし、**第5章**における子ども会支援事業を廃止させた自治体に関しては、全国的にもその数が増加しつつあり、ここではあえて比較という研究方法を採ることにしたい。

　このような研究方法による本書は、以下の手順で進めてきた。第一は、文献研究である。具体的には「子ども会（「子供会」「こども会」という表記の場合もある）」「自治会、町内会」「ワークショップ」「リスケーリング」「政策終了」「事業委託（委託事業を含む）」などを扱った研究書や研究論文を参照している。それらは末尾の参考文献一覧に掲載しており、いずれも本書の記述を進めるうえで有益な内容であった。

　第二は、各種資料の参照である。公益社団法人全国子ども会連合会、愛知県子ども会連絡協議会、名古屋市子ども会連合会など、子ども会育成会の連絡・連合組織が発行している調査報告書や周年記念誌を数多く参照した。また、個々の子ども会として発行しているニュースレターや資料、自治体行政として保有している子ども会関連の各種資料も活用した。これらはいずれも子ども会の育成者や自治体行政の担当者からの提供を受けており、本書の執筆を進めるうえでは不可欠であった。

　第三は、各章で扱う子ども会の事例について、何らかの関わりを有する関係者へのヒアリング調査の実施である。毎回のヒアリング調査にあたっては、あ

らかじめ用意した質問内容を中心に、半構造化面接法によって聞き取りを重ね
た。それらの内容を基にして、各章ごとの事例の詳細を整理している。換言す
るならば、本書においては質的調査が中心であり、独自に質問票を整えてアン
ケート調査を実施するという量的調査は行なっていない。

4－3　研究の意義

　このような本書には、以下のとおり、学術的意義および社会的意義のふたつ
を求めることができる。このうち、本書の学術的意義に関しては、まずは従来
の先行研究にはみられない自治体コミュニティ政策研究の知見を活かした研究
である点を指摘することができる。すでに触れたように、既存の子ども会に関
する研究は、主には社会教育学や児童福祉論に依拠しており、子ども会の教育
的意義や重要性を説く内容が中心であった。そこには、子ども会という組織を
どのように運営し、どのように活動の幅を広げていくか、という視点は希薄で
あったといえる。こうしたなかで、本書は子ども会そのものをひとつの地域コ
ミュニティと見立て、コミュニティ政策研究の視点や発想に依拠しながら、子
ども会とこれを支えるメンバーとのあいだの関係性を整理している。同時に、
ワークショップやリスケーリングに取り組む子ども会の動向も明らかにしたの
である。

　また、子ども会と自治体行政との関係に注目し、一定のあるべき方向性を提示
している点も、本書がもつ学術的意義といえよう。これもすでに確認したとこ
ろであるが、子ども会に関する先行研究では、子ども会とのあいだでさまざま
な関係をもつ自治体行政に対して、必ずしも検討がなされてこなかった。この
背景には、行政学や地方自治論の研究者が子ども会に注目することがなく、研
究対象としてこなかった事情がある。しかし、子ども会の現場における実態と
しては、子ども会は自治体行政と大いに関係を有し、かつそれが全国各地のい
ずれの子ども会にも該当するわけであり、子ども会と自治体行政との関係は丹
念に検証する必要がある。

　他方、本書の社会的意義に関していうと、全国各地で存在する子ども会につ

いて、その最新動向を検証したうえで、今後の子ども会の運営と活動に寄与する視点や方策を具体的に提示している点があげられる。もちろん、本書で扱う子ども会の事例は、いずれも愛知県内の動向が中心であり、かつ農山漁村部が含まれていないという限界はある。それでも、今日の子ども会を対象とした総合的・体系的な学術研究が存在しないなかで、本書で示すワークショップの実践やリスケーリングの取り組みは、いずれも今後の子ども会のあり方を考えるうえで、参考となる内容が豊富に含まれていよう。また、自治体行政の担当者にとっても、子ども会支援事業の廃止の推移、子ども会育成会の連絡・連合組織の改革、子ども会支援事業の再直営化など、本書で扱う対応はいずれも示唆に富むはずである。

第 1 章

分析の枠組み

　本章では、育成者や育成会、さらには保護者や自治会・町内会などの「子ども会を支えるメンバー」に焦点を当て、それぞれが子ども会の運営と活動において果たす役割、さらには具体的な支援のかたちを明らかにする。そこで、子ども会を支えるメンバーをコアメンバーと周辺メンバーとに区分して、具体的な支援の実態を整理していく。そのうえで、子ども会を支えるメンバーの類型化を試み、本書の分析枠組みを提示したい。

1　子ども会を支えるメンバー

1 － 1　地域社会を支えるメンバー

　子ども会に限らず、地域社会で活動する各種団体は現在、多くの場合に担い手不足という問題状況に直面している。具体的には、自治会・町内会の役員、民生委員・児童委員、消防団の団員などが該当する。このような背景には、地域活動への参加者の減少による後継者不足、役員の固定化・高齢化、活動のマンネリ化などが複雑に関連しあい、いわば悪循環に陥っているという事情を指摘することができる。その結果として、各種団体のなかには活動を休止する、あるいは組織そのものを解散するという判断を行なっている場合も看取される。実際に、たとえば自治会・町内会に関していうと、これまでは住民同士の合意の

1　雑誌『都市問題』2023 年 5 月号では、こうした地域団体の担い手不足の状況が特集テーマとして扱われている。

もとで、自治会・町内会連合会のような上部団体から退会する事例が増えていたが、近年では自治会・町内会そのものを解散させる地域も増加しつつあるという[2]。

　こうした地域社会に存在するさまざまな団体のうち、自治会・町内会について、かつて今里佳奈子は、その活動を担う度合いによって、「コアメンバー」「周辺メンバー」「アウトサイダー」の3つに区分した[3]。このうち、コアメンバーとは自治会・町内会の役員に相当し、日頃から運営と活動に関するさまざまな業務を担い、熱心な活動層としてとらえることができる。また、周辺メンバーはコアメンバーほど熱心ではないものの、催事への参加の呼びかけがある、あるいは輪番制で何らかの役割が回ってくると、一定程度は協力するという層となる。アウトサイダーに関しては、自治会・町内会には加入しているものの、活動にはほとんど参加せず、実態としては地域社会と無縁の生活を送っている層に相当する。

　さらにいうと、アウトサイダーの周辺には、自治会・町内会の未加入者が存在し、今日にいたってはこの層が年々増加している。かつて田中重好は、日本の自治会・町内会の特徴として、「全戸加入組織ではあっても、全戸参加組織ではない[4]」と指摘したことがあった。しかし、今日にいたっては、むしろ加入さえしない層がしだいに増加している現実がある。この点に関していうと、**序章**でみた「世帯単位で加入する」「当該地域に住むと原則として加入する」「地域の事柄に対して包括的な機能・活動を担う」「行政に対して補完的な機能・活動を担う」「当該地域に存在するのは1つの自治会・町内会のみで地域的重複はみられない」「（例外はあるものの）全国で普遍的に存在する」という自治会・町内会の6つの特徴のうち[5]、ふたつめの自動加入制に関しては、もはや成立しなくなっていることがわかる。

2　朝日新聞 2023 年 4 月 9 日付朝刊参照。

3　今里（2003）159 〜 160 ページ参照。

4　田中（1990）57 ページ。

5　自治会・町内会の特徴に関しては、日高（2003）60 〜 68 ページが参考になる。

図表1-1 子ども会を支えるメンバーの概念図

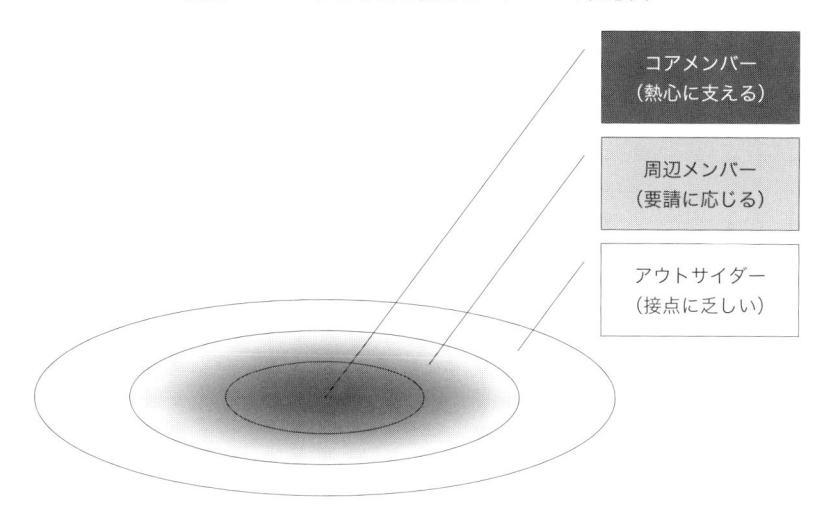

出所：筆者作成。

1-2 子ども会を支えるメンバー

　このような内容は、子ども会について検討するうえでも、豊富な示唆を与えてくれる。今里が指摘する「コアメンバー」「周辺メンバー」「アウトサイダー」という3層を、「子ども会を支えるメンバー」に当てはめてみると、**図表1-1**のとおりとなる。すなわち、子ども会の運営と活動を熱心に支えるコアメンバー、子ども会への協力が求められれば応じる周辺メンバー、子ども会にはほとんど接点がない状態のアウトサイダー、の3層に相当する。詳しくは後述するが、たとえば育成者や育成会はコアメンバーに相当しよう。他方、保護者に関していうと、コアメンバーという場合もあれば、周辺メンバーという場合もみられ、家庭の事情もあって保護者ごとに異なる。また、子ども会の運営と活動にともなう一切の負担を敬遠し、アウトサイダーにとどまることを貫く保護者も一定数が存在する状況は、容易に想像できよう。

　こうした子ども会を支えるメンバーについては、コアメンバー、周辺メンバーともに、子ども会の運営と活動のなかで、何に対して支援するのかという対象

が問われることになる。子ども会に限らず、あらゆる組織は自らどのように運営するのかというマネジメントの視点、およびどのような活動を展開するのかというパフォーマンスの視点、が常に重要となってこよう。

　これを子ども会に当てはめてみると、たとえば子どもたちの入退会の処理、会計処理、会員同士や子ども会育成会の連絡・連合組織との連絡調整、広報のための印刷物作成、行事開催にともなう物品購入などが子ども会の運営に相当する。また、町内清掃や資源回収などの日常的な取り組み、およびキャンプやクリスマス会といった行事開催などが子ども会の活動に相当する。ただし、こうした運営と活動については、場合によっては明確に区分するのが難しい場合もあり、双方の連動性が強い点には留意を要する。

　あわせて、こうした運営と活動の支援を進めるうえでは、支援の性質として金銭的な場合もあれば、非金銭的な場合もあろう。具体的には、子ども会に対する寄付であれば金銭的な性質となるし、子ども会に対する物品の提供であれば非金銭的な性質となってくる。

1－3　子ども会を支えるメンバーの枠組み

　ここで、子ども会を支えるメンバーについて類型化するための枠組みを提示すると、**図表1－2**のとおりとなる。すなわち、縦軸に関わりの性質としての「金銭的性質／非金銭的性質」を、横軸に関わりの対象としての「運営への支援／活動への支援」を、それぞれ設定している。そのため、「金銭的性質×運営への支援」「金銭的性質×活動への支援」「非金銭的性質×運営への支援」「非金銭的性質×活動への支援」という4つの象限ができる。

　このうち、たとえば自治会・町内会として毎年度、子ども会に対して一定額の運営のための補助金や助成金を渡している場合、「金銭的性質×運営への支援」に該当することになる。あるいは、子ども会として自治体行政からの補助金を受けて催事を開催する場合、「金銭的性質×活動への支援」に当てはまってくる。このようにみると、4つの象限それぞれには、子ども会を支えるメンバーによる何らかの関わりのかたちを見出すことができよう。

図表1－2　子ども会を支えるメンバーを類型化するための枠組み

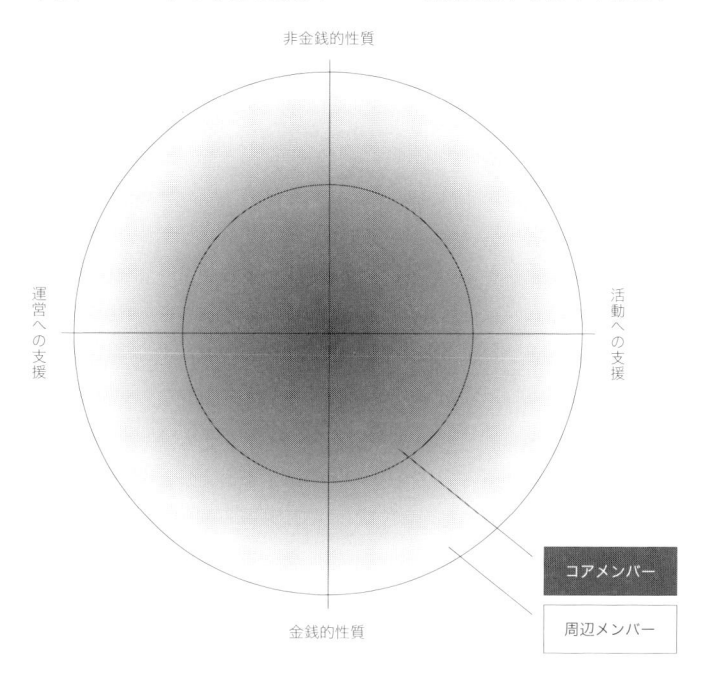

非金銭的性質

運営への支援

活動への支援

金銭的性質

コアメンバー

周辺メンバー

出所：筆者作成。

　また、子ども会を支えるメンバーとしては、上記で触れた育成会や保護者、自治会・町内会のみならず、子ども会指導者や地域の各種団体の関係者など多岐にわたり、彼らはコアメンバーと周辺メンバーに区分できる。この枠組みに当てはめてみると、はたして子ども会を支えるメンバーはそれぞれ、どのような位相となるのだろうか。

　それでは以下、続いて子ども会を支えるメンバーについて、コアメンバーと周辺メンバーに区分して、それぞれの支援の内容をみていこう。

2　子ども会を支えるコアメンバー

2－1　育成者

　子ども会を支えるメンバーの最たる存在として、まずあげられるのは子ども会育成者であり、彼らから構成される育成会であろう。そもそも、子ども会に関しては、**序章**でも触れたように、育成者も含めて子ども会としてとらえる場合もみられる。たとえば、公益社団法人全国子ども会連合会の整理では、子ども会とは「乳幼児から高校3年生年齢相当までを構成員とし、地域を基盤とした異年齢の集団です。その活動を支える指導者と側面から援助する育成者が必要であり、この子どもの集団と指導者、育成者を含めた総称として用います[6]」とある。このようにみると、狭義の子ども会のメンバーとしては活動に参加する子どもたち自身、広義の子ども会のメンバーとしては子どもたちに加えて指導者や育成者を含むことがわかる。また、後述する保護者のなかには、育成者として子ども会の運営と活動に携わる者もおり、この場合には「育成者＝保護者」という重複がみられることになる。ともあれ、本書では「同じ地域に居住する異年齢の子どもたちが任意で参加し、運営は育成者や保護者を中心に担い、定期・不定期の活動を通じてさまざまな参加者同士が学びあい、研鑽を積み、自己の成長を促すための組織」という**序章**で示した子ども会の定義を前提に検討していく。

　さて、子ども会の育成者についてみると、公益社団法人全国子ども会連合会は「育成者は、子どもをもつ親（父母）はもちろんのこと、地域に住むすべてのおとなの人々をいいます。子どもたちの人間形成は、総合性をもって行われるものであり、家庭・学校・社会の三者がそれぞれの教育機能を十分発揮し、同時に緊密に連携しなければなりません。地域の教育力を高めるためには、地域のおとな一人ひとりが育成者であることを自覚し、子ども会育成のために精神

6　公益社団法人全国子ども会連合会ホームページ「子ども会用語集」より。2025年2月閲覧。
https://www.kodomo-kai.or.jp/yougoshuu/

的、物質的援助を協力して行なうことが大切です[7]」と言及している。こうした整理からは、子ども会の活動地域で生活するさまざまな立場の人々が、地域で子どもを育てるという思いや志のもとで、子ども会の育成者を引き受けることが望ましい、という方向性を看取することができる。

　それでは、こうした子ども会の育成者は、どのような役割を担っているのだろうか。もちろん、現状においては子ども会によって組織と活動の規模が多岐にわたり、結果として育成者が果たす役割も一様ではない。ただ、一般的には、子ども会の行事の企画・準備・運営、町内会からの補助金や助成金の確保、行政に対する補助金や助成金の申請、行政や他の育成会や連絡・連合組織との日頃からの連絡調整など、子ども会の運営と活動を進めるうえで必要となる事務作業を育成者が引き受けるかたちで、子ども会が成立してきたといえる。そのため、子ども会の運営と活動が安定的なものとなるためには、会計、連絡調整、印刷物作成、物品購入など、さまざまなかたちで発生する作業を率先して担う育成者の存在が欠かせない。このようにみると、子ども会の運営と活動において、子ども会育成者が担う役割は、決して小さくない実態がうかがえよう。

2－2　育成会

　こうした育成者から構成されるのが、子ども会の育成会である。この育成会について、公益社団法人全国子ども会連合会は「地域の育成者が力を合わせて子ども会活動を援助するための組織です。したがって、子どもたちが自主的に運営する子ども会活動を側面から援助するものであって、育成会があって子ども会があるのではありません[8]」と整理している。そのため、理念としては、育成会の都合・事情によって子ども会の活動が左右されるべきではない、という話になる。しかし、現実においては、子ども自身の力量によって子ども会活動を実践するのは容易ではなく、どうしても育成会の支援が必須となる。結果として、育成会の意向や姿勢しだいで、内容や頻度も含めて、子ども会の活動の

7　同上。
8　同上。

図表1－3　育成会の役員

役職	役割
会長	育成会を代表し、子ども会の会務を総理する
副会長	会長を補佐し、会長に事故があったとき、代表が欠けたときなどに、会長の職務を代理する
会計	子ども会の経理を処理する
書記	子ども会の文書を作成し、議事を記録する
監査	子ども会の会計に関する書類を監査する

出所：筆者作成。

あり方が左右される。

　こうした育成会は、組織としての会則（規約）を整え、そのなかで活動目的、活動内容、理事会や総会、入退会の手続き、役員体制や任期・選出方法、会費やその徴収方法などを明確にする必要がある。このうち、役員体制に関しては、**図表1－3**のとおり、通常は会長、副会長、会計、書記、監査という5役を置き、さらに広報や研修を担当する委員会を設置する場合もみられる。このような会則や役員体制のもとで、子ども会は1年間の運営と活動に取り組み、年1回開催される総会において、前年度の事業報告や決算報告の承認、新年度の役員の選任、新年度の事業案や収支予算案の承認、などを行なうことになる。

　上記のとおり、育成者は日頃から多様な場面において、子ども会の運営と活動を支えている。そうした内容に加え、育成会としての役割には、他にもたとえば子ども会の活動を発信する広報がある。さらには、子ども会育成会の連絡・連合組織（「○○市子ども会連合会」などに相当する）や関係機関・関係団体（自治会・町内会などに相当する）が主催する会議への参加などもある。そのため、育成会の役員に就くと、結果として子ども会に関連するさまざまな業務を引き受けることになる。こうした事情ゆえに、新規に役員を引き受ける人物が容易にはみつからず、長年にわたり特定の育成者が役員を担い続け、育成会の固定化が看取される現実がある。

　さて、このような育成会に関しては、市区町村単位、都道府県単位、さらには全国規模で連絡・連合組織が存在する。具体的には、市区町村ごとに設置される「市区町村子ども会連合会」（名称は市区町村ごとに異なる）、都道府県ごと

に設置される「都道府県子ども会連合会」（名称は都道府県ごとに異なる）、全国組織としての「公益社団法人全国子ども会連合会」に相当する。また、小学校区ごとに「学区子ども会育成者組織」が置かれ、現状では**第2章**でみるように、単位子ども会の育成会よりも、むしろこちらが子ども会の運営と活動の実質的な中心となっている場合がみられる。さらに、政令指定都市においては、行政区単位で「区子ども会育成者組織」が設けられることもある。

こうした連絡・連合組織のうち、たとえば「公益社団法人全国子ども会連合会」は、全国の子ども会指導者や育成者に対する研修、安全共済会の運営および賠償責任保険（子ども会活動保険）の対応、全国の子ども会の活動紹介など、全国規模ゆえに実施できる機能・役割を担っている。また、「都道府県子ども会連合会」や「市区町村子ども会連合会」に関しては、指導者・ジュニアリーダー・子ども会リーダーを対象とした各種の研修、優良な事例の発表や表彰を行なう大会の開催など、人材育成や情報共有をねらいとする機能・役割を果たすことになる。

ただし、**第5章**で扱うように、今日にいたっては、こうした連絡・連合組織から退会する子ども会も存在するという事実がある。この背景には、上記のとおり単位子ども会において役員の担い手がみつからず、特定の育成者が5役のすべてを一人で担うといった事態に陥っているなかで、さらに連絡・連合組織の会議や催事への参加や業務負担を担うのが困難である、といった事情がある。このような状況をふまえると、育成者や育成会としては、子ども会を支えるメンバーというよりも、場合によってはむしろ、子ども会と同様に「支えられるべきメンバー」としてとらえることができなくもない。ただ、本章で登場する他の子ども会を支えるメンバーが、育成者や育成会をどのように支えるか、という点については、別の機会での検討にゆだねたい。

2−3 子ども会指導者

子ども会の活動において、日頃から子どもたちと接し、町内清掃や資源回収といった日常活動、キャンプやクリスマス会といった行事活動、を支援するの

が子ども会指導者となる[9]。具体的には、ジュニアリーダー、青年リーダー（シニアリーダー）、集団指導者、特技指導者などに相当する。ここで留意を要するのは、育成者となった場合には、そのまま子ども会指導者を兼ねるとは限らない、という点である。もちろん、なかには担い手不足という事情もあって、育成者が子ども会指導者を兼務している場合も少なくない。ただし、通常は育成会からの委嘱を受け、子ども会指導者は子ども会の活動をさまざまなかたちで支援することになる。

　子ども会指導者のうち、ジュニアリーダーに関しては、自らも子ども会の会員として活動した経験をもち、その経験を基にしながら子どもたちにアドバイスや支援を行なう立場の中学生・高校生に相当する[10]。たとえば、子ども会の行事活動としてのキャンプでは、事前の企画づくりや当日の子どもたちへの指導・支援といった役割を担当する。そのため、単に育成者の補助的な役割を担うのではなく、ひとりの指導者として直接、子どもたちと接しながら活動することになる。もっとも、子ども会で活動した子どもたちは、全員がそのままジュニアリーダーになるわけではない。実際には、小学校を卒業してからも、子ども会で活動を続ける少数の中学生がジュニアリーダーに就く。また、子ども会としてジュニアリーダーにさまざまな協力を求めたとしても、彼らには中学校での部活動などもあって多忙なため、彼らの協力を得るのは容易でない現実もある。

　こうしたジュニアリーダーを経て、成人後も子ども会活動に積極的に関わっていくのが、青年リーダー（シニアリーダー）である。一般的には、彼らは中学生の3年間、高校生の3年間、ともにジュニアリーダーとして活動し、その経験を活かしながら、青年リーダーとして活動することになる。この青年リーダーに

9　子ども会の活動における日常活動と行事活動という区分に関しては、小菅（1988）56〜63ページを参照した。なお、これらふたつの活動に加えて、会議活動、運営活動、委員会・クラブ活動などを加える場合もある（小菅（1988）64〜72ページ参照、全国子ども会研究会編（1970）102〜106ページ参照）。

10　ジュニアリーダーについては、かつて野垣義行らによる大規模な量的調査が行なわれたことがある。その結果は、野垣・藤田・鈴木（1980）に詳しい。

関しても、もちろん日頃の子ども会活動のさまざまな場面において、直接的に子どもたちと関わる場合も看取される。ただ、期待される役割としては、ジュニアリーダーと育成者、さらには後述する集団指導者・特技指導者とのあいだに立って仲介役となり、子ども会を支えるメンバーが全体としての総力を発揮できるように、コーディネートしていくことにある。あるいは、青年リーダーとしてジュニアリーダーに対する研修の企画と運営を行なうこともある。他にも、人的ネットワークを活かしながら相互に連携し、青年リーダー同士の交流機会を設けている場合も看取される[11]。

　この他にも、集団指導者や特技指導者という立場で、子ども会の活動に携わる指導者も存在する。このうち、前者の集団指導者の役割に関しては、個人ではなく集団という子ども会の性質をふまえながら、指導者や育成者との連携、ジュニアリーダーへの指導や助言などを行ない、集団としての子ども会の運営と活動を促すことが期待される。

　また、後者の特技指導者の役割に関しては、専門的な知識や技能を有した人物が就き、子ども会活動の一環として取り組むレクリエーションやスポーツの場面で指導やアドバイスを行なう。具体的には、たとえば、子ども会行事としてのキャンプの場合、特技指導者は日本キャンプ協会が実施するキャンプ指導者講習を受け、キャンプ指導者（キャンプインストラクター、キャンプディレクター）という立場で、事前のプログラムづくりや当日の参加者支援に取り組む[12]。このように特技指導者は、それぞれの領域における公認機関・団体での指導者認定資格を取得していることが望ましいといわれる。もっとも、子ども会活動の実際において、そうした人材を確保することは容易でなく、そもそも特技指

11　たとえば北海道の青年リーダーは、全国の青年リーダーたちに声掛けをして、ジュニアリーダー研修のプログラムについて検討するオンラインの勉強会を開催するうごきがあるという（阿部（2023b）56 ～ 57 ページ参照）。

12　奥田陽子は、福岡市のある校区子ども会育成会が開催した子ども会リーダー研修としてのキャンプ（1泊2日）を取り上げ、育成会役員の負担の大きさを指摘している（奥田（2012）83 ～ 85 ページ参照）。この点で、専門家としての特技指導者がいるかいないかは、育成者の負担の多寡に影響しよう。

導者が不在という状況も多々みられる点には留意を要しよう。

　ともあれ、このようにみると、集団指導者は集団としての子ども会の運営と活動の全般に対する指導や助言、特技指導者は特定の分野・活動における専門的な立場からの指導や助言、というかたちで、それぞれが担う役割にはちがいがあることがわかる。

2－4　保護者

　ここまでみてきた育成者、育成会、子ども会指導者の3つに加えて、子どもたちの保護者に関しても、場合によっては子ども会を支えるコアメンバーとして位置づけることができる。同時に、本来であれば保護者はコアメンバーとして、子ども会の運営と活動を支えるべきであろう。ただし、子ども会に対する保護者の向きあい方は、必ずしも一様ではない。そのため、理念的に保護者が子ども会を支えるコアメンバーであったとしても、実態は大きく乖離している場合が多い。

　実際に、保護者のなかには、育成者を兼ねて子ども会の役員となり、育成会の活動に携わり、幅広く子ども会の運営と活動を支えている人々が一定数いる。ただし、大半が1年任期の輪番制で交代していくゆえに、どうしても前例踏襲で前年度と変わらない運営と活動が続いてしまう。換言するならば、経験やノウハウが保護者たちのあいだに蓄積されていかず、また大胆な運営と活動の改善にはいつまでも着手されない現実がある。

　この他にも、保護者のなかには、育成会役員としての負担を担うことは望まず、初めからアウトサイダーの立場を貫く者もみられる。そのため、彼らは自らの子どもが小学6年生になると役員を担わざるをえないという事情をふまえ、小学5年生の時点で子ども会から脱会させ、役員就任を回避する対応を採る場合もあるという。[13]

　こうした保護者に関しては、先行研究でもこれまでさまざまなかたちで検討

13　三宅（2014）170ページ参照。

がなされてきた。たとえば、すでに**序章**で確認した高橋征仁による研究では、保護者の就労の有無よりも、むしろ保護者にとっては周囲の家庭が子どもたちを子ども会に参加させているか否かの状況が、子ども会の加入・退会を判断する基準になっている、と指摘していた[14]。また、こちらも**序章**で確認したが、加登田惠子は、初めて単位子ども会の育成会の会長に就いた保護者を対象に、フォーカス・グループ・インタビューの手法を用いてインタビュー調査を実施し、保護者としては、たとえ役員の立場であっても、本音では子ども会を活性化したいなどと思っておらず、活動が面倒くさくて退会したいと感じることもある、という現実を提示していた[15]。

　このようにみると、理念的には子ども会を支えるコアメンバーと位置づけられる保護者は、実態としては子ども会に対する思いや姿勢は一様ではなく、むしろ子ども会の運営と活動にともなう役員負担のイメージが先行し、子ども会に対しては消極的な評価を抱く場合が少なくない状況にあることがうかがえよう。

3　子ども会を支える周辺メンバー

3－1　自治会・町内会

　本節では、子ども会を支えるメンバーに位置づけられるものの、支援の有無や支援内容が子ども会ごとに大きく異なる周辺メンバーについて把握していこう。このうち上述したが、自治会・町内会は現在、全国的に担い手不足という問題状況が深刻化しており、なかには活動を休止する、あるいは組織を解散させるといった場合もみられるようになってきた。それでも、自治会・町内会は周知のとおり、地域社会でさまざまな機能・役割を担っており、多くの人々のあいだには、「地域ならば町内会・自治会」という認識があるといえる[16]。

14　高橋（2021）15 ページ参照。
15　加登田（2018）99 ～ 100 ページ参照。
16　玉野（2024）20 ページ。

　こうした自治会・町内会に関しては、すでに上記で6つの特徴に触れた。また、**序章**で把握したように、これを子ども会に当てはめて双方を比較すると、子ども会は自治会・町内会とは地域的な重複がない点、（昨今の減少傾向は別にして）全国で普遍的に存在する点などに共通性を見出せよう。他方で、子ども会は（世帯単位ではなく）子どもが個人として加入し、（自動加入ではなく）任意制のもとで自らの判断に沿って加入し、（包括的な活動というよりは）親睦や交流を中心として活動し、（行政からの補助金や助成金はあるものの、行政に対する補完よりも）自らの組織の意向にしたがって活動しており、相違点も少なくない。

　このような特徴をもつ自治会・町内会は、しばしば子ども会を支えるメンバーとして位置づけられ、子ども会と自治会・町内会との連携の必要性が説かれる[17]。たとえば、高橋征仁は今後の子ども会のあり方を検討するなかで、自治会・町内会とどのような関係を構築するかが、子ども会が抱える問題を打開する要点になる、と指摘している[18]。たしかに、**第4章**で扱うように、自治会・町内会として休止中の子ども会の再開を担当することになり、検討の末に単位子ども会を合併させ、スケールメリットを働かせながら活動している事例もみられる。こうした場合には、自治会・町内会はむしろ子ども会を支えるコアメンバーとして位置づけられることになる。

　とはいうものの、上記で触れたとおり、全国的には自治会・町内会の担い手不足問題が深刻化し、子ども会を支えるコアメンバーたりうるのが困難という現実がある。そのため、自治会・町内会から子ども会に対する金銭的支援という関わりが一般的といえよう。なお、この点に関していうと、子ども会として自治会・町内会から金銭的支援を受けるためには、子どもたちの世帯が自治会・町内会に加入していることを要件として求めざるをえない事情がある。というのも、自治会・町内会としては、非加入世帯も含む組織への活動に対して金銭

17　なお、辻中豊らによると、自治会・町内会は実態としても、地域の各種団体のうち、子ども会とは高い割合で、日頃の活動、情報の授受、補助金・分担金の授受などで連携しているという（辻中・ペッカネン・山本（2009）101 〜 122 ページ参照）。

18　高橋（2021）14 ページ参照。

的支援を行なうとすれば、加入世帯からの納得を得るのが困難となるからである。そのため、自治会・町内会の非加入世帯の子どもたちは、子ども会活動に参加することができない場合もみられる。もっとも、学術研究においては、子ども会はあくまでも子どもたちの活動なのであって、保護者の事情によって参加・不参加が左右されてはならず、保護者世帯の自治会・町内会の加入要件まで求めるべきではない、との指摘がなされている[19]。

3－2　地域の各種団体

こうした自治会・町内会の他にも、地域ごとに名称は異なるが、地域社会にはさまざまな団体が存在している[20]。具体的には、年齢別や性別によって組織された婦人会（「女性会」といわれることもある）、青年団、老人会があげられる。また、職能別に組織された商店組合、さらには単一機能集団として組織された防犯組合、青少年育成会、衛生組合、社会福祉協議会などが該当する。子ども会としては、これらの団体と接点をもち、たとえば老人会の催事において子ども会が歌や演奏を披露することがある。もっとも、このような接点はあるものの、自治会・町内会のように子ども会の運営と活動を支える場合は、決して多くはない。

ただし、地域によってはこうした各種団体が子ども会の運営と活動を支えている場合もみられる。その一例として、たとえば名古屋市港区の野跡キッズ団があげられる[21]。もともと港区野跡学区では、子どもの減少や育成者の担い手不足などの事情で、単位子ども会がいずれも休止・解散してしまった経緯があった。このような状況のなかで、野跡消防団の団員が中心となって学区子ども会としての野跡キッズ団を結成し、団員が実質的に育成者としての機能・役割を担っている。そのため、子ども会活動も地域防災に関連する内容が把握される。具体的には、消防団として所有する消防車両に同乗しながら夜間の防火パトロー

19　三宅（2014）174ページ参照。
20　今里（2003）159ページ参照。
21　一般社団法人地域問題研究所（2023）97ページおよび107～110ページ参照。

ルに参加する、はしご車をはじめとする各種消防車両の乗車体験を行なう、などがあげられる。このように、子ども会としての特色を打ち出しながら、将来的な消防団の担い手育成につとめているところに、野跡キッズ団の特徴がある。

　こうしてみると、例外的といえるかもしれないが、地域の各種団体としての特色や性格を活かしながら、子ども会の運営と活動を支えている事例も存在することがわかる。もちろん、野跡キッズ団以外にも、たとえば婦人会が実質的な運営と活動を担っている子ども会も、なかには存在するのかもしれない。

3－3　小学校・PTA

　小学校やPTAもまた、子ども会の運営と活動を支援することがある。実際に、かつては小学校やPTAが主導して子ども会づくりを進めたうごきが看取される。たとえば、1950年代には学校やPTAの側が主導し、校外での補導組織として、校区内の児童生徒全員を地区ごとに子ども会として組織していた例があったという[22]。他にも、すでに30年ほど前の話となるが、仙台市では育成会中心の子ども会のみならず、PTA中心の子ども会活動がみられたという[23]。この場合、学校は側面支援する程度にとどまり、PTAの地区委員会が中心となって子ども会の運営と活動を支えていたのであった。

　もっとも、今日においては小学校が主導する子ども会は決して多くはなく、むしろ稀有な存在であろう。また、PTAが主導する子ども会も存在するだろうが、子ども会全体でみると、その割合は決して高くはない。換言するならば、小学校やPTAによる子ども会への支援は、側面的な内容が中心であるといえよう。具体的には、夏祭りやスポーツ大会といった子ども会の催事でグラウンドや体育館などの開催場所を提供する、あるいは新学期に子ども会の入会案内チラシ

22　末崎（1992）197ページ参照。ただし、加登田惠子によると、1950年代半ばから山口県内の子ども会においては、PTA中心の子ども会をさらに深化させ、地域全体でより積極的に子ども集団の世話をしようとの声が出て、宇部市で開催されたPTA全国大会の場では「PTA子ども会から地域子ども会への脱皮」が提案され、賛否両論があったという（加登田（2017）76ページ参照）。
23　星山（1996）18〜19ページ参照。

の配布で便宜を図る、といった内容があげられる。特にPTAに関していうと、かつてみられたようなPTA主導の子ども会が減少する背景には、保護者がPTAの役員を担うだけでも負担となっているなかで、さらに子ども会を支えるのは容易ではないという現実的な事情があろう。[24]

　ちなみに、名古屋市の例でいうと、小学校ごとにPTAの組織内に「地区委員」と呼ばれる保護者の役職が存在し、彼らが子ども会の育成者を兼ねる場合もある。この地区委員というのは、PTA会長や副会長、書記といったPTA役員とは別の役職であり、小学生の子どもがいる町内ないし通学区域ごとに設けられ、保護者が担当する。もちろん、小学校ごとに地区委員の機能や役割にはちがいがあり、必ずしも一様ではない。ただ、地区委員の役割としては、子ども会を含めた各町内の子ども関連の業務、すなわち子どもたちの登下校時の見守り担当者の順番調整、登下校時の危険個所の抽出、道路上の停止場所の足型マークづくり、その他小学校からの各種案内の共有などを担うという。こうした名古屋市の地区委員のように、自治体ごとにさまざまな形態で、小学校やPTAと子ども会との関わり方が存在しているのかもしれない。

3－4　自治体行政・社会福祉協議会

　自治体行政や社会福祉協議会といった公的機関もまた、子ども会との接点を有している。このうち、自治体行政に関しては、子ども会活動を促すための補助金や助成金を設け、これを通じて子ども会支援を行なっている場合が多い。[25]たとえば名古屋市でいうと、単位子ども会を対象とした「地域子ども会運営助成金」、行政区や小学校区ごとの子ども会育成者組織を対象とした「区及び学

24　PTAの担い手不足問題に関しては、山本（2016）をはじめ、すでに広く問題提起がなされている。なかには、PTA改革の名のもとで、長年にわたる運営と活動の慣例を大胆に見直した事例もあるという。

25　ただし、大杉覚によると、全国の自治体のなかには、地域の各種団体に対する個別の補助金や助成金を統合し、一括交付金制度へと移行させるところもあり、このながれのなかで子ども会関連の補助金や助成金も一括化の対象とする場合もみられるという（大杉（2021）178～180ページ参照）。このような一括交付金制度への移行が、子ども会に対して与える影響については、今後の検討課題としたい。

図表1－4　地域子ども会運営助成金の金額

会員数	年額	(参考) 2022 年度までの年額
5人～9人	1万6000円	1万6000円
10人～34人	1万9600円	1万9600円
35人～99人	2万5900円	2万1600円
100人～199人	4万8900円	4万800円
200人以上	7万1900円	6万0000円

出所：名古屋市子ども青少年局子ども未来企画部青少年家庭課の提供資料を基に筆者作成。

区子ども会育成者組織運営助成金」を設けている。各団体は毎年4月半ば頃に、申請に向けて書類づくりを行ない、申請が認められれば助成金を用いて子ども会の活動に取り組むことになる。ちなみに、単位子ども会を対象とした「地域子ども会運営助成金」に関していうと、名古屋市の場合は2023年度より**図表1－4**の金額となっている。

　これ以外にも、自治体行政としては活動場所の提供というかたちで、子ども会活動を側面支援している。具体的には、たとえばラジオ体操や餅つき大会などで公園を使用する場合は、子ども会からの公園使用許可申請に対して、公園の担当部署は公園使用許可を出すことになる。他にも、子ども会が集団資源回収を行なう場合、担当部署としては回収された新聞や折り込みチラシ、雑誌、段ボール、衣類や布類、缶や瓶といった廃品の量に応じて、子ども会に対して事業協力金などを支給することがある。ただし、子ども会の参加者と育成者の数が減少していくなかで、こうした集団資源回収に取り組むのが困難となり、現状においては子ども会の活動として位置づけている場合は決して多くない。

　ちなみに、そもそも自治体行政としての支援自体が縮減している動向も指摘することができる。たとえば、今後に検証は必要であるが、平成の大合併の際に、合併の構成自治体同士で新自治体の事務事業を調整するなかで、社会教育主事を削減する、あるいは子ども会支援を打ち切った、との声も聞かれる[26]。そ

26 たとえば、公益社団法人全国子ども会連合会会長の美田耕一郎氏は「これまで、市町村の教育委員会等に所属する社会教育主事の存在により、会勢は維持されてきました。しかし近年の大規模市町村合併や、行政改革に伴う社会教育主事の減員もあり、令和2年

の他にも、**第5章**で扱うように、子ども会に関する支援事業を廃止した自治体も看取される。こうしたうごきは政令指定都市でも例外ではなく、2017年度をもって京都市は子ども会支援事業を終了させている。現状において、子ども会の団体数や会員数が減少していく状況をふまえると、子ども会支援事業の廃止事例は、今後もあらわれていくものと推察される。

　社会福祉協議会に関しては、自治体行政から子ども会支援事業を包括委託のかたちで引き受け、全般的な子ども会の運営と活動の支援、あるいは育成者の研修などを行なっている場合もみられる。また、県単位での社会福祉協議会として、県単位の子ども会育成会の事務局機能を担当している場合もある。たとえば、愛知県では**第5章**でも触れるように、すでに3分の1程度の自治体において、自治体行政からの委託により、社会福祉協議会が子ども会支援事業を担っている。また、愛知県では愛知県社会福祉協議会が愛知県子ども会連絡協議会の業務を担当している状況にある。

3－5　企業・NPO法人

　上記のとおり、子ども会は日常活動と行事活動に取り組んでおり、とりわけ後者では地域内外のさまざまな主体からの協力を得ることがある。たとえば、企業に関しては、地元企業が夏祭りをはじめとする各種行事の際に、協賛金を出すかたちで子ども会を支援する場合がみられる。その他にも、地元スーパーがクリスマス会の際に菓子類を提供するかたちで支援を行なう場合もある。そもそも、かつては地元で世話好きな商店主などが子ども会の育成者となり、長年にわたり子ども会の運営と活動を支えてきた経緯があるといわれる。

　今日においては、企業としての支援という枠組み以外でも、たとえばプロボノのようなかたちで子ども会支援を行なう可能性も考えられよう。嵯峨生馬に

度末には会員数が275万人まで減少しました」（特定非営利活動法人東京都子ども会連合会（2022）1ページ）と言及している。なお、この点は子ども会に限らず、荻野亮吾によると、婦人会なども含め、「市町村合併の影響で、地域社会における組織の布置や活動状況は大きく変化している」（荻野（2022）47ページ）という。

よると、プロボノとは、「公共善のために」という意味のラテン語を語源とする言葉で、現代では「社会的・公共的な目的のために、自らの職業を通じて培ったスキルや知識を提供するボランティア活動[27]」であるという。実際に、全国各地でプロボノワーカーによる自治会・町内会への支援のうごきが把握される。こうしたプロボノの潮流が、今後は子ども会の運営と活動にも寄与することになるかもしれない。もっとも、プロボノに関しては、支援を受ける側が自らの課題を明確にし、またあらかじめ活動期間を設定しておく点が重要となる。というのも、こうした対応を施さなければ、課題設定があいまいなまま試行錯誤が続き、延々と時間だけが経過して、いつまでたっても支援が終了しないという事態に陥りかねないからである。

　NPO法人による子ども会の関わりについては、NPO法人としての専門性を活かしたさまざまな支援がある。たとえば、子ども会活動の一環としての工作教室で講師を担当する、スポーツイベントの際に専門家として企画と運営を支援する、などの形態があげられる。また、稀有な事例ではあるが、子ども会自身でNPO法人格を取得するという事例も把握される。ただし、この場合は名称が「子ども会」であっても、その内容は本書で扱っている子ども会というよりも、むしろ子どもサークルという性格が強いこともある。

　ちなみに、名古屋市の場合には2021年度より「子ども会活動アシストバンク事業」を立ち上げ、NPO法人アスクネットと株式会社ウィーケンが事業の受託団体となっている。この「子ども会活動アシストバンク事業」とは、名古屋市内の子ども会の運営と活動の支援・促進をねらいとして、以下の3つに取り組む内容である。すなわち、デジタルプラットフォーム（アシストバンクホームページ）の運営と子ども会活動のためのイベント情報提供、子ども会活動イベント提供者・活動アシスタントへの研修提供、名古屋市子ども会相談窓口の設置・運営、の3つである。これまでの動向をみると、たとえばボッチャをはじめとしたニュースポーツを体験する催事開催の支援に取り組んできた経緯があ

27　嵯峨（2011）24ページ。

る。

4 子ども会を支えるメンバーの類型化

4－1 子ども会を支えるメンバーの位相

　本章ではここまで、子ども会を支えるメンバーとして、コアメンバーと周辺メンバーのふたつに区分し、子ども会への支援の内容を整理してきた。具体的には、前者に関しては、育成者、育成会、子ども会指導者、保護者のそれぞれを取り上げ、子ども会の運営と活動における支援をみてきた。同様に、後者に関しては、自治会・町内会、地域の各種団体、小学校・PTA、自治体行政・社会福祉協議会、企業・NPO法人に着目し、子ども会の活動に対してどのような支援を行なっているかを把握してきた。こうした整理を通じて、子ども会を支えるメンバーには、それぞれ金銭的な支援および非金銭的な支援という内容があり、またそれらが運営と活動（日常活動、行事活動）という2側面に及んでいることが明らかとなった。

　そこで、上述した分析枠組みを基にして、子ども会を支えるメンバーの位相を整理すると、**図表1－5**のとおりとなろう。このうち、コアメンバーから順にみていくと、育成者や育成会に関しては、運営および活動の両面において子ども会を支え、その性質も金銭的な内容もあれば、非金銭的な内容もみられた。育成者や育成会は子ども会を支えるコアメンバーのなかでも、さらに中核に位置し、子ども会の運営と活動にとって実質的な起点となっていた。また、子ども会指導者に関しては、運営面よりもむしろ町内清掃や資源回収といった日常活動、およびキャンプやクリスマス会といった行事活動で子ども会を支えていた。その性質は金銭的な内容よりも、むしろ非金銭的な内容が中心であった。なお、保護者の場合は、たしかに運営および活動の両面で子ども会を支え、その性質も金銭的な内容と非金銭的な内容があろうが、実態としては負担問題が先行し、理想と現実に乖離がある状況が把握された。そのため、子ども会を支えるコアメンバーとしての保護者の位相には大きな幅があり、支援の形態も頻度も、保

図表1−5　子ども会を支えるメンバーの位相

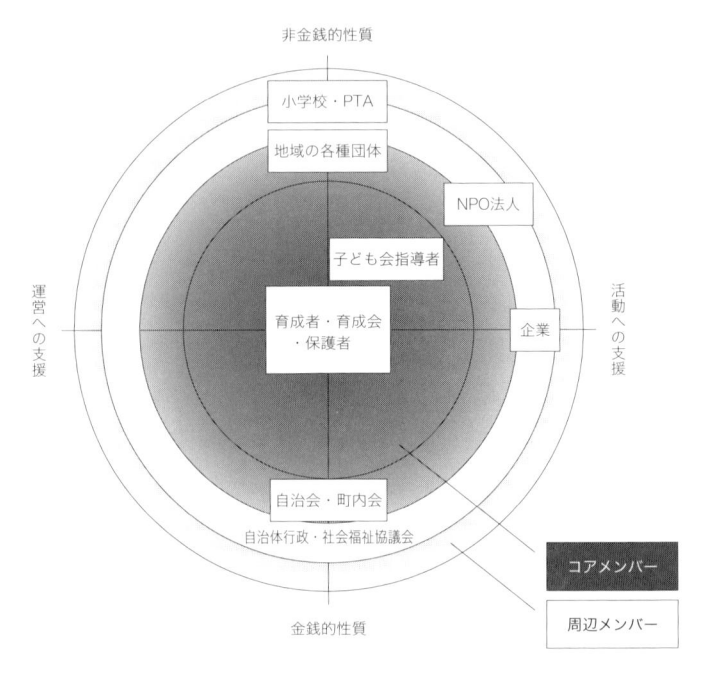

出所：筆者作成。

護者しだいで大きく異なる点には留意を要する。

　子ども会を支えるコアメンバー以外の、周辺メンバーについてみると、自治会・町内会として子ども会に対する支援をどれほど行なうことができるかについては、自治会・町内会がもつ人的資源・物的資源・金銭的資源などに左右されよう。換言するならば、現在も自治会・町内会として豊富な活動が展開できている場合には、（当該自治会の範域で子ども会が存在していれば）子ども会への支援も決して困難ではないが、そうでない場合にはまずは自治会・町内会自身の存続が最優先され、必ずしも子ども会への支援は容易でなくなる。そのため、現状においては、自治会・町内会による子ども会への支援としては、運営と活動にかかる金銭的な支援の場合が多いといえよう。

　地域の各種団体に関しては、本章では限られた内容しか扱うことができなかったが、名古屋市港区の野跡キッズ団のように、消防団の分団が実質的に育成会の役割を果たしながら、子ども会の運営と活動を支えている動向が看取された。そのため、その性質は金銭的な内容と非金銭的な内容があり、おおよそ育成会に共通しよう。ただし、このような例は必ずしも普遍的なものではなく、むしろ一般的には、地域の各種団体は子ども会の日常活動や行事活動を側面支援し、その性質は非金銭的な内容が中心であろう。

　また、小学校・PTAに関しては、地域によっては今日でもPTA型子ども会というかたちを採っている場合もあるかもしれないが、必ずしも一般的な形態とはいえず、また小学校の関わりも場所の提供や広報の協力というかたちであった。そのため、子ども会の運営と活動に関わりがないわけではないが、決してコアメンバーとはいえず、その性質も非金銭的な内容となる。

　自治体行政や社会福祉協議会に関しては、育成会のようにコアメンバーとして子ども会の運営と活動を担うわけではないが、子ども会活動の補助金や助成金という金銭的な内容、活動場所の提供という非金銭的な内容などがあり、子ども会の運営と活動にとって重要な役割を担っている。また、**第5章**から**第7章**にかけて扱うように、自治体行政や社会福祉協議会として、当該自治体の範域における子ども会育成会の連絡・連合組織の事務局機能を担う場合もあり、子ども会の運営と活動にとっては不可欠な存在といえる。

　最後に、企業・NPO法人については、日常活動というよりも、むしろ行事活動での関わりが多く、その性質は非金銭的な内容が中心である。ただし、たとえば企業が夏祭りの開催に対して協賛金を出すという金銭的な内容もあろう。

4－2　子ども会を支えるメンバーの論点

　こうした類型化をふまえると、子ども会を支えるメンバーについては、以下の3点を指摘することができよう。第一は、子ども会の運営と活動においては、あらためて育成者および育成会の中核性が重要となる、という点である。もちろん、子ども会としては長年にわたり「子どもが主役の子ども会」という理念

を掲げてきている。しかし、現実には子どもたち自身が子ども会の運営と活動の両面で、あらゆる作業を担うのは必ずしも容易ではない。そのため、実際には育成会の全面的な支援が必要となり、結果として育成者や育成会の姿勢や意向、体制しだいで子ども会のあり方が大きく左右されることになる。こうしたなかで、育成者の担い手不足が進行し、結果として同じメンバーが何年にもわたって育成者に就き、育成会が固定化する事態となっている。子ども会にとって極めて重要な存在である育成会であるが、一方で育成者が変わらないことによる活動のマンネリ化をどう解消するかは、大きな論点といえよう。

　第二は、子ども会を支える周辺メンバーのうち、自治会・町内会の影響は大きく、子ども会と自治会・町内会との関係のあり方が、子ども会の運営と活動を左右しうる、という点である。本章でもすでに触れたように、自治会・町内会のなかには、子ども会に対する活動助成を行なうところも多く、さらには実質的に自治会・町内会として子ども会の育成会の機能を担っている場合もみられる。そもそも、単位子ども会に関しては、単位自治会・町内会の範域ごとに組織されるのが一般的であり、成り立ちからして双方は極めて関係が深い。そうであるならば、子ども会の運営と活動にとって影響が大きい自治会・町内会との関係をどうしていくか、もまたひとつの論点となろう。ただし、周知のとおり、自治会・町内会の側も担い手不足問題に直面しており、こうした状況のなかで子ども会の運営と活動を支援できるほどの体制にあるか否かは、地域ごとに事情が大きく異なるのも、また事実といえよう。

　第三は、保護者による子ども会離れ、あるいは自治体行政による支援の見直しが進むなかで、企業やNPO法人との連携のうごきが把握される、という点である。上記のとおり、子ども会の運営と活動においては、育成会や自治会・町内会による支援が大きな割合を占め、これまでの子ども会が成り立ってきた面もある。しかし、双方とも担い手不足問題に直面するなかで、必ずしも十分な人的資源を備えているとはいえず、結果として活動規模の縮小を余儀なくされている実態にある。こうしたなかで、いかにして子ども会を支える周辺メンバーによる支援を調達するかは、今後の子ども会の活動を展望するうえでは、ひと

つの論点となってくるだろう。実際に、本章でも触れたとおり、これまでは子ども会として必ずしも接点が多くなかった企業やNPO法人ではあるが、一部では専門性や特色を活かした連携のうごきが看取される。子ども会のみで対応しきれない領域において、子ども会のみで対応しようとするのではなく、こうした主体との連携を深化させることで、場合によっては担い手不足問題の解消にもつながりうるだろう。ただし、その前提として、子ども会そのものの運営と活動のあり方について検討が要る点には、留意する必要がある。

4－3　子ども会を支えるメンバーの留意点

　ここまで、子ども会を支えるメンバーを類型化し、論点整理を行なってきたが、一方で留意すべき点も残されている。ここでは、以下の2点に触れておきたい。第一は、本章で取り上げたメンバー以外にも、場合によっては子ども会を支えるメンバーが存在しうる、という点である[28]。具体的には、たとえば商店街、警察や消防、教育委員会や公民館、高校や大学や専門学校、神社や寺院との関わりもみられる。とりわけ、神社に関していうと、子ども会の活動として、かつては子ども神輿や子どもお獅子という光景が、全国各地でみられたものの、いずれも衰退していった経緯がある。もっとも、こうした状況においても、引き続き子ども神輿や子どもお獅子に取り組んでいる子ども会もあり、この点では神社との接点が生じてくるし、神社もまた子ども会を支えるメンバーとなりうる。関連して、子ども神輿や子どもお獅子を実施する場合には、あらかじめ警察と調整して通行ルートの安全を確保しておく必要があり、この点では警察との関係も生じてくることになる。

　第二は、本章では一般論として検討を進めてきたが、これを子ども会の現場に照らして考えたときに、場合によっては本章で扱ってきた子ども会を支えるメンバーが、そもそも存在しない場合もありうる、という点である。換言するならば、子ども会を支えるメンバーの有無は地域ごとに多様であるし、またそ

28　住民生活にとって身近な地域に存在する組織・団体に関しては、石井大一朗の整理が参考になる（石井（2020）136 〜 137 ページ参照）。

の関わり方についても、本章で扱った内容以外のものもみられるかもしれない。そうであるならば、本章で整理した内容はあくまでも一例にすぎず、子ども会の現場をふまえると、異なる事情もみえてこよう。さらにいうと、子ども会を支えるメンバーの有無や関わり方にちがいがあるなかで、どのようなメンバー同士で子ども会と連携・協働するかによって、そこから生み出される成果や課題も異なってくるだろう。そうであるならば、子ども会を支えるメンバーのうち、いかなるメンバー同士が連携・協働すると、いかなる成果と課題が発生するのかというパターンに関しては、検討が求められる研究課題といえよう。

　ともあれ、ここまでの内容をふまえ、次章からは子ども会の実態として、名古屋市、半田市、高浜市、豊川市、大府市の動向を取り上げていく。これらの章では、本章で扱った子ども会を支えるメンバーのうち、コアメンバーとしての育成者や育成会はもちろん、周辺メンバーとしての自治会・町内会、小学校やPTA、自治体行政や社会福祉協議会、企業やNPO法人が登場することになる。さらには、保護者についてはすでに触れたとおり、その人その人によって子ども会への向きあい方は大きく異なり、コアメンバーにも周辺メンバーにもアウトサイダーにも位置づけが及び、位相を把握する困難さがあらためて浮き彫りになる。

第2部

地域の挑戦

第2章

子ども会の実態

　本章では、政令指定都市における子ども会の動向に触れたのち、主に名古屋市の子ども会を取り上げ、全市的な子ども会の状況および個別の単位子ども会の実情という双方をみていく。その際、子ども会としての運営と活動の実態、長年にわたり指摘されてきた負担の問題、子ども会のあり方そのものの問い直しのうごき、という3つの分析の視点をふまえて検討を進める。そのうえで、大都市の子ども会の将来展望を提示したい。

1　大都市の子ども会と本章の問い

1 – 1　政令指定都市と子ども会

　本章では、子ども会の実態として、主に名古屋市の子ども会の現状についてみていく。数ある自治体のなかでも名古屋市を事例に、子ども会の運営と活動について検討するのは、以下の事情に由来する。すなわち、後述するように、名古屋市の子ども会は、子ども会の団体数、子どもの会員数、支援事業の手厚さなどの点からして、全国有数の存在であり、検証に値するといえるからである。もっというと、そうした名古屋市においてでさえ、近年では子ども会活動が休止や解散を余儀なくされる事態が生じており、名古屋市を検討することで、今後の運営と活動に対する何らかの示唆が得られうるからである。ただしその前に、まずは名古屋市を含む政令指定都市における子ども会の状況を把握しておきたい。というのも、20の政令指定都市ごとに、子ども会をめぐる状況は大き

図表2-1　政令指定都市における単位子ども会の団体数の推移（数値）

政令指定都市	2018年	2019年	2020年	2021年	2022年	2023年
名古屋市	2013 団体 (99.4%)	1916 団体 (95.2%)	1813 団体 (94.6%)	1721 団体 (94.9%)	1618 団体 (94.0%)	1501 団体 (92.8%)
さいたま市	222 団体 (99.1%)	215 団体 (96.8%)	174 団体 (80.9%)	不明	不明	不明
千葉市	79 団体 (100%)	79 団体 (100%)	63 団体 (79.7%)	51 団体 (81.0%)	7 団体 (13.7%)	8 団体 (114.3%)
川崎市	286 団体 (96.9%)	277 団体 (96.9%)	270 団体 (97.5%)	266 団体 (98.5%)	261 団体 (98.1%)	257 団体 (98.5%)
相模原市	185 団体 (97.9%)	170 団体 (91.9%)	158 団体 (92.9%)	158 団体 (100%)	144 団体 (91.1%)	144 団体 (100%)
静岡市	175 団体 (93.6%)	152 団体 (86.9%)	144 団体 (94.7%)	不明	不明	不明
浜松市	342 団体 (95.5%)	336 団体 (98.2%)	332 団体 (98.8%)	331 団体 (99.7%)	309 団体 (93.4%)	306 団体 (99.0%)
大阪市	575 団体 (94.9%)	553 団体 (96.2%)	483 団体 (87.3%)	469 団体 (97.1%)	442 団体 (94.2%)	439 団体 (99.3%)
神戸市	188 団体 (94.9%)	176 団体 (93.6%)	148 団体 (84.1%)	134 団体 (90.5%)	129 団体 (96.3%)	129 団体 (100%)
岡山市	247 団体 (97.6%)	235 団体 (95.1%)	198 団体 (84.3%)	198 団体 (100%)	198 団体 (100%)	164 団体 (82.8%)
広島市	833 団体 (97.9%)	799 団体 (95.9%)	721 団体 (90.2%)	705 団体 (97.8%)	649 団体 (92.1%)	591 団体 (91.1%)

出所：名古屋市子ども青少年局子ども未来企画部青少年家庭課の提供資料を参考にして筆者作成。なお、上記に記載がない政令指定都市は、筆者の側で単位子ども会の団体数が把握できていない。また、（　）内は対前年比の割合を意味している。

く異なっており、名古屋市の子ども会の相対的な位相を把握することができるからである。

　さて、そもそも政令指定都市に関しては、独自の連絡・連合組織としての「指定都市子ども会連絡協議会」を設置し、ここが全国組織としての「公益社団法人全国子ども会連合会」に加盟する形態となっている。こうした事情は、協議会が結成された 1964 年当時の政令指定都市では、十分な自然環境が整っておらず、場合によっては子どもたちがビルの谷間で遊ばざるをえないなど、大都市

図表2－2　政令指定都市における単位子ども会の団体数の推移（グラフ）

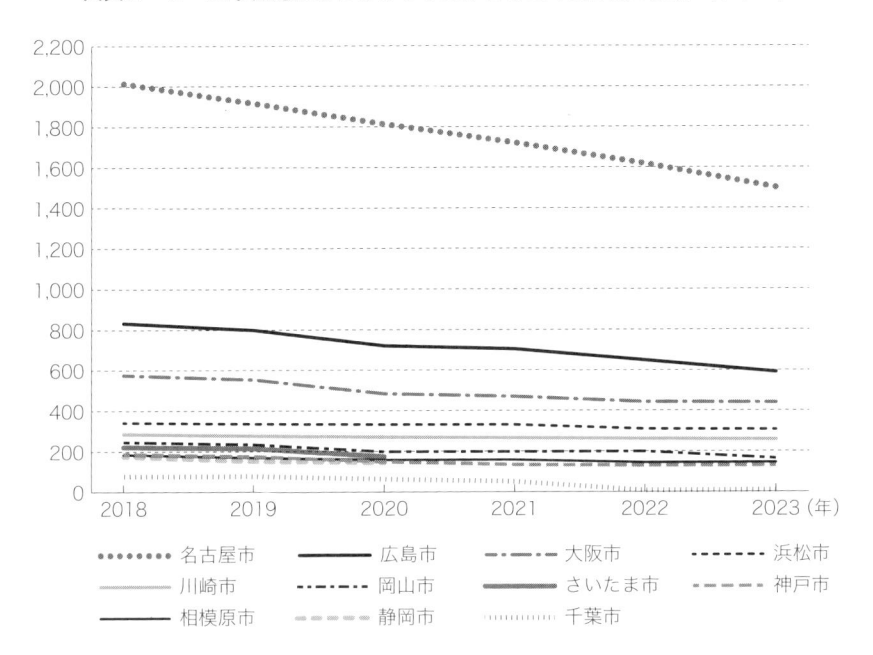

出所：図表2－1と同じ。

として共通する特殊性が強かったという事情に由来する。[1]

　政令指定都市の子ども会について、単位子ども会の団体数の推移を整理すると、**図表2－1**および**図表2－2**の状況となっている。同じ政令指定都市といえども、人口規模が最大の横浜市から最小の静岡市まで都市としてのあり方が多様化しており[2]、それによって子どもの数にも開きがある。ただし、この図表から判断するならば、子どもの数という事情が単位子ども会の団体数の多寡に比例するとはいえない。

　ここで注目したいのは、いずれの政令指定都市においても毎年度、単位子ども会の団体数が減少の一途をたどっているという現実である。換言するならば、

1　指定都市子ども会連絡協議会（1985）1ページ参照。
2　北村（2013）40～44ページ参照。

単位子ども会の団体数が増加している、あるいは維持できているのは極めて例外的なうごきとしてとらえることができよう。こうしたなかで、名古屋市に関していうと、これらの図表に記載がある政令指定都市のなかでは、単位子ども会の団体数は群を抜いている。他方で、毎年度 100 団体ほどがなくなっており[3]、相対的にみると団体減少数も大きいことがわかる。

　ちなみに、**第1章**でも触れたが、京都市においては 2017 年度をもって、全市的な子ども会育成会の連絡・連合組織としての京都市子ども会育成連絡協議会が解散し、これに連動して京都市行政としては子ども会支援事業を終了させている。こうした動向はこれまで、政令指定都市レベルではみられなかったが、今後の状況しだいでは同様のうごきが顕在化するかもしれない。少なくとも、相対的にみて子どもの数が多い政令指定都市でも、個々の単位子ども会、小学校区ごとの子ども会、行政区ごとの子ども会のいずれにおいても、組織および活動は必ずしも盤石とはいえない状況に置かれているといえよう。

1－2　先行研究とその要点

　このような政令指定都市の子ども会について、ここではそれらを扱った先行研究を検証したい。たとえば、**序章**でも触れた星山幸男は、仙台市の子ども会について研究するなかで、子ども会という存在は地域的な組織集団かつ異年齢の組織集団という点に特徴があり、注目に値すると述べる[4]。こうした子ども会について、星山は仙台市内の3つの小学校区の子ども会を対象に、保護者へのアンケート調査を実施し、その結果について分析・考察している。このなかでは、回答者の大多数が女性であり、かつ夫婦共働き世帯が半数以上である点、高学年になるにつれて子ども会活動への参加割合が低くなるような傾向は必ずしも認められない点、子ども会活動に参加しない親の理由が「仕事で忙しいから」「家事や自分の活動が忙しいから」「役員がやるから（役員でないから）」が

3　ただし、減少扱いになっている単位子ども会のなかには、名古屋市からの助成金を受けるのをやめ、その後は独自に活動を継続するという団体も存在している可能性がある。
4　星山（1996）参照。

目立つ点、などに触れている。

　また、アンケート調査の自由記入欄には問題点も多く書かれており、なかでも「役員の負担が大きい」「親中心になっている」の割合が高かった。実際に「子どものためにやっている役員なのに、子どもを二人だけ家に残して、夜のたびたびの会合に出るのは、精神的苦痛であった」という意見もみられたという。さらには、「子ども会は必要ないと思います。強制的に加入させられているのには納得できません」「親主体の子ども会になってしまい、大人中心の考えで動いていく子ども会は必要ないと思います」など、子ども会そのものを否定する意見も確認された。こうした結果をふまえ、星山は親の負担の大きさを考慮し、専門的力量をもった支援者の必要性を説く。同時に、今後の子ども会活動においては、支援の受け入れをうまくコーディネートできる体制の整備が重要になる、と主張するのであった。

　この他にも、こちらも**序章**で触れたが、三宅博之による北九州市の子ども会を対象とした研究が把握される[5]。三宅が子ども会の衰退の背景について、外部要因と内部要因のふたつに区分している点は、すでに**序章**で触れたところである。三宅によると、子ども会が衰退傾向にあるなかで、いかにして地域社会で子どもたちの育成が可能になるかが問われているという。こうした状況において、三宅は衰退状況とその背景を整理し、子ども会再生の可能性と展望を明らかにしている。

　三宅の研究で興味深いのは、北九州市全体および小倉南区における事例研究とその結果である。北九州市においても全国的な傾向と同様に、1980年代半ば以降に子ども会の団体数、会員数、加入率は、いずれも減少が続いている。ただし、なかには宅地開発が進んだ地域において、新たに単位子ども会が作られたという事実もある。また、小学校区によっては子ども会の加入が自動加入方式となっている場合もあるという。

　その他にも、事例研究をとおして、たとえば以下の3点を指摘している。第一

5　三宅（2014）参照。

は、役員任期が１年間ゆえに、任期中は役員業務を無難にこなすことが目的となって、子ども会の運営と活動の改善策を検討する余裕がない実態である。第二は、役員が女性中心となって、男性参加がほとんどみられず、子ども会活動は女性が行なうものという誤解が生じている実態である。第三は、子ども会の活動内容のなかには旧態依然のものも少なくない一方で、活動のあり方の再検討が必ずしも行なわれているわけではない実態である。

　以上をふまえ、三宅は子ども会やその役員が活動を活性化させるための将来展望として、①子どもの育成に関心がある住民の参加を促す、②役員任期を少なくとも２年間に延長する、③役員がファシリテーション技能を身に付ける、④役員となった保護者自身も楽しむ工夫を施す、⑤町内会加入に関係なく子ども会に参加できる体制にする、⑥活動に必要な財源確保につとめる、⑦催事活動のみならず日常活動も重視する、⑧時代の要請に合った取り組みを導入する、⑨地域社会の人的資源（高校生、大学生、高齢者など）を活用する、の９点を提示している。

　ここまでふたつの先行研究をみてきたが、これらの内容をふまえると、以下の３点を指摘することができよう。第一は、子ども会活動にかかる役員の負担が大きく、多くの保護者は役員を率先して引き受けて、積極的に子ども会活動を支えることを必ずしも望んでいない立場にある、という点である。星山の研究はいまから30年ほど前の内容であり、三宅の研究は10年ほど前の内容であるが、いずれも役員負担の問題が取り上げられていた。このようにみると、役員負担の軽減は永遠に未完の課題として位置づけられるのかもしれない。そうしたなかで、今日においては、はたして役員負担の問題は、いかなる実態にあるのだろうか。

　第二は、こうした役員負担の問題に関連して、星山も三宅も、ひとつの方向性として、外部の主体による支援の必要性を説いている点である。このうち、星山は専門的力量を有した支援者を受け入れ、彼らの支援のもとで子ども会活動を展開することが必要であると述べている。また、三宅も将来展望を示すなかで、子どもの育成に興味関心がある住民の参加を募り、かつ高校生や大学生、高齢

者といった人的資源の活用可能性に触れている。このようにみるならば、今後の子ども会活動においては、必ずしも当該子ども会の役員や保護者ですべての活動負担を背負うのではなく、必要に応じて子ども会を支える周辺メンバーとの連携・協働の可能性を模索する姿勢が求められよう。

　第三は、これからの子ども会としては、時代の変化をふまえ、以前からの運営と活動のあり方の再考が要請されているという点である。星山が指摘するように、子ども会に消極的な立場の保護者は一定数存在し、そうした状況は現在も変わりはない。また、三宅が言及しているように、かといって子ども会そのもののあり方を問おうにも、役員は１年任期の場合が多く、子ども会の組織と活動を根底から見直そうという機運は高まりにくい状況にある。とはいうものの、子ども会の団体数、会員数、加入率は右肩下がりの状況にあるのもまた事実である。そうであるならば、子ども会そのものの組織と活動のあり方は、やはり本質的な再考が要請されよう。

１－３　本章の問いと分析の視点

　こうした政令指定都市の子ども会の動向、および先行研究をふまえつつ、本章では名古屋市の子ども会について、全市的な子ども会の状況および個別の単位子ども会の実情の双方をみていく。そのため、「今日の子ども会の現場では、どのような運営と活動がなされ、どのような課題を抱えているのか」が本章の問いとなる。その際、以下の３つの視点から、分析を進めたい。

　第一は、「１年間をとおして、子ども会として実際にどのような活動に取り組んでいるのか」という活動実態の視点である。４月に新年度が始まり、年度末の３月末までのあいだに、子ども会としてどれほどの頻度で集まり、そこでどのような活動を展開し、どのような成果をあげているのだろうか。子ども会の活動内容に関しては、お泊まり会やキャンプといった宿泊行事、バレーボールやドッジボールなど球技を中心とするスポーツ大会、演劇鑑賞やボウリングなどの親睦行事、その他バザーや廃品回収といった活動などがあげられよう。ただし、これらはいずれも子ども会の団体数と会員数が最盛期であった1980年代

前半から半ばまでの時期にみられた内容といえなくもない。それから40年ほど が経過したなかで、子ども会の活動内容は、どのようなかたちになっているの だろうか。

　第二は、「子ども会の運営にあたり、依然として役員負担の問題は解消されず に課題として残り続けているのか」という役員負担問題の視点である。ここで いう役員負担とは、時間的な負担、体力的な負担、金銭的な負担、精神的な負 担[6]などさまざまな内容が想定される。子ども会の運営と活動にかかるこうした 役員負担の大きさは、先行研究および子ども会の現場の双方において、長年に わたり指摘されてきた内容であった。こうした役員負担については、現在でも なお、依然として子ども会の運営と活動における問題であり続けているのだろ うか。あるいは、何らかの対応によって、状況の改善は図られているのだろう か。

　第三は、「時代の変化をふまえ、子ども会そのもののあり方を問いなおすうご きは、運営と活動の現場において何か起こりはじめているのか」という子ども 会再考の視点である。これも先行研究で触れたとおり、すでに30年ほど前から 一部では子ども会の不要論がみられ、また役員任期が1年間ゆえに運営と活動 について根底から問いなおすことが困難である点は、以前からも指摘されてい た。こうしたなかで、今日の子ども会の運営と活動において、そもそもの存在 意義も含めて現場で検討するうごきは、何か生じているのだろうか。換言する ならば、役員の過大な負担という理由で子ども会の休止や廃止が一気に進むの ではなしに、運営と活動における業務棚卸のような動向は、何か把握されるの だろうか。

6　精神的な負担に関しては、役員同士の人間関係に起因するもの以外に、石井久雄による と、以下のように子どもたちとの関係に起因するものもあるという。すなわち、「役員に なると、自分の子どもを必ず行事に参加させなければならなくなる。子どもが嫌がっても、 とにかく連れて行かなければという気持ちになり、それが心の重荷になるという。また、 我が子の面倒で精一杯なのに、他の子どもを叱らなければならないのも、大変なようで ある。子どもと一緒に行事に参加する親御さんが少ないため、役員という立場上、迷惑 をかけたり言うことを聞かない子どもを怒らなければならず、それも苦痛のようである」 （石井（2010）79ページ）と。

2　名古屋市の子ども会の動向

2−1　名古屋市の子ども会のあゆみ

　名古屋市の子ども会について、戦後の歴史的な変遷をまとめると、**図表2−3**のとおりとなる。ここにあるように、名古屋市では1949年4月に、北区清水学区においてモデル子ども会として子ども会が発足したのを契機に、戦後の子ども会育成が始まっている。その後、各行政区ではおおよそ町内会の範域において単位子ども会の結成が進み、これらの連絡調整を図るねらいから小学校区単位で学区子ども会を設置していった。さらに、学区子ども会同士の情報共有、あるいは行政区単位での子ども会行事に関する連絡調整の事情から、各行政区において子ども会連絡協議会が発足していった経緯がある。

　そもそも、名古屋市内の一部地域においては、戦前から存在する「子供連」（ないしは「子供連中」）と呼ばれる組織があった。これは、市民にとっての身近な地域において、たとえば大晦日に一軒一軒の家を回り、氏神境内で焚く薪を集めるなど、祭礼の際などに一定の役割を担ってきたという[7]。その後、戦後になって全市的に単位子ども会がどのように結成されていったのかについては、詳細は不明であるものの、こうした「子供連」との関連が一定程度はみられたものと推察される。

　ただ、戦後でいうと、たとえば中村区では、1947年4月には亀島学区で、1951年4月には日吉学区で、それぞれ小学校区単位での連絡・連合組織としての学区子ども会が発足している[8]。こののちには、中村区内の他の学区においても、同様に学区子ども会の設立が続いていった。そのうえで、1965年4月には行政区単位での連絡・連合組織としての中村区子ども会育成連絡協議会を設置し、日頃からの学区子ども会との連絡調整、ソフトボール大会やドッジボール大会の企画・運営、ジュニアリーダークラブの育成キャンプなどの役割を担うように

7　名古屋市（2001）95 〜 96 ページ参照。
8　中村区子ども会育成連絡協議会（2016）29 ページおよび 39 ページ参照。

図表2－3　名古屋市の子ども会の変遷

とき	できごと
1949 年 4 月	北区清水学区でモデル子ども会の育成が始まる
1960 年 7 月	名古屋市子ども会キャンプセンターを関ケ原町（岐阜県）に開設する
1961 年 1 月	愛知県子供会指導者連絡協議会（現在の愛知県子ども会連絡協議会）が発足する
1964 年 4 月	全国子ども会連合会が発足する
1965 年 5 月	名古屋市子ども会育成連絡協議会（現在の名古屋市子ども会連合会）が発足する
1967 年 8 月	名古屋市子ども会キャンプセンターを串原村（岐阜県）に移転する
1973 年 4 月	単位子ども会への助成制度が始まる
1974 年 4 月	名古屋市子ども会ボランティアサークル連絡協議会が発足する
1981 年 4 月	名古屋市子連顕彰規程制度が設けられる
1983 年 4 月	名古屋市子連指導者認定制度が設けられる
1987 年 10 月	名古屋市子連の機関紙「市子連だより　子ども会なごや」を発行する
1990 年 7 月	名古屋市子ども会キャンプセンターを中津川市（岐阜県）に開設する
1993 年 4 月	学区子ども会育成者組織への助成制度が始まる
2003 年 3 月	名古屋市子ども会キャンプセンター（串原村）を閉鎖する
2009 年 3 月	名古屋市子ども会キャンプセンター（中津川市）を休止する

出所：名古屋市子ども会連合会（2015 年）13 ～ 15 ページを参照して筆者作成。

なった推移が把握される。

　なお、名古屋市の全市的な子ども会育成会の連絡・連合組織に関していうと、こうした各行政区での子ども会連絡協議会の結成といううごきを受け、相互の連絡調整や連携を促すねらいから、1965 年 5 月に名古屋市子ども会育成連絡協議会を結成している。この全市的な連絡・連合組織は結成後、子ども会指導者の育成をねらいとする研修会の開催などに取り組み、のちに現在の「名古屋市子ども会連合会」（以下、「名古屋市子連」とする）という名称になっている。

　その後は、子ども会で使用していた岐阜県のキャンプセンターの移転や閉鎖・休止、単位子ども会や学区子ども会育成者組織への助成制度の創設、子ども会活動にかかる顕彰制度や指導者認定制度の創設、名古屋市子連の機関紙の発行など、名古屋市の戦後の子ども会をめぐる推移をみると、実にさまざまなうごきがあった経過が把握される。こうしたあゆみをたどってきた名古屋市の子ども会はいま、はたしてどのような状況にあるのだろうか。

2－2　名古屋市の単位子ども会の団体数と会員数の推移

　ここでは、全市的な単位子ども会の総数および会員数の推移とともに、行政区ごとの単位子ども会の総数および会員数の推移、のそれぞれについてみておこう。

　このうち、全市的な単位子ども会の総数に関しては、**図表2－4**のとおりとなっている。ここからは、1950年代から一貫して単位子ども会はその件数を伸ばしてきたものの、1986年の計3862団体をピークに減少が始まった推移が把握される。特に、2023年の時点では計1501団体と、ピーク時から2361団体も減少している。また、全市的な子ども会の会員数についても、**図表2－4**から把握ができる。ここにある推移から判断すると、一部に例外の年度はあるものの、1950年代から子ども会の会員数は順調に数を伸ばしてきたことがわかる。その後、一部で増減した時期もあったが、1970年代後半までは子ども会の会員数は増加を続け、とりわけ1979年度には22万4166人と、会員数のピークを迎えている。ただし、1980年代前半は横ばいの状況が続いたものの、しだいに会員数が減少していき、特に1980年代半ば以降の減少幅は大きくなっている状況を把握することができる。

　こうした名古屋市の単位子ども会数および会員数の推移について、行政区ごとでのちがいをみてみると、**図表2－5**および**図表2－6**のとおりとなる。ここから、各行政区においても、共通して単位子ども会数と会員数は減少傾向にあることがわかる。それゆえに、名古屋市内の16行政区ごとで団体数や会員数の多寡にちがいがあるものの、おおむね子ども会離れが進んでいる状況を、あらためて把握することができよう。

　ここまでの動向をふまえると、政令指定都市のなかでも有数の子ども会の団体数と会員数を誇ってきた名古屋市であっても、子ども会の減少傾向は止んでいないという現実をうかがい知ることができる。同時に、少子化はもちろん、子どもを取り巻く社会環境の変化という状況をふまえるならば、こうした傾向は今後も継続するものと推察される。

図表2-4　名古屋市における単位子ども会の団体数と会員数の推移

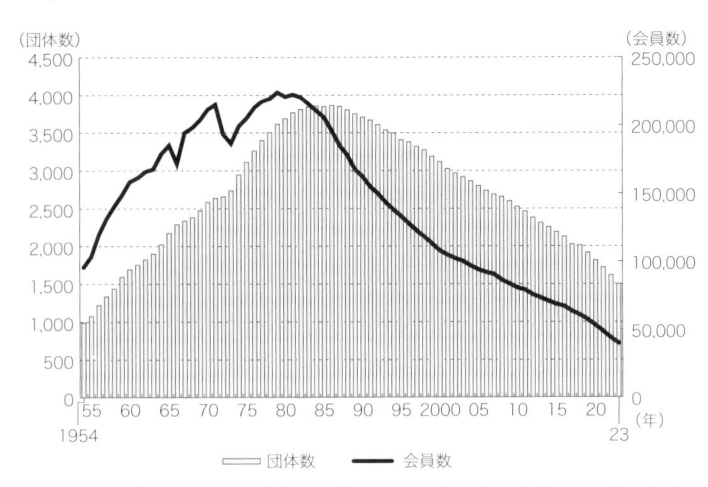

出所：名古屋市子ども青少年局子ども未来企画部青少年家庭課の提供資料を基に筆者作成。

図表2-5　行政区ごとの単位子ども会の団体数の推移

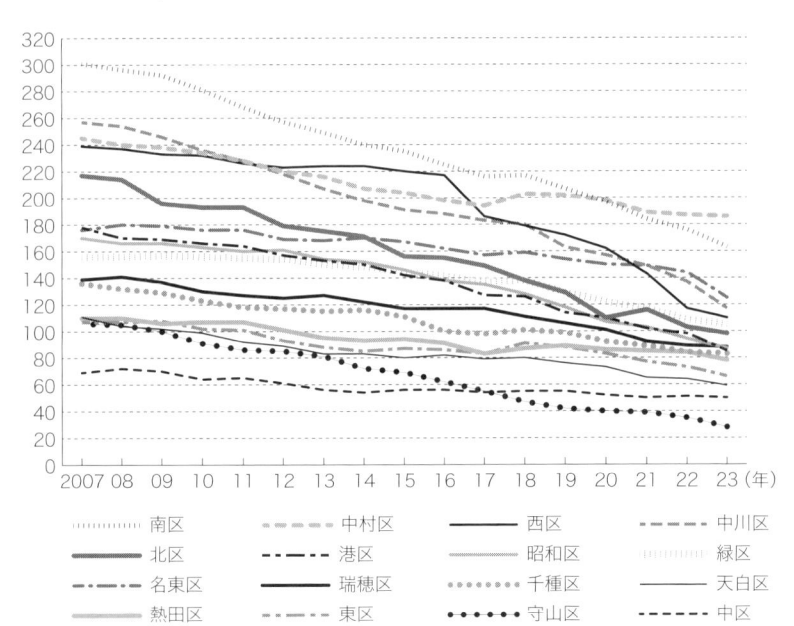

出所：名古屋市子ども青少年局子ども未来企画部青少年家庭課の提供資料を基に筆者作成。

図表2－6　行政区ごとの単位子ども会の会員数の推移

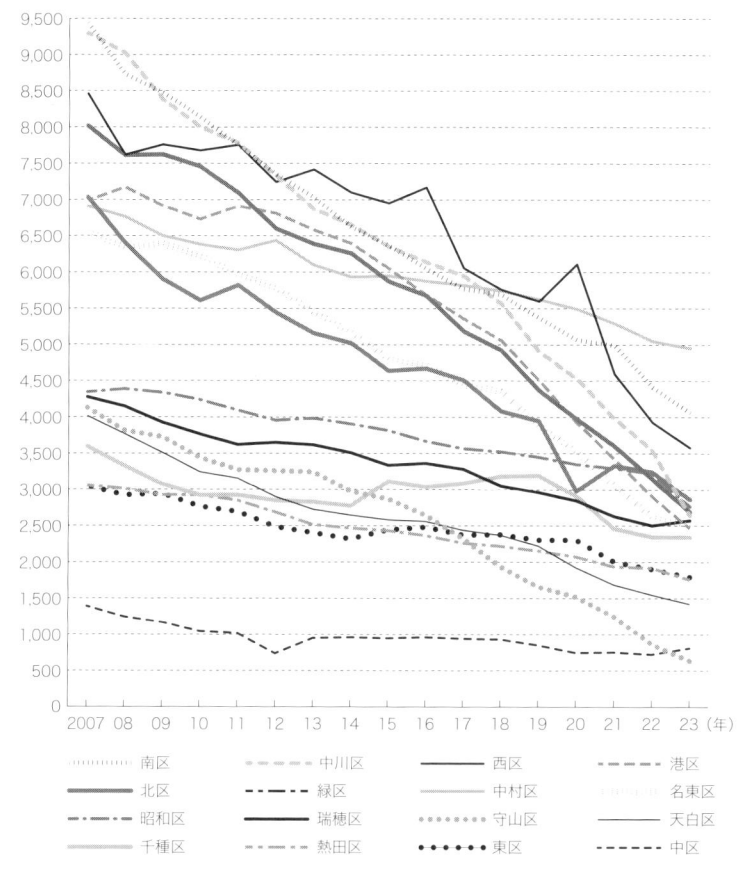

出所：名古屋市子ども青少年局子ども未来企画部青少年家庭課の提供資料を基に筆者作成。

2－3　名古屋市の子ども会の現状

（1）16行政区ごとの現状

　ここでは、名古屋市子ども青少年局が過去に実施した子ども会に関する各種のアンケート調査（担当は子ども未来企画部青少年家庭課子ども育成係（当時））の結果を手がかりにして、全市的な子ども会をめぐる状況を把握しておこう。その前に、まずは2024年3月31日時点での16行政区ごとの単位子ども会の状況

図表２－７　16行政区ごとの単位子ども会の状況（2024年３月31日時点）

行政区	団体数			会員数		
	加盟	非加盟	合計	加盟	非加盟	合計
千種区	53	30	83	830	1513	2343
東区	25	41	66	867	927	1794
北区	59	39	98	1751	1111	2862
西区	108	2	110	3517	61	3578
中村区	162	24	186	4330	623	4953
中区	50	0	50	811	0	811
昭和区	111	14	125	2433	331	2764
瑞穂区	41	47	88	903	1670	2573
熱田区	77	1	78	1739	19	1758
中川区	45	45	90	1633	1006	2639
港区	80	5	85	2574	115	2689
南区	142	21	163	3725	335	4060
守山区	17	11	28	437	199	636
緑区	20	67	87	695	1769	2464
名東区	94	11	105	2282	232	2514
天白区	31	28	59	571	851	1422
合計	1115	386	1501	29098	10762	39860

出所：名古屋市子ども青少年局子ども未来企画部青少年家庭課の提供資料を参照して筆者作成。なお、「非加盟」とは区子ども会連合会（名称は行政区ごとに異なる）に加盟していない単位子ども会を意味する。

を整理すると、**図表２－７**のとおりにまとめられる。

　この図表にあるように、名古屋市の単位子ども会は 16 行政区ごとに団体数も会員数も多様である状況が把握される。こうした背景には、もちろん行政区ごとの子どもを含む人口のちがい、あるいは活動を支える役員を取り巻く環境のちがい、さらには歴史的な経緯などさまざまな事情が存在している。

　また、行政区の人口が多いからといって、必ずしも単位子ども会の団体数と会員数が多いとは限らない。たとえば、名古屋市において最も人口が少ない熱田区（2024 年 10 月 1 日時点で 6 万 7528 人）であっても、単位子ども会の団体数の合計および会員数の合計が、16 区のなかで最少になっているわけではない。ちなみに、具体的な活動内容に関しても、日常活動に取り組む子ども会もあれば、催事活動に専念する子ども会もあり、その状況は一様ではない。

　また、子ども会への関わりについては、子ども会の会員としての子どもたち

のみならず、役員を担う育成者や保護者、子ども会の運営と活動を支える連絡・連合組織の役員、子ども会活動とさまざまな場面で接点をもつ学区や自治会・町内会の役員（学区連絡協議会の役員、単位自治会・町内会の役員）、名古屋市行政の担当者（本庁、区役所）、などが関係を有することになる。もちろん、すでに**第1章**でも触れたように、子ども会を支えるメンバーごとに、関わりの度合いには濃淡がみられる。こうした点をふまえつつ、名古屋市子ども青少年局が2020年に実施したアンケート調査を手がかりに、全市的な子ども会の現状を整理したい。なお、このアンケートに関しては、名古屋市内在住の子どもおよび保護者が調査対象となっている。

（2）子どもたちの状況

　このアンケート調査は、2020年6月から7月にかけて、名古屋市子ども青少年局が実施したもので、対象は名古屋市内在住の小学4年生から中学1年生の子どもとなっている。住民基本台帳より2000世帯を無作為抽出し、調査票を郵送配布して回答を得ている（後述する保護者向けアンケート調査票も同封している）。その結果、966件の有効回答が得られ、回答率は48.3パーセントであった。

　ここからもうかがえるように、このアンケート自体はすでに子ども会に加入している子どもたちのみが対象となっているわけではなく、未加入の子どもたちからの回答も含まれている。先行研究においては、保護者を対象としたアンケート調査の結果を基に、分析・考察するものは把握される。ただ、子ども会の中心的な存在である子どもたちを対象としたアンケート調査は決して多くなく、貴重な内容といえよう。

　さて、このアンケート調査によると、子ども会への加入状況は回答者の42パーセントで、内訳をみると小学4年生で49.2パーセント、小学5年生で46.5

9　たとえば、山本・大野（2007）では、埼玉県入間市の子ども会に関するアンケート調査を実施しており、ここでは子どもたちを対象とした調査も行なわれている。ただし、そこで対象となっているのは、子ども会に加入している子どもたちである。他方、名古屋市のアンケート調査では、子ども会に加入していない子どもたちも調査対象として含まれており、この点にもまた調査自体の特徴を見出すことができよう。

パーセント、小学 6 年生で 54.4 パーセントとなっている。**第 1 章**において、小学 6 年生になると、保護者は子ども会の役員が回ってくる事情から、保護者の都合で子どもを子ども会から退会させる場合もある点を確認した。名古屋市に関しては、このデータによると、むしろ小学 6 年生の回答割合が高く、学年ないし年度によって子ども会の加入割合にちがいがあるのかもしれない。これが中学 1 年生では 17.2 パーセントとなり、大きく回答割合が減少する。このことはすなわち、小学校の卒業と同時に、子ども会を退会する子どもたちが多いという傾向を意味しよう。

　また、子ども会に加入したきっかけをみると、「家族から入ることをすすめられたから」が 29.1 パーセントと最も割合が高く、続いて「近所の人から入ることをすすめられたから」が 20.4 パーセント、「子ども会の活動がたのしそうだったから」が 19.8 パーセント、「友達が子ども会に入っていたから」が 19.6 パーセント、となっている。このようにみると、子どもたちが子ども会に加入するうえでは、家族からの働きかけが最も影響があることがわかり、こうした背景には家族自身が子ども会活動に参加し、そこから多くの学びや経験を得たなどの事情があるのかもしれない。

　反対に、子ども会に加入したくない理由に関して、子ども会未加入者にたずねた結果をみると、未加入者の 51.0 パーセントが「加入したくない」と回答している。その理由は、「習い事があり、子ども会へ参加する時間がないと思うから」が 40.1 パーセントで最も割合が高くなっている。他には、「子ども会の活動は楽しそうだと思わないから」が 28.3 パーセント、「子ども会に入らなくても様々な体験をすることはできると思うから」が 26.2 パーセント、「子ども会がどういう活動をしているかわからないから」が 25.1 パーセント、「子ども会に入っている友達がいないから」が 24.1 パーセントと続く。この結果からは、子どもたちを取り巻く環境の変化によって、時間的な余裕がなくなったことが子ども会への加入を妨げる一因としてとらえることができよう。その他にも、子ども会活動への魅力が感じられない、類似の活動でも多様な経験が得られる、などの事情も影響していよう。他方で、子ども会活動自体が伝わってい

ない現実もあるようで、このあたりは今後に子ども会への加入を呼びかける際に、検討を要する点である。

　ここまで、名古屋市子ども青少年局が2020年度に実施した、子どもたちを対象とするアンケート調査の結果の一部を手がかりにして、名古屋市の子どもたちをめぐる状況について整理してきた。中学1年生になると子ども会を退会する、家族の勧めで子ども会に参加する、時間的な余裕がなくて子ども会に加入しないなど、子ども会活動の中心である子どもたちの現状は、同時に、今後において名古屋市として子ども会のあり方を検討する際に留意すべき点であるといえよう。

（3）保護者の状況

　保護者を対象としたアンケート調査は、上記の子どもたち向けのアンケート調査票に同封して、調査票が郵送配布されたものである。そのため、調査対象は名古屋市内在住の小学4年生から中学1年生の子どもをもつ保護者であり、2020年6月から7月にかけて実施された。対象者の抽出方法は先の子どもたち向けアンケート調査と同様であり、有効回答数は974件となり、割合でいうと48.7パーセントであった。このアンケート調査では13の設問が設定されているが、ここでは本章に関連する内容に限り、調査結果をみていこう。

　まず、子ども会への加入の意向についてたずねたところ、「加入したほうがよい」は30.3パーセント、「どちらともいえない」が41.3パーセント、「加入しなくてもよい」が25.0パーセント、「わからない」が2.5パーセント、「無回答」が1.0パーセントであった。この結果からは、回答者の3割ほどが子ども会への加入の意義を認めているものの、判断に迷う回答者の割合が最も高くなっていることがわかる。同時に、加入の意義を認めない回答者の割合は全体の4分の1となっており、一定数の保護者は子ども会そのものに対して消極的な態度である状況を把握することができよう。

　そこで、このような回答をした事情をさらにたずねたところ、子ども会に加入しなくてもよいと思う理由としては、「子ども会への参加による保護者の負担

が大きいと思うから」が78.6パーセントと極めて割合が高く、「子ども会でなくても様々な体験をすることはできるから」が44.9パーセントと続いている。また、「少子化により入会できる子どもが少なく、活動も活発でないから」も34.2パーセントとなっている。このようにみると、子ども会活動にかかる保護者の負担の大きさに関しては、今日でも依然として大きな変化はなく、問題状況として残り続けている事情がうかがえる。同時に、子ども会に関わることで生じる活動負担を警戒して、自分たちの子どもには子ども会への加入を勧めないという保護者の存在も、一定数みられるものと推察される。あわせて、子ども会活動以外の活動をとおして、多様な経験が得られるという点に関しては、子ども会の位相や活動意義を相対的な視点に立って再考するうえで示唆に富む。

　こうした子ども会活動にともなう負担について、子どもが子ども会に加入している、またはかつて加入していた保護者を対象に、活動に参加して負担を感じたことがあるかをたずねたところ、「役員や活動の手伝いが面倒なこと」が56.0パーセント、「子ども会活動のための会議に時間がとられること」が38.6パーセント、「行事や活動内容の企画をすること」が23.3パーセントとなっている。ここからも同様に、保護者としては子ども会の役員を引き受けたり、活動を手伝ったりすること自体に一定の負担感を抱き、かつ会議参加に時間を割かなければならないことにも、消極的な態度を有している事情が把握されよう。

　また、子どもが子ども会に加入していない保護者を対象に、子ども会に入会しない主な理由をたずねたところ、「役員や活動の手伝いが面倒だから」が46.2パーセント、「活動に参加する時間がないから」が40.6パーセント、「子どもが入会を希望しないから」が30.8パーセントとなっている。こうした結果をみると、子どもが子ども会に加入していない保護者としても、子ども会の役員を引き受け、さまざまな活動を支えることには消極的であり、かつ時間的な都合からも活動に携わることが困難であるという事情を把握することができよう。こうした保護者の事情もあいまって、子ども会の参加を希望したとしても、実際には参加できない状況にある子どもたちが、名古屋市内でも存在するものと推察される。

　ここまで、名古屋市子ども青少年局が2020年6月から7月にかけて実施したアンケート調査の結果についてみてきた。それでは、子ども会の現場に関しては、どのような実情なのだろうか。続いて、名古屋市内の単位子ども会のなかでも、瑞穂区御劒学区の竹田町二丁目子ども会を例に、単位子ども会の運営と活動について把握してみたい。

3　単位子ども会の実情

3－1　竹田町二丁目と子ども会活動のあゆみ

　ここでは単位子ども会の具体例として、名古屋市瑞穂区御劒学区の竹田町二丁目子ども会を取り上げる[10]。数ある単位子ども会のなかでも、この竹田町二丁目子ども会に注目するのは、以下の3つの理由による。すなわち、新型コロナウイルス感染症が流行していた状況下も含めて運営と活動の実績があるゆえに検討に値する、長年にわたり育成会の役員をつとめてきた人物からの証言が得られる、運営と活動にかかる各種資料が保管されていて一部参照可能である、の3点である。

　さて、名古屋市瑞穂区御劒学区に位置する竹田町二丁目は、瑞穂区の北西部にある住宅街で、徒歩であれば5分程度で町内全域を移動できるほどの範囲である。付近には名古屋市立大学滝子キャンパスが位置し、また名古屋市内を東西に貫く幹線道路もあり、そこに連なるロードサイド店（飲食店、ドラッグストア、銀行など）も徒歩圏内となっている。また、交通の利便性でいうと、幹線道路沿いにバス停があり、そこから名古屋市内で第三のターミナル駅といわれる金山総合駅まではバスで10分少々の時間で移動でき、比較的恵まれた場所に位置しているといえよう。

10　ヒアリング調査に関しては、2023年4月4日および4月18日の2回にわたり、御劒コミュニティセンターにおいて実施した。ヒアリング調査の対象者である吉田克己氏は、竹田町二丁目町内会長であり、かつ長年にわたり竹田町二丁目子ども会をけん引してきた人物である。本章における竹田町二丁目町内会および竹田町二丁目子ども会に関する記述は、主に彼へのヒアリング内容に依拠している。

　町内には戸建て住宅と集合住宅が入り交じり、高齢化も進行している。また、2000年代の後半の時点では、町内に70名ほどの子どもたちが住んでいたものの、長期的にみるとその数は減少傾向にあり、ここ数年は50名前後で推移しているという。こうした竹田町二丁目においては、発足時期は不明であるが、もともと単位子ども会が存在していた。ただし、長年にわたってその活動は休止状態であったという。というのも、単位子ども会の育成者として、子ども会の運営と活動に尽力できる人材が、当時の町内には存在しなかったからである。また、半世紀ほど以前には、竹田町二丁目を含む御剱学区の多くの町内で、小学生によるソフトボールチームが存在していたという。そのため、町内対抗で頻繁に試合が行なわれており、子ども会ではなくこちらに参加する子どもたちが多かったという事情もみられる。

　その後、竹田町二丁目で子ども会活動が本格的に再開するのは、2009年度からであった。この背景には、子ども会が休止状態であるにもかかわらず、毎年の夏休みのラジオ体操には70名ほどの子どもが参加しており、「子どもはたくさんいるのに、子ども会が不在である状況はいかがなものか」という当時の竹田町二丁目の町内会長の思いがあった。そこで、もともと彼は地域の子どもたちに対してグラウンドゴルフを指導していた経緯もあり、この関係を活かして子どもたちを子ども会に勧誘し、竹田町二丁目子ども会は活動を再開することになった。再開した2009年時点では、小学生を中心に、おおよそ50名の子どもたちが参加する規模で、子どもお獅子（竹田町二丁目の獅子舞行列）や夏休みのラジオ体操を行なっていたという。

　このうち、子どもお獅子に関しては、竹田町二丁目子ども会として活動を再開するうえでの起点という位置づけであった。当時は子どもお獅子を開催するための経験もノウハウももち合わせておらず、近隣の単位町内会長に教えを請い、また法被などの用具も借りながら開催にいたったという。参加の呼びかけに関しては、竹田町二丁目町内会の回覧板と口コミによって行なわれたが、結果として40名ほどの子どもたちが集まった。当日は徒歩圏内に位置する竹田公園に集合し、参加者でお供え台の前で祈禱したのち、「元気を出して、ワッショ

イワッショイ」とお祓いを兼ねて、獅子舞とともに法被姿の子どもたちが町内を練り歩く内容であった。

　また、ラジオ体操に関しては、小学校の夏休み期間中の5日間に、毎朝6時30分に竹田公園に集合し、NHKラジオの放送を流しながら開催してきた経緯がある。毎回のラジオ体操には、竹田町二丁目に加えて竹田町四丁目の子どもたちも参加しており、その数はおおよそ70名ほどであった。毎回のラジオ体操の終了後には、ラジオ体操カードにスタンプを押す作業があり、これを担当するのが育成者の役割であった。ちなみに、5日間のうち1日でも参加した子どもには図書カードを、5日間すべて参加した子どもには皆勤賞としてハンバーガー店のチケットを、それぞれ贈呈するという参加特典も用意してきた。こうした取り組みの背景には、育成者による事前の準備があり、この点に関しては後述したい。

3−2　現在の子ども会の活動と予算

　それでは、現在の竹田町二丁目子ども会は、どのような活動と運営の実態にあるのだろうか。竹田町二丁目子ども会の会員は、2023年4月時点で小学生を中心に44人で、竹田町二丁目に居住する子どもたちのほぼ全員が参加している状況にある。子ども会への参加者数に関していうと、町内の子ども数の減少によってしだいに減少傾向にはある。ただ、単位子ども会としての参加者数でいうと、瑞穂区のなかでも、名古屋市全体においても、決して少ない人数ではない。このように、一定数の子どもたちが単位子ども会としての竹田町二丁目子ども会に参加するのは、子ども同士の誘いあいがきっかけである場合が多いという。

　こうした単位子ども会としての竹田町二丁目子ども会の2022年度の1年間の主な活動を整理すると、**図表2−8**のとおりにまとめられる。この図表から把握できるのは、以下の2点である。第一は、竹田町二丁目子ども会として単独で行なっているのはラジオ体操であり、それ以外の内容は瑞穂区地域子ども会育成連絡協議会（以下、「瑞穂区子連」とする。なお、正式名称は行政区ごとに異

図表2－8　竹田町二丁目子ども会の1年間の主な活動（2022年度）

日時	行事名	開催場所	参加人数	区分
6月19日	区ボウリング大会	名古屋グランドボウル	・子ども会会員15名 ・育成者2名	瑞穂区子連の行事
7月22日	ラジオ体操	竹田公園	・子ども会会員60名 ・育成者5名	竹田町二丁目子ども会の行事
8月11日	ゲーム大会	御剱小学校体育館	・子ども会会員10名 ・育成者3名	御剱学区子ども会の行事
9月18日	子ども会防災訓練	御剱小学校体育館	・子ども会会員10名 ・育成者9名	御剱学区子ども会の行事
11月23日	南知多デイキャンプ	南知多グリーンバレイ	・子ども会会員15名 ・育成者1名	瑞穂区子連の行事
12月3日	区綱引き大会	パロマ瑞穂スポーツパーク	・子ども会会員7名 ・育成者1名	瑞穂区子連の行事
12月18日	学区クリスマス会	御剱小学校体育館	・子ども会会員16名 ・育成者4名	御剱学区子ども会の行事

出所：吉田克己氏（竹田町二丁目町内会長）へのヒアリング調査を基に筆者作成。

なる）および御剱学区子ども会の行事となっている点である。換言すると、単位子ども会の活動の多くを主催しているのは、瑞穂区子連や御剱学区子ども会であり、単位子ども会としてはこれらに参加する場合が多いという実態にある。この点に関していうと、上記で触れた子どもお獅子とラジオ体操のふたつが、新型コロナウイルス感染症の流行以前からの竹田町二丁目子ども会としての主たる活動であり続けてきたのだった。なお、今後に他事例での検証が必要であるが、このように単位子ども会としての活動の多くが区子連や学区子ども会の主催行事への参加であるという実態は、他の単位子ども会において共通する場合が少なくないものと推察される。

　第二は、新型コロナウイルス感染症の蔓延により、竹田町二丁目子ども会としての活動の中心であった子どもお獅子が休止となったという実態である。すなわち、国内での新型コロナウイルス感染症の蔓延によって2020年2月頃から外出制限が行なわれるようになり、子ども会としての活動も中断を余儀なくされた。竹田町二丁目子ども会にとって、子どもお獅子の開催が活動再開の起点であった点は、すでに触れたとおりである。こうした意義をもつ子どもお獅子

であっても、新型コロナウイルス感染症の影響を受け、2020年度より4か年にわたり開催を見送らざるをえない状況が続いた。

関連して、単位子ども会としてのもうひとつの活動であるラジオ体操については、新型コロナウイルス感染症の流行以前の時期に比較して、年度によっては開催日数を縮減せざるをえなかった。すなわち、従来は5日間にわたって開催してきたが、2020年度から2022年度にかけては、状況しだいではラジオ体操を中止するという流動的な実施となった。

このようにみると、新型コロナウイルス感染症の流行によって、盆踊りに代表される自治会・町内会のさまざまな対面活動が中止・延期となったのと同様に、子ども会にとっての重要な活動もまた、中止・延期を余儀なくされたのであった。もっとも、現在はかつての形態に戻し、従来どおりに子どもお獅子を開催し、またラジオ体操も5日間にわたって実施している。いずれにしろ、新型コロナウイルス感染症の蔓延は、単位子ども会の活動現場にも少なくない影響を及ぼした状況が把握される。

ちなみに、竹田町二丁目子ども会の決算に関していうと、**図表2−9**のとおり、2022年度では繰越金を除いて、主な収入源は名古屋市による地域子ども会運営助成金、竹田町二丁目町内会からの助成金、資源回収の収入、となっている。また、支出に関しては、会議費、各種の負担金（区子連、学区子連）、事業費、その他、という状況である。

ここで注目したいのは、以下の2点である。第一に、竹田町二丁目子ども会では、毎年度の会費を子どもたちからは徴収していない点である。子ども会のなかには、会費として毎年数千円ほどを納めることになっている場合もみられる。しかし、竹田町二丁目子ども会ではそのような方式は採らず、会費収入がない分は別の収入で賄っていることがわかる。

第二に、収入面では町内会からの助成金と資源回収の収入、支出面ではラジオ体操の参加特典にかかる費用が多くの割合を占めているという点である。このうち、町内会からの助成金の有無に関しては、子ども会と町内会との関係の緊密さを把握する指標としてとらえられることがある。竹田町二丁目子ども会

図表2－9 竹田町二丁目子ども会の収支決算（2022年度）

	科目	金額	備考		
収入	会　費	0 円			
	市助成金	21,600 円	※地域子ども会運営助成金（交付額）		
	事業用収入	0 円	※特定の事業のために得た助成金（上記市助成金を除く）、参加費等の収入		
	その他	104,280 円	町内会助成 50,000 円 資源回収収入 54,280 円		
	繰越金	474,057 円	前年度からの繰越金		
	計（イ）	599,937 円			
	科目	金額	備考		
	運営費	1,540 円	会議費		
	負担金	2,500 円	区子連負担金 1,000 円 学区子連負担金 1,500 円		
	事業費	A 行事別経費	B 事業用収入	A－B 市助成金使途対象経費	
支出	区ボウリング大会参加費	4,800 円	0 円	4,800 円	
	ラジオ体操	109,910 円	0 円	109,910 円	
	南知多デイキャンプ	18,000 円	0 円	18,000 円	
	秋祭り子どもおでん代	27,000 円	0 円	27,000 円	
	小　計	159,710 円	0 円	159,710 円	
	その他	25,000 円	卒業記念品 @5,000 円　5 名　25,000 円		
	計（ロ）	188,750 円			
差引残高（イ－ロ）		411,187 円	次年度への繰越金		

出所：竹田町二丁目子ども会の提供資料を基に筆者作成。

については、町内会長が主導して子ども会を再生させたという経緯ゆえに、竹田町二丁目町内会との関係が極めて緊密である点を指摘することができる。関連して、資源回収の収入に関しても、竹田町二丁目町内会が取り組んでいる資源回収で生じた収入を、そのまま竹田町二丁目子ども会の活動費に回しており、この点でもまた子ども会と町内会の関係の緊密さをうかがい知ることができよう。

3－3　育成会と育成者の役割

　それでは、こうした子ども会の活動を支えている育成会は、どのような実態

にあるのだろうか。現在の竹田町二丁目子ども会の育成会は、規約上の役員任期は1年であるものの、上記で触れたように、子ども会活動の再開を主導した人物が長年にわたり育成者をつとめ、子ども会の運営と活動をけん引してきた。もちろん、子どもお獅子やラジオ体操といった行事の開催にあたっては、要所要所で保護者らに運営の支援を求めてきた経緯はある。ただ、実態としては、単位子ども会の行事の企画・準備・運営、竹田町二丁目町内会からの助成金の確保、瑞穂区役所に対する地域子ども会運営助成金の申請、瑞穂区役所や御劒学区子ども会・瑞穂区子連との日頃からの連絡調整など、子ども会の運営と活動を進めるうえで必要となる事務作業を、彼が一人で引き受けるかたちで単位子ども会が成立してきたといえる。こうした経緯からは、子ども会の運営と活動が安定的なものとなるためには、会計、連絡調整、印刷物作成、物品購入など、細々と発生する作業を率先して担う育成者の存在が欠かせない事情を、あらためて把握することができよう。

　ちなみに、**第1章**で触れたように、竹田町二丁目子ども会をはじめとする御劒学区、さらには瑞穂区を含む名古屋市では、PTA の組織内に「地区委員」と呼ばれる保護者の役職が存在しており、彼らが子ども会の育成者を兼ねる場合が多いといわれる。こうした地区委員をどの保護者が引き受けるのかに関しては、話しあいの場合もあれば、じゃんけんやくじ引きの場合もあり、決定方法は町内ごとに多様である。竹田町二丁目に関しては、地区委員を引き受けるのは小学6年生の保護者である場合が多く、地区委員の役割を支援する目的でサポート役が1名、会計担当が1名、それぞれ設けられている。また、これまで地区委員は話しあいによって決めてきたという。というのも、上記のとおり竹田町二丁目だけでも子どもの数がこれまで50名近くおり、話しあいによって地区委員を担当する者が調整できてきたからである。なお、上記で触れたラジオ体操の実施にあたっては、子どもたちへの連絡、瑞穂土木事務所への公園利用の申請、開催期間中の運営（音響機器の用意、ラジオ体操カードへのスタンプの押印）、子どもたちへの参加特典としての図書カードやハンバーガー店チケットの事前準備と最終日の贈呈などの役割がある。竹田町二丁目子ども会では現在、

これらの内容のすべてを地区委員が担っている。

　さて、ここで竹田町二丁目子ども会としての主たる行事であった子どもお獅子に注目し、育成者が開催までにどのような役割を担ってきたかを確認しておきたい。子どもお獅子は毎年10月上旬の週末の午前中に開催してきたが、半日ほどの行事とはいえ、さまざまな事前準備や各種調整が必要となるのはいうまでもない。具体的には、会場となる竹田公園を使用するために、公園を管理する瑞穂土木事務所に出向いて公園使用許可の申請を行ない、また事前に警察に対して子どもたちが歩くコースを報告しておく必要がある。さらに、お祓いを行なう神社にも事前に連絡し、段取りの調整などを進める。加えて、子どもお獅子を竹田町二丁目で周知するために、チラシを作成して町内会の回覧板に挟み込んで広報し、また口コミでも開催を広めなければならない。

　子どもお獅子の当日は、獅子舞や法被などが必要となり、また開始時の祈禱に必要な台座やお神酒、お供え物なども用意する必要がある。さらにいうと、参加した子どもたちに対して、子どもお獅子の終了後に配布するために、多数のお菓子袋も事前の準備が要る。こうした内容以外にも、子どもお獅子が町内を練り歩く際には、交通事故等が発生しないように細心の注意を払う必要があり、そのための対応も要請される。このようにみると、半日ほどの行事の開催といえども、事前の準備から当日の運営、さらには事後処理まで含めて、これらを実質的に一人で対応しており、相当な手間と時間がかかっていた事実を指摘することができよう。

　もっとも、こうした事情は、必ずしも竹田町二丁目子ども会のみに当てはまる内容ではない。多くの子ども会においては、育成会の役割として、毎回の行事における事前準備はもちろんのこと、当日の行事の運営、さらには行事終了後の事後処理業務もある。行事内容の性格にもよるが、場合によっては数か月前から準備を開始し、各種の連絡調整を行なって行事当日を迎えている。このようにみると、子ども会活動に関しては、半世紀以上前からすでに「子どもが主役の子ども会」の重要性が説かれてきたわけであるが、実態としてはサポートを中心とする育成会の役割は決して小さくないといえよう。換言するならば、

育成者や育成会の姿勢しだいで、子ども会の活動内容や頻度は、やはり大きく左右されるのである。

4　考　察

名古屋市の子ども会を例に、ここまでみてきた子ども会の実態について、ここで上述した本章の3つの分析の視点に沿って考察したい。

第一は、「1年間をとおして、子ども会として実際にどのような活動に取り組んでいるのか」という活動実態の視点であった。本章で扱った単位子ども会としての竹田町二丁目子ども会では、主な活動は子どもお獅子とラジオ体操のふたつであり、これらはかつて全国各地の子ども会でみられた内容である。ただ、今日の時代状況をふまえると、かえって子どもお獅子のような伝統行事は子どもたちにとって新鮮なものであり、他の機会では経験しえない内容でもある。なお、これら以外の活動に関しては、瑞穂区子連や御劔学区子ども会の行事に参加するかたちであった。換言するならば、単位子ども会としての独自の活動は行なっているものの、区子連や学区子ども会の行事にも参加機会を提供することで、子ども会としてのさまざまな活動が維持できているという状況なのである。もっとも、2020年初頭からの新型コロナウイルス感染症の蔓延により、独自の活動としての子どもお獅子とラジオ体操は中止ないし規模縮小となるなど、この4年ほどはさまざまな制約を受けることになった。

第二は、「子ども会の運営にあたり、依然として役員負担の問題は解消されずに課題として残り続けているのか」という役員負担問題の視点であった。まず、上記の名古屋市子ども青少年局によるアンケート調査の結果をふまえると、少なくとも現在の名古屋市の子ども会をめぐっては、従来とは変わらずに子ども会の運営と活動にかかる役員負担の問題は解消されておらず、役員負担が大きいゆえに子ども会に加入しなくてもよいという立場の保護者も一定数存在していた。また、実際に子どもが子ども会に加入している保護者も、加入していない保護者も、ともに子ども会の役員を引き受けることに対しては消極的であ

り、その背景には手伝いが面倒、時間が割かれてしまうといった回答の割合が高かった。そのため、子ども会の役員負担の問題が顕在化してから相当な時間的経過があったにもかかわらず、活動現場では必ずしも対応がなされることはなく、今日にいたっている現実を把握することができよう。たしかに、竹田町二丁目子ども会において育成者が担っていた事務作業をみると、役員負担の総量は決して小さくないという事実がある。

　第三は、「時代の変化をふまえ、子ども会そのもののあり方を問いなおすうごきは、運営と活動の現場において何か起こりはじめているのか」という子ども会再考の視点である。少なくとも現状において、こうしたうごきは把握することができなかった。また、たとえば**第1章**で把握した名古屋市の「子ども会活動アシストバンク事業」について、この受託団体へのヒアリング調査でも、子ども会そのもののあり方を問い直すためのワークショップの開催要請などのうごきはみられなかった、との回答があった[11]。こうした背景には、やはり役員任期が1年間ゆえに運営と活動のあり方を再考できる環境にはなく、以前からの子ども会のかたちを維持するのが精一杯とならざるをえない事情があるものと推察される。しかし、現在の子ども会の団体数と会員数の減少状況、さらには上記の役員負担の問題が解消されていない現状をふまえるならば、実態としては顕在化している問題に向きあうことなく、問題を先送りしている状況が続いているといわざるをえない[12]。そうであるならば、時代の推移とともに生じてい

11　「名古屋市子ども会活動アシストバンク事業の試行実施における効果検証会議」（2022年9月27日、オンライン開催）における事業担当者の発言による。

12　この点に関連して、荒昌史は近年に注目される「ネイバーフッドデザイン」という手法を解説するなかで、自治会・町内会について以下のとおり言及している。すなわち、「現状では、従来の自治会・町内会の多くで、『もともとやっていることの継続』や、『行政からの補助金をもらうためにしなければならないこと』が目的になっています。本来は『地域をよりよくしていくこと』が目的のはずですが、継続や補助金獲得が目的化している状況も見受けられるのです。すると住民も、『自分にとってはいったい何の意味があるのだろう』ともやもやした気持ちを抱えてしまう。また、そのように目的を見失っている業務を手伝う人を見つけることが『担い手探し』と呼ばれているようなケースもあります」（荒（2022）64ページ）、「ある自治会では、歴史あるお祭りを続けていくこと自体が目的化していました。祭りの継続のために効率化やマニュアル化が進み、『役割をまっとう

る、子どもたちや保護者を取り巻く環境の変化をふまえ、子ども会そのものの
あり方を問い直す機会を設定し、時代の変化に見合った子ども会の運営と活動
を構築していく必要がある[13]。

　このようにみると、上記で提示した「今日の子ども会の現場では、どのような
運営と活動がなされ、どのような課題を抱えているのか」という本章の問いに
対しては、以下のように答えることができよう。すなわち、名古屋市瑞穂区御
劒学区の竹田町二丁目子ども会の動向をみる限りでは、育成者が中心となって
日頃からの子ども会の運営、および子どもお獅子やラジオ体操をはじめとする
活動に取り組んでいる。その際には、事前の準備や各種調整において、育成者
が果たす役割は極めて大きい実情にある。ただし、名古屋市全体でみると、竹
田町二丁目子ども会のような運営と活動が展開できている子ども会は決して多
くなく、むしろ保護者の負担問題が今日でも解消されずに課題として残り続け
ている、と。

　それでは、こうした保護者負担の問題に関しては、どのような対応可能性が
あるのか。本章の最後に、この点に触れておきたい。

5　大都市における子ども会の展望

　本章ではここまで、名古屋市の子ども会の動向を手がかりにしながら、その実
態の把握につとめてきた。とりわけ、単位子ども会としての竹田町二丁目子ど

すること』が重要視されていたのです。結果として、若い世代が『役割』を埋めるべく
手伝いに駆り出されて疲弊したり、自分が暮らすまちでの活動を避けたりするような状
況が見られていました」（荒（2022）97 ページ）、と。こうした内容は、子ども会にとっ
ても大いに示唆に富む。すなわち、今後において子ども会そのもののあり方を問い直す
ことなく、担い手不足問題の解消を優先させて新たな担い手の確保をめざしても、必ず
しも期待した結果にはつながらない事態が生じうるといえよう。

13　この点に関連して、かつて野垣義行は単位子ども会および子ども会育成会の連絡・連合
組織ごとに、自らの実態を丹念に把握するツールとしての「子ども会診断表」を活用し、
子ども会診断に取り組むことを提唱していた（野垣（1983）57 ～ 66 ページ参照）。子ど
も会そのもののあり方を問いなおす場合、起点として、まずは実態把握を行なう作業が
極めて重要になるといえよう。

も会についてみると、育成者や育成会が果たす役割は極めて大きく、むしろ彼らの事情によって子ども会活動が大きく左右されるという実態が明らかとなった。

　上記のとおり、竹田町二丁目子ども会は、育成者が子ども会の意義と重要性を認識し、子ども会活動を再開させた経緯があった。また、子どもお獅子に代表されるように、子ども会以外では経験できないような行事を開催していた。もちろん、開催までには事前準備をはじめ、当日の運営と事後処理を含めると、膨大な手間と時間を要する。それでも、地域で子どもたちを育てていく必要性を重視し、育成者として 10 年以上にわたり、子ども会活動を主導してきた。それゆえに、あらためて子ども会を支えるコアメンバーとしての育成者の重要性を垣間見ることができる。

　とはいうものの、名古屋市内の単位子ども会のすべてが、本章でみてきた竹田町二丁目子ども会のような実態にあるのではなく、むしろ多くの子ども会の運営と活動は、さまざまな問題状況に直面している。実際に、上記のアンケート調査のなかでは、役員負担の問題が現在も解消されず、課題として残り続けているという現実がある。それゆえに、名古屋市内においてさえ、子ども会そのものの休止や解散の件数は年々増加しており、また子ども会のかたちだけは残っているものの、その実態は開店休業状態にある場合さえ少なくないという声も聞かれる。そうであるならば、いかにして子ども会の運営と活動を立て直すかは急務となる。

　こうしたなかで、たとえば**第 1 章**でも触れた名古屋市の「子ども会活動アシストバンク事業」は、対応策としてのひとつのかたちであろう。名古屋市では現在、役員負担の問題が解消されない状況が続くなかで、2021 年度より「子ども会活動アシストバンク事業」を試行実施している。これは、保護者の負担軽減や子ども会の運営・活動のノウハウ共有というねらいから、各種の相談対応や企画立案支援に取り組む内容である。現在のところ、NPO 法人アスクネットと株式会社ウィーケンが事業の受託団体となり、デジタルプラットフォーム（アシストバンクホームページ）の運営と子ども会活動のためのイベント情報提供、

子ども会活動イベント提供者・活動アシスタントへの研修提供、名古屋市子ども会相談窓口の設置・運営、の３つに取り組んでいる。

　現時点では16行政区のなかでも、天白区・名東区・南区・守山区の４区における試行実施という段階ではある。ただ、子ども会として、ボッチャをはじめとするニュースポーツを通じ、新たな交流の場が提供できた、などのうごきも把握される。先行研究においては、これまで各種支援が得られるような体制整備の重要性が説かれてきたわけではあるが、方向性としては共通するものであろう。また、筆者は以前、自治会・町内会の担い手問題を検討するなかで、いわゆるテーマ型コミュニティとしてのNPO法人やボランティア団体との協働可能性に言及したことがある。人的資源や専門性を確保することが困難ななかで、この「子ども会活動アシストバンク事業」のように外部支援に頼ることができる環境が整備されれば、劇的な状況改善とはいえないものの、役員負担問題の解消の一助にはつながろう。

　ただし、外部主体に子ども会活動の一部をゆだねるにしても、留意すべき点がある。それは、子ども会の役員の側が、どのような領域において、どのような部分を、どれほどの時間で、ゆだねていくかを明確にするという点である。すなわち、子ども会の役員として、子ども会活動に関するビジョンをもち、それに沿って連携・協力のあり方を整理する必要があろう。そうではなしに、何らビジョンをもたないまま、「どのようなかたちでもいいから、とにかく外部主体に活動の一部をゆだねたい」となってしまうと、ゆだねられる外部主体の側からしてもどう対処すべきか困惑してしまう。また、外部主体の側としても、単に子ども会の役員からいわれるままに活動の一部を引き取るのではなく、子ども会の役員の主体性を削がないかたちで、エンパワーメントの視点を保ちながら接していく必要があるといえよう。

14　星山（1996）31ページ参照、三宅（2014）28〜32ページ参照。
15　三浦（2020a）348〜349ページ参照。

第3章

子ども会とワークショップ

　本章では、名古屋市瑞穂区の御剱学区子ども会を事例に、子ども会としてワークショップを行なうことの意義と可能性を検討する。まずは、ワークショップの手法、および子どもたちがワークショップに参加する動向を把握する。続いて、先行研究を検証して分析の視点を提示する。そのうえで、御剱学区の子ども会ワークショップに注目し、開催の経緯や実際の内容、ワークショップを基に実施した子ども会の独自企画の成果と課題を整理したい。

1　ワークショップと子どもたち

1－1　ワークショップという手法

　そもそも、ワークショップとは何を意味するのだろうか。ワークショップという用語に関しては、たとえば何かの工芸品を製作する場合に用いられることもあるため、その意味内容を整理しておく必要があろう。学術研究において、中野民夫はワークショップを「講義など一方的な知識伝達のスタイルではなく、参加者が自ら参加・体験して共同で何かを学びあったり創り出したりする学びと創造のスタイル」と定義する。あるいは、木下勇による「構成員が水平的な関係のもとに経験や意見、情報を分かちあい、身体の動きを伴った作業を積み重ねる過程において、集団の相互作用による主体の意識化がなされ、目標に向

1　中野（2001）11 ページ。

かって集団で創造していく方法[2]」という定義もみられる。これらの定義をふまえると、主体的な参加や参加者同士の学びあいといった点は、ワークショップの要点として抽出できよう。

　こうしたワークショップについて、その外郭を把握するねらいから、まちづくりの領域において自治体行政が主催するワークショップを例に、いくつかの観点から整理してみよう。このうち、まちづくりワークショップといっても、テーマや領域は多岐にわたる。これは「まちづくり」という用語の広範さとも関係してくるが、自治体の将来像がテーマの場合もあれば、公共施設の再編がテーマの場合もある。最近では、全国的な自治会・町内会の担い手不足の動向をふまえ、地域コミュニティのあり方を考えるワークショップも開催されている[3]。また、領域に関しても、観光、環境、福祉、教育、防災、防犯、多文化共生などがあり、各領域に見合ったかたちのワークショップが企画・運営されている。

　まちづくりワークショップの主催者や運営者については、主に自治体行政が主催者となる。もっとも、単に自治体行政といっても、総合計画ワークショップの場合は企画課、公共施設ワークショップの場合は施設課、地域コミュニティワークショップの場合はまちづくり課という具合で、扱うテーマによって担当部署が変わってくる。もっというと、ワークショップの現場での事務全般や進行（ファシリテーション）は、実際にはまちづくりコンサルタントやNPO法人に委託する場合が多い。この点に関しては、静岡県牧之原市が市民ファシリテーターの育成に力を入れ、市民主導によるワークショップが開かれているうごきは、注目に値しよう[4]。いずれにしろ、まちづくりワークショップでも、その場を担当するファシリテーターの役割が極めて重要となることに変わりはない。

　参加者に関しては、特に制限を設けない場合もあれば、当該自治体に居住す

2　木下（2007）15 〜 16 ページ。
3　自治会・町内会に代表される地域コミュニティについて、そのあり方を考えるワークショップの留意点に関しては、三浦（2023c）58 〜 59 ページを参照されたい。
4　静岡県行政経営研究会業務協働ワーキンググループ編著（2017）41 〜 43 ページ参照。

る住民、当該地域に居住する住民など、何らかのかたちでまちづくりワークショップへの参加対象者を限定する場合がある。また、年齢・世代という観点から参加対象者を限定する場合もみられる。具体的には、たとえば近年に全国各地で設置が広がっている若者会議に関しては、年齢ないし世代という観点で、参加者の範囲が決まってくる[5]。なお、参加者についてもうひとつ考えなければならないのが、参加人数の問題である。参加者を何名にするのかによって、まちづくりワークショップそのものの規模が変わってくるし、それに連動して会場や時間も左右される。そのため、参加対象者の属性とともに、参加対象者の人数も、ワークショップを企画するうえでは重要な要素となる。

　こうしたまちづくりワークショップのねらいとしては、主に以下の2点があげられる。第一は、ワークショップを通じた多様な住民意見の把握である。すなわち、特定の利害関係者の声だけではなく、幅広い属性の住民からの意見や意向を把握するねらいで、まちづくりワークショップが開催されることになる。そのため、上記の参加対象者をどのように設定するかという点は、まちづくりワークショップのねらいと密接に関わってくることがわかる。第二は、まちづくりワークショップへの参加を通じた住民の主体性の引き出しである。ワークショップの場に参加し、他のさまざまな参加者との対話をとおして、参加者のなかに気づきや発見が生まれ、それが実際のまちづくり活動の実践へと発展することが期待される。そうであるならば、まちづくりワークショップには単に1回だけの形式的な開催で終わるのではなく、段階を踏んだ発展性を見据えた体系整理が必要となろう。

　開催場所に関しては、これまでまちづくりワークショップは対面形式が中心であったために、どのような会場で開催するかが常に問われてきた。この点に関しては、当然のことながら、参加者の規模によって大きく左右される。まちづくりワークショップの場合は、一般的には公共施設のなかのホールや会議室、あるいは庁舎内のスペースなどで開催されるだろう。ただし、たとえば公共施

5　若者会議に関しては、三浦（2019）25 ～ 27 ページを参照されたい。

設に関連したテーマを扱う際には、あえてワークショップそのもののテーマと
なっている会場において開催する場合もあろう。ちなみに、近年の新型コロナ
ウイルス感染症の影響により、対面形式ではない、オンライン形式でのまちづ
くりワークショップの開催も増えてきた経緯がある。

　時期・回数・時間帯という時間的要素については、何よりもまちづくりワー
クショップの開催時期が重要となる。たとえば、年度末にワークショップを開
催して何らかの成果が生まれたとしても、新年度に入って自治体行政の側の担
当者が変更になって成果がまったく活かされないという事例がみられる。関連
して、新年度からワークショップの成果を活かして事業を展開しようとしても、
必要な予算を前年度中に確保できていないとなれば、活動に取り組むことは容
易でない。そのため、実際の実行段階を見据えるならば、まずもってまちづく
りワークショップの開催時期をいつにするかがポイントとなる。なお、まちづ
くりワークショップの回数や時間帯に関しては、ワークショップそのものをど
う設計するかに左右されよう。

1－2　子どもたちの参加

　わが国では現在、子どもたちがさまざまなかたちでまちづくりに関わる機会
づくりが実践されている。たとえば、かつての平成の大合併の潮流において、北
海道奈井江町は合併の是非を問う住民投票を実施した際に、「参考投票」という
かたちではあるが、投票権者のなかに 10 歳以上の子どもたちを含んだ経緯が
あった。実際に、このときに子どもたちは、町長との意見交換の機会などを通
じて将来の奈井江町について学び、一票を投じた経緯がある。

　山形県遊佐町では 2003 年から少年議会を設置し、少年町長 1 名および少年議
員 10 名を、遊佐町在住または町内の学校に通学する中高生の約 600 名の有権者
から選挙によって選出している。こうして選ばれた少年町長と少年議員たちが
毎年、まちづくりに関連する企画を立案し、45 万円の予算の執行方法について

6　神原（2014）26 ～ 27 ページ参照。

ワークショップ形式で検討を重ねている[7]。これまでにイメージキャラクターづくりや町の特産品（パプリカ）のレシピ本づくりなどのアイディアが出て、企画の実施段階でも少年町長・少年議員たちが積極的に関わってきた。こうした若者のまちづくり参加は全国的に注目され、愛知県新城市の若者議会に代表されるように、全国各地に波及していった経緯がある[8]。

　その他にも、千葉大学倉阪研究室が開発した「未来カルテ」を用いた未来ワークショップの展開も把握される[9]。わが国の自治体の現場では、自治体戦略2040構想研究会の報告や第32次地方制度調査会の答申などの影響もあり、ここ数年で「バックキャスティング」への関心が高まった。自治体戦略2040構想研究会によると、バックキャスティングとは「将来のあるべき姿から逆算する形で、その実現のために現在取り組むべき事柄を検討する手法[10]」であるという。こうしたバックキャスティングの手法を、まちづくりのワークショップで実践する際に強力なツールとなるのが「未来カルテ」である。これは、2050年時点での全国の自治体の人口・産業・保育・教育・医療・介護などに関する数値データがエクセル上でシミュレートされるツールである。この未来カルテの数値データを活用し、2050年の時点で何が課題として生じうるか、その解決に向けて現時点から何に取り組む必要があるのか、を参加者同士で検討するのが未来ワークショップである。実際に、千葉大学倉阪研究室が中心となり、千葉県内をはじめとした全国の自治体で、中高生を対象とした未来ワークショップを開催してきた。そこでは、将来のまちの担い手たちが、30年ほど先の未来の具体的な数値データを基に議論し、いまの時点からいかなる取り組みを実践し、悲観的な「成り行き未来」を夢のある「幸せな未来」へと転換していこうと検討を重ねていった。

　このようにみると、将来の担い手である子どもたちが、まちづくりの場に積

7　松下（2018）79～85ページ参照。
8　新城市の若者議会に関しては、松下・穂積編（2017）が参考になる。
9　宮﨑（2018）29～36ページ参照。
10　自治体戦略2040構想研究会（2018）3ページ。

極的に参加できる環境づくりを進めている自治体が存在することがわかる。同時に、その過程でワークショップの手法が採り入れられ、「未来カルテ」に代表されるように、汎用性の高いツールの広まりといううごきも把握される。

1-3　子ども会への影響

　それでは、こうしたワークショップの展開は、子ども会の活動にどのような影響を与えているのだろうか。そもそも、子ども会の活動のなかで、ワークショップが採り入れられる場面はみられるのだろうか。すでに**第2章**で触れたように、学術研究においても、子ども会の役員がファシリテーションスキルを身に付け、子ども会の活動を充実させる必要性が説かれていた。[11]

　そこで、子ども会の活動現場のワークショップについてみると、その大半が工作体験の内容となっており、具体的には木製のコースターづくりやハンドメイドのブックカバーづくりなどがあげられる。そのため、子ども会の現場では、「ワークショップ＝工作教室」という認識が、少なからず浸透している事情があるものと推察される。このことはすなわち、子ども会の活動は以前から引き継がれてきた日常活動や行事活動が中心となり、上記のまちづくりワークショップのような機会を設定して子ども会のあり方を問い直す、あるいは魅力的な活動のあり方を追究するといったうごきは、未だ多くない現実にある点を示しているのではないだろうか。

　とはいうものの、子どもたち同士で対話を重ね、子ども会をどのようにしていくかを検討するワークショップが開催されるとなれば、「子どもが主役の子ども会」という子ども会の理念にも符合してくる。たしかに理想としては、子どもたち自身がワークショップを企画し、子どもたち自身でファシリテーターを担当する段階にまで及ぶことが望ましい。ただ、その段階にまでいかなくても、まずは子どもたち自身が子ども会活動の顧客にとどまるのではなく、活動のなかに何らかの意見を反映させ、また自らが担い手となる場面づくりをいかに促

11　三宅（2014）173 ページ参照。

すかが問われる。この点で、ワークショップは子ども会活動のあり方を問いな
おすひとつの契機をもたらしうるのではないだろうか。

2　先行研究・本章の問い・分析の視点

2－1　ワークショップの先行研究

このように子ども会のあり方を再考するうえで親和的なワークショップであ
るが、はたして先行研究ではどのような検討がなされているのだろうか。ここ
では、本章の内容に関連する先行研究をいくつかみておこう[12]。

わが国で先駆的にワークショップの実践と研究を重ねてきた中野民夫は、上
記のとおり、ワークショップを「講義など一方的な知識伝達のスタイルではな
く、参加者が自ら参加・体験して共同で何かを学びあったり創り出したりする
学びと創造のスタイル[13]」ととらえる。中野によると、ワークショップにおいて
は、「参加」「体験」「グループ」の3要素がキーワードになるという[14]。このう
ち、参加に関しては、話を一方的に聞くのではなく、自ら参加し関わっていく
主体性が重要となる。また、体験については、頭のなかだけではなく、身体と

12　ここで取り上げる内容以外では、たとえば、絵画表現や映像表現といったアートの領域
　　において、子どもたちを対象としたワークショップを実践し、詳細なエピソードを記述
　　しながら、子どもたちのワークショップ体験の実態や効果について検討した笠原広一の
　　研究もある。このなかで笠原は、子どもたちのワークショップ体験を理解するうえでの
　　新たな視点として、「充填」と「接続」というふたつの概念を提示している（笠原（2017）
　　207 ～ 209 ページ参照）。このうち、前者の「充填」とは「ワークショップの生成的な体
　　験過程を突き動かす情動の力動感の流入」を意味し、参加する子どもたち同士が相互に
　　関わりあうなかで自己と相互が変容し、それが場全体の変容に発展して、子どもたちに
　　とって価値ある機会になっていくという。また、後者の「接続」については、「相手との
　　情動の接面にこちらの感性的認識が繋がること」を意味し、子どもたち自身が他の子ど
　　もたちの情動の接面に触れることで情動の力動感が子どもたち同士に媒介・共有される
　　ようになるという。こうした相互作用を通じて子どもたちはさらに活動にのめり込み、
　　子どもたち自身の変容、お互いの関係の変容、場そのものの変容につながっていくこと
　　になる。このようにみると、「充填」と「接続」は相互に関連しあう概念であり、いずれ
　　も子どもたちが参加するワークショップにとっては欠かせない視点であることがわかる。
13　中野（2001）11 ページ。
14　同上、11 ページ参照。

心を丸ごと総動員して感じていくことが要請される。グループに関しては、参加者同士の相互作用や多様性のなかで分かちあい、刺激しあって学んでいくことが要点となる。

こうしたワークショップを実施するうえでは、ファシリテーターの存在を欠くことができない。ここでいうファシリテーターとは、「人と人が集う場で、お互いのコミュニケーションを円滑に促進し、それぞれの経験や知恵や意欲を上手に引き出しながら、学びや創造活動、時には紛争解決を容易にしていく役割[15]」であるという。

なお、中野はワークショップの注意点として、ワークショップそれ自体がゴールではなく、あくまでも学びや創造の手段ないし方法である点に警鐘を鳴らしている[16]。すなわち、ワークショップでの学びを活かして、日常生活の現実に取り込んで変革していかなければ、ワークショップに参加した意味が半減するのである。

他にも、子どもによるまちづくり参加やワークショップ参加について研究する木下勇は、先のとおり「構成員が水平的な関係のもとに経験や意見、情報を分かちあい、身体の動きを伴った作業を積み重ねる過程において、集団の相互作用による主体の意識化がなされ、目標に向かって集団で創造していく方法[17]」とワークショップを整理している。木下によると、ワークショップには、以下の5つの特徴があるという[18]。すなわち、身体まるごとの知覚と働きを活用する身体性、適材適所で協働作業に取り組む協働性、集団内での相互作用によって発想が豊かになる創造性、水平的関係のもとで参加者同士の考えや意見や情報を分かちあう共有性、課題解決に向けた過程自体に意味を見出すプロセス重視、の5つである。

また、まちづくりに関する市民検討会議の例を用いながら、木下は以下のと

15　同上、147 ページ。
16　同上、168 ページ参照。
17　木下（2007）15 〜 16 ページ。
18　同上、13 〜 15 ページ参照。

おり指摘している[19]。すなわち、従来形式の会議運営では特定の人物のみが発言し、それ以外の者は満足度が低下して参加者が減っていくという悪循環に陥る。他方、ワークショップ形式で運営した場合には、参加者のあいだに「もっと検討したい、話しあいたい」という主体的な雰囲気が生まれ、自主的な会合の開催もはじまり、主体性の醸成につながっていく、と。そうであるならば、子ども会としてワークショップを開催する場合には、いかにして参加者同士の水平的な関係を維持するのか、いかにして身体的なうごきを交えながら作業を進めるのか、いかにして参加する子どもたちの主体性を引き出すのか、などが問われることになる。

なお、木下の検討で興味深いのは、ワークショップをとおした人間関係の構築を重視している点である。子ども会に関係するところでいうと、「近隣の共同作業も薄れたなか、近所の異なる仲間との遊びの体験や共同作業の経験のない子どもたちは、若者、大人へと成長しても集団の人間関係のとり方が不得手[20]」という傾向にあると言及している。

2−2　先行研究の要点と課題

このようにみると、先行研究においては、以下の3つを要点として整理できよう。第一は、参加者同士での共同作業が可能となる水平的な関係をいかにして生み出していくか、という点である。ワークショップでは通常、数名の参加者がひとつのグループを編成し、参加者同士で対話や作業を重ね、何らかの成果物を創造していくことになる。このような場面において、参加者のあいだで何らかの上下関係が発生することなく、対等な立場で意見や対話をすることが可能となる環境を整えようとするならば、各グループのファシリテーターの役割が重要となる。実際に、ファシリテーターの対応しだいで、ワークショップそのものの成否が大きく左右される。

第二は、ワークショップへの参加をとおして、いかにして主体としての意識化

19　同上、16 〜 17 ページ参照。
20　同上、26 ページ。

を促していくか、という点である。前述したように、ワークショップのねらいとしては、多様な住民意見の把握の他にも、参加者の主体性の引き出しがあった。先の木下も「ワークショップは、あくまでも住民の主体性を育む道具[21]」と言明している。そうであるならば、ワークショップへの参加をとおして、いかにして参加者の意識変革を促し、参加者自身の主体性を育んで次の段階へとつなげていくかが問われることになる。実際に、ワークショップへの参加を契機として意識変革が生まれ、参加者自身が新たな活動をはじめるようになった事例は、すでに豊富に存在している。

　第三は、ワークショップをその場限りの学びの機会にとどめるのではなく、ワークショップの内容をふまえ、いかにして何らかの活動や実践に結び付けていくか、という点である。先行研究ではワークショップの目標設定が指摘され、またワークショップが包含する創造力が重視されていた。そうであるならば、ワークショップを実施すること自体が目的化する事態は避ける必要があり、むしろ何らかの目的・目標の達成に向けて、手段としてワークショップを活用する姿勢が求められる。この点に関していうと、実際にはしばしば、ワークショップを開催すること自体が目的化している場合も、みられなくはない現実がある。

　こうした先行研究についていうと、上記のとおり、子どもたちが参加するワークショップに関しては、すでに豊富な内容が存在し、さまざまなアプローチがなされている。一方で、子ども会として開催するワークショップに関しては、管見の限りでは先行研究は存在しない。こうした背景には、育成者に対するファシリテーション研修などは別にして、子ども会として子どもたちが参加するかたちで、ワークショップに取り組む機会自体に乏しいという事情があろう。実際に、子ども会に関しては、以前からの決まりきった活動に終始し、マンネリ化の状態に陥っている点は、しばしば指摘されてきたところである。そもそも、すでに触れたように、子ども会として開催するワークショップというと、一般的には工作教室のような内容となっており、本章が主眼とするワーク

21　同上、54ページ。

ショップとは意味内容が本質的に異なる。

2－3　本章の問いと分析の視点

とはいうものの、現在の子ども会にとって持続可能性が求められる状況をふまえるならば、ワークショップを通じて子ども会そのもののあり方を問いなおす必要があろう。同時に、学術研究としてもまた、子ども会のワークショップに焦点を当て、成果と課題を明らかにする必要がある。そこで、本章では「ワークショップは子ども会の活動にどのような波及効果をもたらすのか」という問いの答えを明らかにしたい。その際、以下の３つの視点から、名古屋市瑞穂区の御劔学区子ども会によるワークショップの事例分析に取り組む。

第一は、「子ども会ワークショップにおいて、子どもたちの水平的な関係を維持するために、どのような立場のファシリテーターが、何を意識しながら、どのように立ち振る舞ったのか」というファシリテートの視点である。先行研究でも把握されたように、ワークショップにおいては参加者同士の水平的な関係が重要となり、これを欠くと対等な立場での対話や意見が困難となってしまう。そうであるならば、各グループに配置されるファシリテーターの対応は、ワークショップ全体の成否に大きく影響を与えることになる。はたして、御劔学区での子ども会ワークショップにおいては、どのような技能や経験を有するファシリテーターが、どのような点を意識し、またどのような点に留意しながら対応していったのか。

第二は、「子ども会ワークショップへの参加をとおして、子ども会会員の子どもたちのあいだに、どのようなかたちで『子ども会の主役』としての意識が生まれたのか」という意識醸成の視点である。わが国では長年にわたり「子どもが主役の子ども会」の重要性が説かれてきたものの、実際には多くの場合において、育成者や保護者が催事の企画と運営を担い、子どもたちは顧客ないし参加者という立場にとどまってきた現実がある。こうしたなかで、本章が扱う子ども会ワークショップは、子どもたち自身が企画と運営を担当し、その過程をとおして主役や主体としての意識の醸成をめざしてきた。はたして、御劔学区

の子ども会ワークショップに参加した子どもたちのあいだには、ワークショップへの参加前後において、どのような意識変革が起こったのだろうか。

　第三は、「子ども会ワークショップで検討を重ねた内容は、どのような調整や準備の過程を経て、実行に移していったのか」という成果活用の視点である。ワークショップの開催それ自体が目的ではなく、あくまでも何らかの目的を達成するための手段である点は、再三にわたって指摘されてきたとおりである。御劔学区の子ども会ワークショップにおいても、御劔学区夏祭りの子ども会企画を実施することが目的であり、子ども会ワークショップはそのための手段という位置づけであった。もっとも、このような整理がなされていたなかでも、ワークショップにおける検討内容を御劔学区夏祭りの子ども会企画で実施しようとした場合、現実にはさまざまな課題や困難が表出したものと推察される。そうであるならば、ワークショップで出た意見やアイディアを、どのようにして実行に移していったのだろうか。

　ここまでの内容をふまえ、次節では続いて、御劔学区における子ども会ワークショップを事例として取り上げ、これら3つの分析の視点から考察を進めたい。

3　御劔学区における子ども会ワークショップ

3－1　御劔学区子ども会とワークショップ開催の経緯

　名古屋市瑞穂区の北西部に位置する御劔学区（**図表3－1**）は、全体でみると戸建て住宅が中心の住宅街であり、学区内には名古屋市立大学滝子キャンパスが位置し、また近隣には複数の高校も点在した文教地区といえる。また、御劔学区はどの場所からも大型の幹線道路に比較的近く、交通の利便性は決して悪くはない。ただし、過去に御劔学区内で多数見られた商店は廃業が相次ぎ、現在は高齢者が生鮮食料品を購入するのが難しくなっている現実もある。もちろん、住む場所によっては徒歩圏内に生鮮食料品を扱うスーパーもあるが、それでも高齢者が徒歩で何分もの時間をかけて買い物に出かけるのは容易でない。

図表3－1 御剱学区の位置

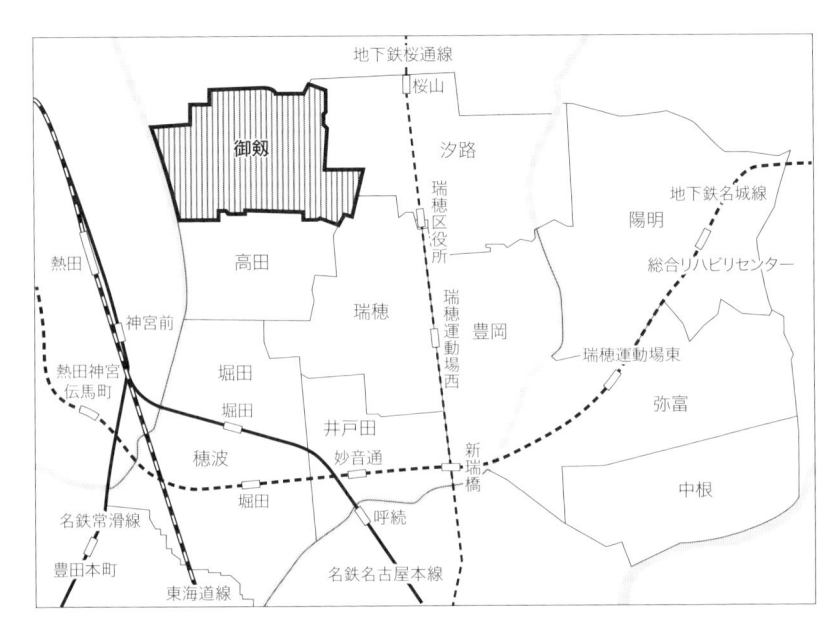

出所：名古屋市瑞穂区ホームページ「学区割の地図」を一部加工。2025年2月閲覧。https://www.city.nagoya.jp/mizuho/page/0000051964.html

　こうした御剱学区では、2024年10月1日時点で人口は6965人、世帯数は3504世帯となっている。また、2023年度時点で高齢化率は33パーセントを超え、名古屋市全体の平均値や瑞穂区全体の平均値よりも高く、学区としての高齢化が進行している状況にある。子どもたちに関していうと、御剱学区ではこれまで少子化の傾向が続き、一時は児童数の減少によって1学年1クラスとなり、小学校の統廃合の可能性も生じていた。ただ、現在ではおおよそ1学年2クラスとなっており、こうした背景には学区内で空き家となった住宅が近年に次々と解体され、その土地が売りに出されたり、新築住宅が分譲されたりして、子育て世代の流入が進みつつある事情を指摘することができる。

　さて、現在の御剱学区子ども会は、学区内の全28町内のうち18町内の単位

子ども会が参加して構成されている[22]。会員数は小学生を中心に、2024 年度では 386 人となっている。当然ながら、このなかには小学生以外の未就学児や中学生も含まれているものの、人数面での中心は小学生である。また、2024 年度の御劔小学校の児童数が 323 人という状況をふまえると、子ども会に参加する子どもたちの割合は極めて高いことがわかる。もちろん、単位子ども会の行事には参加するが、学区子ども会の行事には参加しないという子どもたちも一定数は存在すると推察され、この点には留意を要しよう。

　ちなみに、子どもたちのなかでは、単位子ども会の活動に参加していない一方で、学区子ども会の活動には参加するというパターンもみられる。というのも、**第2章**で検討したように、御劔学区の子ども会については、単位子ども会の活動の維持が困難となるなかで、学区子ども会が主催する行事への参加が、実質的な子ども会活動となっている場合もみられるからである。換言するならば、全 28 町内のうち、単位子ども会が存在する 18 町内それぞれでは、単位子ども会の運営と活動を維持できるところと、それが困難となっているところとが存在するのである。

　さて、御劔学区子ども会としての 2023 年度の主な活動をまとめると、**図表3－2**のとおりとなる。この図表からも確認できるように、デイキャンプや綱引き大会など瑞穂区子連（瑞穂区地域子ども会育成連絡協議会）が主催する行事もあれば、ボウリング大会やクリスマス会など御劔学区子ども会として独自に実施する内容もみられる。なお、御劔学区子ども会と新型コロナウイルス感染症との関連について把握しておくと、活動の現場では以下の影響があったという。すなわち、2020 年 2 月頃からの外出制限によって、御劔学区子ども会の活動は中断を余儀なくされた。実際に、夏祭りをはじめとする例年の行事は中止となり、こうした状況が 3 年にわたり続いてしまったのだった。

22　本章の御劔学区子ども会に関する記述は、主に御劔学区子ども会の提供資料、および御劔学区子ども会育成者の吉田克己氏へのヒアリング調査に依拠している。ヒアリング調査に関しては、2023 年 4 月 4 日および 4 月 18 日の 2 回にわたり、御劔コミュニティセンターにおいて実施した。

図表3－2　御劔学区子ども会の1年間の主な活動（2023年度）

日時	活動	開催場所	主催
6月3日（土）午前	環境デー	御劔学区内	御劔学区連絡協議会
6月11日（日）午前・午後	デイキャンプ	戸田川緑地	瑞穂区子連
7月2日（日）午前	ワクワク未来会議	御劔小学校	御劔学区子ども会
7月17日（月・祝）午前	交通安全教室	瑞穂ヶ丘中学校	瑞穂区子連
7月22日（土）午前	自然体験学習	八劔社（神社）	御劔学区連絡協議会
7月30日（日）午前	夏祭り子ども会企画準備会	御劔小学校	御劔学区子ども会
8月5日(土)、6日(日)	おんたけキャンプ	おんたけ休暇村	瑞穂区子連
8月11日（金・祝）午後・夕方	夏祭り子ども会企画	御劔小学校	御劔学区連絡協議会、御劔学区子ども会
10月1日（日）午前	ボウリング大会	中川区内ボウリング場	御劔学区子ども会
10月15日（日）午前	歩け歩け大会	御劔学区内	御劔学区連絡協議会
10月22日（日）午前・午後	名古屋まつり子ども会みこしパレード	名古屋まつり会場	瑞穂区子連（参加する学区子ども会を調整）
10月28日（土）午前	ワクワク未来会議	御劔小学校	御劔学区子ども会
11月18日（土）午前	クリスマス会企画会議	御劔小学校	御劔学区子ども会
11月25日（土）午前	劇団うりんこ親子演劇	瑞穂区役所講堂	瑞穂区子連
12月10日（日）午前	クリスマス会準備会	御劔小学校	御劔学区子ども会
12月17日（日）午前・午後	クリスマス会	御劔小学校	御劔学区子ども会
1月13日（土）午後	綱引き大会	堀田小学校	瑞穂区子連
2月11日（日・祝）午後	老人クラブ・子ども会対抗カローリング大会	御劔小学校	御劔学区子ども会、御劔学区老人クラブ
2月17日（土）午前	ワクワク未来会議	御劔小学校	御劔学区子ども会
3月20日（水・祝）午前	さくらスポーツフェスタ	パロマ瑞穂アリーナ	瑞穂区子連（参加する子どもたちを調整）

出所：御劔学区子ども会の提供資料を基に筆者作成。

　このような御劔学区において、子ども会ワークショップを開催することになった背景には、以下の事情があった。すなわち、名古屋市では近年の子ども会の団体数と会員数の減少傾向などをふまえ、新たな支援策を実施していたところではあった。しかし、2021年度に名古屋市議会から子ども青少年局に対して「新たな子ども会の振興策が要るのではないか」との質問が出たのである。そこで、担当部署である子ども青少年局子ども未来企画部青少年家庭課子ども育成係（当時）が中心となり、庁内で子ども会の振興策を検討することになった。その過程で、子どもたち自身が子ども会のあり方を考え、企画づくりに携わり、実行するという「子どもが主役の子ども会」を実現するための場づくりが有効なのではないか、との意見が出ている。そこで、こうした内容をふまえたモデル事業を、名古屋市内の子ども会を対象に実施することになった。

　その後、どの子ども会にモデル事業への参加を呼びかけるかを庁内で検討したところ、瑞穂区御劔学区子ども会が「子ども会のあり方を自分たちで考えたい」という意向を有していることが把握された。同時に、御劔学区子ども会はこれまでのさまざまな活動をとおして、名古屋市内のなかでも活動が盛んな子ども会のひとつであるという事情もあった。このため、2023年度のモデル事業の対象地域の候補として、2022年10月頃には御劔学区子ども会を検討する案が浮上したのである。

　そこで、2022年11月に御劔コミュニティセンターにおいて、関係者による第1回の打ち合わせを開催している。このときには、御劔学区子ども会育成会の関係者、名古屋市子ども青少年局子ども未来企画部青少年家庭課子ども育成係（当時）の職員、名古屋市瑞穂区役所保健福祉センター福祉部民生子ども課民生子ども係（当時）の職員が参加した。打ち合わせにおいては、2023年度に取り組む活動内容を子どもたち自身が検討するねらいで、2022年度中にワークショップを1回開催する方向性を確認している。

　また、2023年2月には御劔コミュニティセンターにおいて、第2回の打ち合わせを開催し、実際のプログラムの確認、ワークショップ本番における関係者それぞれの役割の確認、などを調整している。このときは、一般社団法人地域

問題研究所（名古屋市子ども青少年局が別途実施した、子ども会の振興に向けた調査業務の受託者）の研究員がワークショップ全体のファシリテーターを担当することも決まった。こうして、2023年3月19日（日）の10:00〜12:00の時間帯で、第1回の御劔学区子ども会ワークショップが開催されるにいたった。その後も、2023年度は複数回にわたって、ワークショップが開かれることになる。

3−2　各回の内容と子どもたちの反応

　御劔学区子ども会ワークショップ「ワクワク未来会議」の各回の内容は、**図表3−3**のとおりにまとめられる。この図表にあるように、御劔学区主催の夏祭り（2023年8月11日（金・祝）の夕方に開催）における子ども主体の行事は、結果的には実施のおおよそ5か月前の3月からワークショップを開催したかたちとなっている。また、夏祭りの終了後にも振り返りのワークショップを開催しており、ワークショップ自体は合計3回となった。ただし、ワークショップで出された意見をふまえ、2回にわたり夏祭りの準備も行なっている。

　このうち、第1回は3月19日（日）10:00〜12:00の時間帯で、御劔小学校の特別活動室で開催した（**図表3−4**）。このときには、企画チームに自ら参加を希望した子どもたちが集い、「御劔学区子ども会を10倍楽しくする作戦」をテーマに、アイディア出しに取り組んだ。具体的には、「御劔学区子ども会で自慢できること」を題材に共有しあうアイスブレイクののち、子どもたちは子ども会のなかで実現したい企画アイディアを付箋に書き出し、全員で共有していった。その際、ファシリテーターは実現可能性よりも子どもたちの創造性を優先し、子どもたちに対して特段の条件設定は行なっていない。その結果、球技を中心とするスポーツイベントの開催、大規模な鬼ごっこの実施、eスポーツを体験できるイベントの開催、バーベキューや魚釣りといったアウトドア体験の実施、などのアイディアが60個以上も出されている。

　ここで注目しておきたいのは、子ども会の活動は大きく日常活動と行事活動のふたつに区分できるが、参加した子どもたちは後者の行事活動への興味関心が強い点である。ともあれ、このように全員で各自のアイディアを共有したの

図表3－3　ワークショップの各回の内容

回数と日時	場所	内容	参加人数
第1回 3月19日（日） 10:00 ～ 12:00	御剱小学校 特別活動室	・「御剱学区子ども会を 10 倍楽しくする作戦」に向けたアイディア出し ・「イチオシのアイディア」の発表、実現のために大人に手伝ってほしいことの整理	・子ども5名 ・育成者7名 ・他6名
第2回 7月2日（日） 10:00 ～ 12:00	御剱小学校 特別活動室 と体育館	・「子どもチャレンジプロジェクト」（夏祭りの内容のリニューアル）の検討 ・検討内容をふまえて詳細の調整（会場、対象、内容、運営体制、役割分担、必要な外部支援、道具や備品のリストアップなど）	・子ども 12 名 ・育成者6名 ・他8名
夏祭り準備 7月30日（日） 10:00 ～ 12:00	御剱小学校 特別活動室 と体育館	「子どもチャレンジプロジェクト」に向けた事前準備（進行表、役割分担、道具や備品の調達、チラシや看板の作成など）	・子ども9名 ・育成者6名 ・他7名
夏祭り準備・当日 8月11日（金・祝） 12:00 ～ 18:30	御剱小学校 特別活動室 と体育館	・「子どもチャレンジプロジェクト」の当日準備 ・「子どもチャレンジプロジェクト」の当日運営	・子ども 17 名 ・育成者9名 ・他 18 名
第3回 10月28日（土） 10:00 ～ 12:00	御剱小学校 特別活動室	・「子どもチャレンジプロジェクト」の振り返り ・「子どもチャレンジプロジェクト」を通じた成果と課題の整理	・子ども8名 ・育成者6名 ・他4名

出所：名古屋市子ども青少年局子ども未来企画部青少年家庭課の提供資料を基に筆者作成。なお、上記に加えて 2024 年 2 月 17 日（土）午前には、御剱小学校特別活動室において、1 年間の活動の振り返りを目的としたワークショップを実施している。

図表3－4　御剱学区子ども会ワークショップの様子

出所：筆者撮影。

ちは、各自がすべてのアイディアを見渡し、そのなかでも特に御剣学区子ども会として実現させたい「イチオシのアイディア」を精査していった。その結果、上記のようにスポーツイベントやアウトドア体験などに子どもたちの興味関心が集まっている。そこで、今後の実現に向けてどのような対応が要るかについて検討し、特に子どもたち自身では対応しきれず、育成者をはじめとする大人たちに支援を求めたい内容（会場の確保、必要な物品や資金の調達など）を出しあっていった。

　第2回は7月2日（日）10:00 ～ 12:00の時間帯で、御剣小学校の特別活動室と体育館で開催している。このときには、御剣学区の夏祭りを刷新するねらいで、子どもたち自身が準備と運営を担う「子どもチャレンジプロジェクト」の企画づくりに取り組むことになった。御剣学区の夏祭りに関しては、2019年度までは毎年開催していたものの、新型コロナウイルス感染症の影響を受け、中止という状態が続いていた経緯がある。一連の作業においては、第1回の内容を振り返りつつ、「夏祭りの楽しい思い出」を題材に共有しあうアイスブレイクを行ない、企画づくりを進めるうえでの条件について確認している。

　具体的な条件としては、「2023年8月11日（金・祝）の夕方に開催する」「子どもの参加100名程度を含んで全体で200 ～ 300名程度の規模感とする」「老若男女問わず楽しむことができる」「怪我なく安全に実施できる」「大学生などの支援を得つつ無理なく開催できる」などであった。その後、子どもたち一人ひとりが「子どもチャレンジプロジェクト」の企画内容について、「タイトル」「ターゲット」「概要」の3点から整理し、相互に共有しあっている。このときには、肝試しやおばけやしき、ゲーム大会や球技大会、障害物競走や巨大パズルづくりといった企画案が子どもたちから出てきた。そのうえで、企画案のながれの詳細、実行するうえで必要な用具や機材、運営スタッフの人数と配置などを検討し、どの企画案であれば「子どもチャレンジプロジェクト」として実行できるかを精査していった。

　7月30日（日）10:00 ～ 12:00には、御剣小学校の特別活動室と体育館にて、第2回で検討した企画案を基に、御剣学区の夏祭りにおける「子どもチャレンジ

プロジェクト」の実行に向けた準備に取り組んでいる。このときには、まず雨天の可能性もふまえ、会場は御剱小学校の運動場ではなく、あらかじめ体育館で行なう点を確認している。また、会場となる御剱小学校の関係者と、子ども会育成者とで調整した結果として、障害物競走と巨大パズルづくりは実施可能である点も報告を行なっている。換言するならば、企画案にあった肝試しやおばけやしき、ゲーム大会や球技大会に関しては、夏祭りの開催中に体育館内でのスペースの確保が困難である点、機材の準備が整う見通しが立たない点、12月に御剱学区子ども会として開催するクリスマス会でも実施可能である点、などから見送ることとなった。その代替として、ゲーム性やスポーツの要素を含んでいるストラックアウト（番号が書いてあるパネルにボールを当てるゲーム）を採用することになった。こうして「子どもチャレンジプロジェクト」としては3企画に取り組むことが決まり、子どもたちは3つのグループに分かれて、実施の際のルールづくり、実施に向けた役割分担の調整、実施に必要な用具の準備、などを進めていった。

　ここまでみてきたワークショップや準備を経て、御剱学区の夏祭りの当日となる8月11日（金・祝）には、まず12:00〜16:30の時間帯に「子どもチャレンジプロジェクト」の最終準備を行なっている。このときには、まず御剱小学校の特別活動室において、子どもたち自身で前回までに用意しきれなかった物品（ストラックアウトのパネル、巨大パズル、各企画のポスターなど）の作製に取り組んだ。また、会場となる御剱小学校の体育館では各企画の設営、および本番を想定して来場者への説明から景品贈呈までの一連のながれのデモンストレーションも行なっている。限られた時間ではあったものの、子どもたち一人ひとりが熱心に作業を進め、夏祭りの開始までにいずれの企画とも準備を終えることができた。その後、16:30からは御剱学区夏祭りがはじまり、障害物競走、巨大パズルづくり、ストラックアウトの3企画で、事前準備を担当した子どもたち自身が来場者の受け付けと企画説明、進行管理と時間計測、終了後の景品贈呈までを分担して対応していった（**図表3−5**）。夏祭り自体には子どもから大人まで全体では約380名の参加があり、16:30〜18:00という90分の「子ども

図表3−5　夏祭りでの子ども会企画を担当する子どもたちの様子

図表3−6　「子どもチャレンジプロジェクト」の時間帯での会場の様子

出所：藤本慎介氏（一般社団法人地域問題研究所）からの提供による。

出所：藤本慎介氏（一般社団法人地域問題研究所）からの提供による。

チャレンジプロジェクト」の時間帯にも、多数の参加者が3企画それぞれに参加し（**図表3−6**）、会場では大きな反響があって笑いの声も絶えなかった。

　第3回は10月28日（土）10:00 〜 12:00の時間帯で、御剱小学校の特別活動室で開催している。このときには、御剱学区の夏祭りにおける「子どもチャレンジプロジェクト」の振り返りを行ない、一連の取り組みの成果と課題を共有している。従来の夏祭りは御剱学区連絡協議会が主催し、子どもたちが企画・運営に携わる機会を設けてこなかった。こうしたなかで、新型コロナウイルス感染症が収束してからの再開というタイミングで、あえて子ども会に参加する子どもたちが自ら企画し、当日の運営を担当するという「子どもチャレンジプロジェクト」は御剱学区子ども会にとっても、御剱学区連絡協議会にとっても、新しい試みであった。それゆえに、このときのワークショップでの振り返りにおいては、子どもたちからは、「当日に向けてがんばったせいかがはっきできてうれしかった」「チームで計画したり本番はどうなるのかなど、ルールとか作るのは、大変だったけど楽しかった」といった好意的な意見が出されている。他方で、「景品がたりなかった」「お客さん全員がゲームに参加できなかった」と

いった課題の指摘があったのも事実である[23]。そのため、「子どもが主役の子ども会」という御剱学区子ども会の理念に沿った新しい活動が生まれたという成果はみられた。他方で、運営面では課題が残り、また上記のとおり企画のなかには実施できなかった内容もみられた点も明らかになったのだった。

3-3　考　察

ここでは、上記で提示した3つの分析の視点に沿って、御剱学区子ども会による一連の子ども会ワークショップの実践について考察したい。このうち、ひとつめは「子ども会ワークショップにおいて、子どもたちの水平的な関係を維持するために、どのような立場のファシリテーターが、何を意識しながら、どのように立ち振る舞ったのか」というファシリテートの視点であった。今回の子ども会ワークショップにおいては、モデル事業の受託者である一般社団法人地域問題研究所の研究員がファシリテーターを担当している。その際には、学年も性別も異なる子どもたちが、水平的な関係のもとで対話を重ね、創造的なアイディアを生み出せるように意識していったという。具体的には、一般的なワークショップと同様に、KJ法を用いることで子どもたち一人ひとりの意見を引き出しつつ「見える化」させ、かつそれらをふまえて優先順位づけを行なって取り組み内容を決めている。また、適宜、子どもたち一人ひとりが自らのアイディアや意見を発表する機会も設けており、参加する子どもたち全員に「自らが夏祭りにおける子ども会企画の担い手」という意識を促していった。こうした対応が可能であったのは、一般社団法人地域問題研究所の研究員に長年にわたる豊富なワークショップの企画と運営の経験が備わっていた点があげられる。このようにみると、子ども会ワークショップを開催するうえでは、初期段階ではワークショップの専門家にファシリテーターを依頼することが有効であるといえよう。

ふたつめは「子ども会ワークショップへの参加をとおして、子ども会会員の子

23　名古屋市子ども青少年局（2024）24 ページ参照。

どもたちのあいだに、どのようなかたちで『子ども会の主役』としての意識が
生まれたのか」という意識醸成の視点であった。今回のワークショップをとお
した一連の企画づくりや事前準備の過程をふまえると、こうした機会への参加
自体が子どもたちにとっての意識醸成につながっていることがわかる。従来の
御剱学区子ども会は、保護者や育成者が催事の企画と運営を担い、子どもたち
はそれに参加するという状況であった。しかし、今回の子ども会ワークショッ
プのなかで、参加する子どもたち一人ひとりが、これまでの子ども会での体験
を振り返り、子ども会として取り組んでみたい内容を検討し、参加者全員の前
で発表してお互いにフィードバックを受けるという、一連の経験を得ることが
できている。その結果として、「当日に向けてがんばったせいかがはっきできて
うれしかった」「チームで計画したり本番はどうなるのかなど、ルールとか作る
のは、大変だったけど楽しかった」といった意見につながった。このようにみ
ると、子ども会ワークショップは「子どもが主役の子ども会」の実現にとって、
ひとつの手段となりうることがわかる。

　3つめは「子ども会ワークショップで検討を重ねた内容は、どのような調整
や準備の過程を経て、実行に移していったのか」という成果活用の視点であっ
た。御剱学区の子ども会ワークショップの場合、御剱学区夏祭りの子ども会企
画の実施が目的であり、ワークショップはその企画内容を検討するための手段
という位置づけであった。その点では、子ども会ワークショップの開催それ自
体が目的化することは、事前に回避できていたといえる。もっとも、子ども会
ワークショップをとおした一連の検討では、子どもたちが企画した内容の一部
は、会場である体育館のレイアウトやスペースの事情などもあって、実行に移
せなかったものもみられた。具体的には、肝試しに関する企画は、会場の照明
の一部を暗くする必要があるものの、それが困難であり、結果としては企画実
施を見送っている。このようにみると、子どもたちが創造的なアイディアを出
したとしても、現実には実行が容易でない場合もあり、こうした事態にどう向
きあうかが問われることになる。ちなみに、御剱学区子ども会では、御剱学区
夏祭りの子ども会企画で実施できなかった内容の一部は、別途、12月のクリス

マス会において実施するかたちで、子どもたちのアイディアを活かす対応を行なった。

　ここまでの内容をふまえると、本章の問いである「ワークショップは子ども会の活動にどのような波及効果をもたらすのか」に対しては、「子どもが主役の子ども会」という理念の実現につながりうる、と答えることができよう。もちろん、そのためにはファシリテーターの対応、あるいは子どもたち一人ひとりのアイディアを実行に移す姿勢が重要となる。

　他方で、今回の御剱学区子ども会ワークショップに関していうと、子ども会そのものの組織と運営のあり方を直接的に問いなおす内容とはなっていなかったのも、また事実として指摘することができる。現状においては子ども会の衰退が著しいなかで、子ども会そのものの組織や運営の見直しが迫られている状況にある。こうしたなかで、組織そのもののあり方を問うワークショップは有効であろうが、**第2章**で指摘したように、現実には子ども会役員が1年で交代になってしまうと、実行が容易でない。そうであるならば、いかにして子ども会役員がワークショップに取り組む環境を整えていけるかを、今後のひとつの課題として位置づけることができよう。

4　子ども会ワークショップの将来展望

　本章ではここまで、子ども会の現場においてワークショップが採り入れられていない現状を把握しつつ、「ワークショップは子ども会の活動にどのような波及効果をもたらすのか」という問いを提示した。続いて、ワークショップと子どもたちの関わりについて触れ、本章に関連する先行研究を検証して、3つの分析の視点を設定した。そのうえで、御剱学区子ども会による子ども会ワークショップを事例にして検証し、ワークショップは「『子どもが主役の子ども会』という理念の実現につながりうる」という点を明らかにした。

　このようにみると、今後の子ども会活動にとっては、ひとつの方法として、ワークショップをとおした子ども主体の企画づくりとその実践には、一定の有

効性を見出すことができよう。その際には本章で触れたように、ワークショップはあくまでも手段である点に留意する必要があり、またファシリテーターによる対応も問われることになる。さらには、御剱学区子ども会のように「子どもが主役の子ども会」という理念を実現させようとするならば、これに応じた適切な「ワークショップの問い」を設定することも要請されよう。

　なお、本章では上記で触れたように、子ども会という組織そのもののあり方について検討したワークショップを取り上げることはできなかった。というのも、そのような事例は管見の限りでは把握できなかったからである。ただ、現在の子ども会をめぐる問題状況をふまえると、ワークショップをとおして子ども会の組織や運営のあり方を多角的に検討する作業には、一定の有効性を見出すことができよう。というのも、単に子ども会主催の行事に参加するだけではなく、本章で扱ったようなワークショップを通じてこそ、「そもそも、子ども会とはどのような役割を担う組織なのだろうか」という点に向きあうことが可能となるからである。今後の子ども会の再生を展望するならば、原点に立ち戻って「子ども会とは、何のための組織なのか」について、今日の時代状況をふまえながらワークショップ形式で考える必要があろう。

　また、新型コロナウイルス感染症の影響もあり、この数年で一気に広がったオンラインワークショップの実践も、本章では扱うことができなかった。そもそも、子ども会によるオンラインワークショップの実施に関しても、その動向を把握できていない。ただ、子どもたちは現在、小学校でも授業中にタブレット端末を使用しながら、さまざまな事柄を調べるようになっている。そうであるならば、子ども会の子どもたちがオンラインワークショップに参加すること自体は、決して困難ではないだろう。むしろ、オンラインワークショップをはじめとするさまざまなツールを活用することで、子ども会としての新たな活動領域の拡充につながるのかもしれない。そのため、「子ども会とデジタル」は今後の子ども会の活動を考えるうえで、ひとつの論点となろう。

第4章

子ども会とリスケーリング

　本章では、単独での運営と活動を維持することができなくなり、組織再編を行なった単位子ども会の動向に焦点を当てる。まずは、単位子ども会の組織再編を検討するうえでの視点を得るねらいで、リスケーリングの概念を整理する。続いて、関連する先行研究を検証しつつ、分析の視点を設定する。そののちに、名古屋市北区の六郷北学区における単位子ども会の再編過程を解明し、「きずな子ども会」の発足にいたるまでの動向について考察を試みる。そのうえで、今後の単位子ども会の再編について展望したい。

1　地域社会とリスケーリング

　周知のとおり、わが国の身近な地域社会においては、さまざまな各種団体が存在し、多岐にわたる活動を展開している。たとえば、名古屋市を例にとると、区政協力委員・災害対策委員、自治会・町内会関係者、民生委員・児童委員、保健環境委員、女性会関係者、子ども会関係者、老人クラブ関係者、スポーツ推進委員、消防団関係者、PTA関係者、地域福祉推進協議会関係者、ボランティア団体・NPO法人関係者などが該当する[1]。こうした各種団体はそれぞれの領域で活動しつつ、定期的に集って連絡調整を行なうことも少なくない。名古屋市の場合には、小学校区ごとに存在する学区連絡協議会が、各種団体同士の連絡

1　名古屋市（2023）参照。

調整、および区役所の担当課や消防・警察などからさまざまな情報提供を受ける場となっている。

　もっとも、これらいずれの団体も、今日では担い手不足が深刻化している現実がある。こうした背景には、担い手の高齢化・固定化、ライフスタイルの多様化による人々の地域活動参加の減少、地域活動への関心の低下などがあり、これらが複雑に絡みあって担い手不足をもたらしているといえよう。換言するならば、何か特定の要因によって現在の担い手不足問題が生じているのではなく、地域の各種団体を取り巻く外的な要因、および団体としての内的な要因が相互に影響しあいながら、問題状況を引き起こしているのである。

　こうしたなかで注目されるのが、リスケーリングという発想である。丸山真央によると、リスケーリングとは「地理的スケール上の編成の変化」であり、具体的には平成の大合併といった自治体の制度・政策基盤の再編などに相当する。たしかに平成の大合併により、全国的に自治体の地理的規模は拡大し、それにともなって自治体そのものが再出発して、さまざまな制度や政策の変更が試みられた。

　こうしたリスケーリングという発想は、上記のような身近な地域の各種団体の運営と活動に困難が生じている場合に当てはめてみると、組織再編を検討するうえで何らかの示唆が得られよう。実際に、わが国の地域社会で中心的に活動してきたといわれる自治会・町内会に関しては、活動の休止や組織の解散のうごきがみられる一方で、件数自体は多くないものの合併という組織再編の動向も看取される。ただし、実際に自治会・町内会の合併を進めようとしても、構成団体ごとの歴史的な経緯、人口規模・面積規模のちがい、活動内容や役員負担のちがい、所有する財産の処分の方向性などの事情もあり、必ずしも容易には検討が進まない現実もある。

　このような事情は子ども会に関しても同様であり、隣接する単位子ども会との合併が選択されるよりも、むしろ活動の休止や組織の解散が多々みられる。

2　丸山（2012）476ページ。

実際に、**序章**でも確認したとおり、全国の単位子ども会では団体数と会員数は、ともに年々減少している状況にある。もっとも、こうしたなかで稀有な事例ではあるが、単位子ども会の合併といったうごきも看取される。そうであるならば、合併を進めた単位子ども会の再編事例を検証することで、今後の組織のあり方にとって何らかの示唆が得られる可能性がある。

2　先行研究・本章の問い・分析の視点

2－1　リスケーリングの先行研究

リスケーリングという概念をめぐっては、経済学・政治学・社会学・地理学などさまざまな学問領域において、すでに豊富な研究成果が把握される。とりわけ、社会学や地理学においては、リスケーリングに照らして既存の枠組みをとらえなおすことにより、新たな視点が得られるゆえに、しばしば用いられている。

さて、こうした先行研究についていうと、たとえば加茂利男は政治学の視点からリスケーリングに注目し、国家・都市・地域という3つのレベルそれぞれにおけるリスケーリングの様相について検討している[3]。加茂によると、グローバル化にともなう社会空間の交錯・衝突により、国家や都市も大いに影響を受け、結果として各レベルの社会空間の再編や融合といったうごきがみられるという。

実際に、国家レベルでは国ごとに人口増減が進み、その変化の規模も大いに異なる。こうした事情は都市レベルにも共通し、アメリカの主要都市を例にとると、グローバル化と脱工業化のなかで人口を基軸にした構図には変化がみられる。地域レベルに関していうと、世界的にみて基礎自治体そのものの件数、あるいは基礎自治体が抱える人口は、経年的にみて増加した場合もあれば、減少した場合もある。

3　加茂（2012）参照。

　また、丸山真央は社会学の立場からリスケーリングに注目し、グローバル化によって国家機能や地理的スケールの変化が生じ、その影響を受けて都市のあり方も変容している点に言及している[4]。丸山によると、リスケーリングの視点に立った場合、グローバル化とネオリベラリズムという潮流において、以下の点が指摘できるという。すなわち、資本や国家のリスケーリングが進むなかで、都市やそのガバナンスは、それ自体がひとつの重要な「スケールとしての政治」の舞台として位置づけられる、と。

　こうした点をふまえ、既存の地域や都市のスケールのガバナンスを担う政治行政機構を再編した事例として、丸山は平成の大合併を経た浜松市の動向を検証する。丸山は平成の大合併について、既存のスケールから新たな地域や都市のスケールでガバナンスを組織しなおす「国家のリスケーリング」ととらえている。一方で、地方政治や行政官僚機構の対応しだいでは、必ずしも資本のスケール的編成の思惑どおりの帰結になるとは限らない点に触れ、政治経済的な力学が作用する可能性も指摘するのである。

　本章が扱う単位子ども会の再編に類似する内容としては、今西一男による自治会・町内会のリスケーリングに関する研究が把握される[5]。今西は「仮に住民の地域社会への関心の希薄化、高齢化による担い手の枯渇という問題に対応するため、制度・政策によるリスケーリングを試みることは妥当であろうか」という問題関心のもと、リスケーリングの視点から自治会・町内会の組織再編を検討している。

　一連の検討によると、全国的な自治会・町内会の合併をはじめとした組織再編の動向が看取され、これを促す制度・政策としては補助事業が用意されているという。ただ、制度・政策としての補助事業によって大きく組織再編が進むというよりは、むしろ人口や世帯の減少、担い手の高齢化といった事情を契機に、住民による内発性に依拠して組織再編が進行していく現実もある。この点に照らして、今西は、制度・政策による組織再編が無条件に受け入れられるの

4　丸山（2012）参照。
5　今西（2017）参照。

ではなく、むしろ自治会・町内会は自分たちにとっての利害という視点から適切なスケールを設定しており、リスケーリングを進めるうえではこうした住民の内発的な論理との調整が求められる、と説いている。

2－2　先行研究の要点

ここまで本章に関連する限りにおいて、リスケーリングをめぐる先行研究をみてきた。いずれの研究においても、リスケーリングとは単に組織の再編という変化のみにとどまる概念ではない点を指摘していた。たとえば、加茂の研究ではリスケーリングの影響として、利害調整が発生する点に言及していた。すなわち、空間やスケールの多様化にともない、空間同士・スケール同士の軋轢や錯綜が生じ、そうした局面ではいかにして利害衝突を緩和していくかが重要になる。本章で扱う単位子ども会に関しても、リスケーリングにともなう利害関係の調整という点には、留意する必要がある。

また、丸山の研究に関しては、本章で扱う単位子ども会のリスケーリングに当てはめると、単に単位子ども会そのものの再編・合併のみに注目するのではなく、そうしたうごきに影響を与える社会環境の変化や思想などに対しても、一定の考慮を要することがわかる。さらに、自治会・町内会と子ども会との特徴のちがいについては、すでに**序章**で整理したが、今西の研究からは単位子ども会のリスケーリングの動向を扱ううえで豊富な示唆が得られる。具体的には、組織再編を促す制度・政策の有無とその内容、意見具申や予算配分など各種利害といった住民の内発的な論理とリスケーリングとの調整の必要性、などに相当する。

このようにみると、異なるスケール同士の利害調整、変化に影響を与える社会環境や社会的思想、再編を促す制度・政策の有無、住民の内発的な論理との調整などが先行研究の要点として抽出することができる。リスケーリングをめぐっては、こうした多様な視点から、その動向を検討する必要があるといえよう。

他方で、本章で扱う単位子ども会について、これをリスケーリングの視点か

ら検討した研究は、管見の限りでは確認できない、という点も事実である。**序章**でみたように、単位子ども会に関する先行研究は豊富に存在するものの、その内容は子どもの成長・発達との関係で教育的意義を説くものが中心であった。しかし、今日の単位子ども会の運営と活動をめぐる問題状況をふまえると、リスケーリングの視点から組織再編の可能性を検討し、今後の展望を描く必要がある。

2－3　本章の問いと分析の視点

そこで、本章では「大半の単位子ども会は組織再編ができずに休止または解散を選択するなかで、組織再編を達成できた単位子ども会は、どのような過程で再編を進めたのか」という問いの答えを明らかにしていく。その際、主に以下の3つの視点から、単位子ども会の再編過程の検証を試みたい。

第一は、「どのような背景・事情のもと、いつ、どのような場において、誰によって単位子ども会の再編が議論の俎上に載ったのか」という課題設定の視点である。当然ながら、単位子ども会の再編が進むうえでは、何らかの背景・事情が存在するし、先行研究においても社会環境の変化や社会的思想が再編に影響を与える点が指摘されていた。また、組織再編を促す制度・政策の有無にも触れられていた。そうであるならば、どのような背景や事情、さらには制度・政策の環境のなかで、いつ、どのような場において、誰によって単位子ども会の再編が検討課題として位置づけられたのかは、みておく必要がある。

第二は、「単位子ども会の再編を検討する際に、どのような選択肢が示され、さまざまな利害関係があるなかで、誰が、どのように最終的な意思決定をしたのか」という利害調整の視点である。すでに先行研究が触れていたように、リスケーリングをめぐっては、常にスケール間の利害関係の調整という難題が発生することになる。それらは同時に、住民の内発的な論理との整合性をどのように図っていくかも問われる。こうした点を単位子ども会の再編過程に当てはめると、はたして単位子ども会と学区子ども会との利害調整、さらには単位子ども会としての内発的な論理との調整は、いかにして図られていったのだろう

か。

　第三は、「実際に単位子ども会の再編を実行したことで、再編の前後を比較するとどのような変化が生じ、またどのような成果と課題がみられるのか」という再編効果の視点である。当然ながら、長年の単位子ども会の運営と活動を再編していくとなれば、多方面で少なからず何らかの影響が発生するものと推察される。場合によっては、それらが子ども会活動の衰退を促してしまうかもしれない。また、単位子ども会の再編により、たしかに育成者の負担軽減など一定の成果は生じるかもしれないが、同時に新たな課題も発生しうる。はたして、単位子ども会の再編によって、結果的にいかなる影響や成果・課題が生じているのだろうか。

3　単位子ども会の再編過程

3－1　六郷北学区と子ども会合併の推移

（1）六郷北学区と子ども会

　名古屋市北区の南東に位置する六郷北学区（**図表4－1**）は、2024年10月1日現在で人口は4624人、世帯数は2496世帯となっている。学区は庄内川水系の一級河川・矢田川に面している事情もあり、長年にわたり地域防災活動に取り組んできた経緯がある。具体的には、これまで学区内の各世帯に対して安全確認票の提出を求め、そのデータを基にして助けあいのしくみづくりを進めてきた。また、交通の利便性でいうと、大曽根駅から徒歩圏内であり、ここが4つの路線（JR、名古屋鉄道、名古屋市営地下鉄、名古屋ガイドウェイバス）のターミナル駅であるゆえに、比較的恵まれた場所にあるといえよう。

　学区内は15の単位自治会・町内会に分かれており、大半で少子高齢化が進行している。2012年の時点では、単位自治会・町内会の範域で組織する全15単位子ども会のうち、3分の2が活動休止という状態であった。このときに、解

6　本章における六郷北学区の「きずな子ども会」に関する記述は、2023年8月24日に、名古屋市北区の六郷北コミュニティセンターで実施したヒアリング内容に依拠している。

散ではなく休止だったのは、将来的に子どもの数が増加し、子ども会活動が再開できるかもしれず、そのためには解散ではなく休止という状態にしておくのが望ましい、という当時の育成者の意向があった。ただし、その後も単位子ども会の活動が再開することはなく、時間だけが経過していったという。

　他方で、この当時に町内会長が単位子ども会の保護者から聞き取りを行なったところによると、以下の状況が把握されていた。すなわち、多くの保護者は夫婦ともに働きに出ており、時間的な制約もあるなかで PTA をはじめとするさまざまな役割を担っており、子どもたちの登下校時の見守りパトロール活動の継続さえ難しい状況に陥っている。こうした事情ゆえに、単位子ども会の活動に関しても、保護者がサポートを行なうのは現実的ではない実態にある、と。同時に、大半の保護者が単位子ども会の活動自体に負担感を抱いており、こうした状況を改善しない限りは、単位子ども会の活動の継続が容易ではない実情もみえてきたのだった。

（2）子ども会再開のうごき

　ともあれ、当時の六郷北学区区政協議会（六郷北学区での学区連絡協議会に相当する）の委員長は、子どもたちが子ども会での活動をとおしてお互いに協調性や連帯感を深めあうことが重要であり、学区内のすべての子どもたちが何らかのかたちで子ども会活動に参加できる環境を整えたい、という意向を有していた。そこで、2012 年 11 月の六郷北学区区政協議会の定例会において、当時の全国的な単位子ども会の状況をふまえても稀有な対応であったが、まずは活動休止中の単位子ども会の再開をめざすことを確認した。あわせて、委員長から当時の 15 町内会長に対して、単位子ども会の合併に向けた話しあいを進めてほしいという要請があり、15 町内会長全員の同意のもと、「きずな子ども会」の発足に向けた準備を進めていくことになったのである。

　ヒアリング調査の対象者である加藤丈司氏と山崎和男氏は、六郷北学区区政協議会（六郷北学区での学区連絡協議会に相当する）の役員であり、かつ長年にわたり子ども会の育成に関わってきた人物である。

図表4－1　六郷北学区の位置

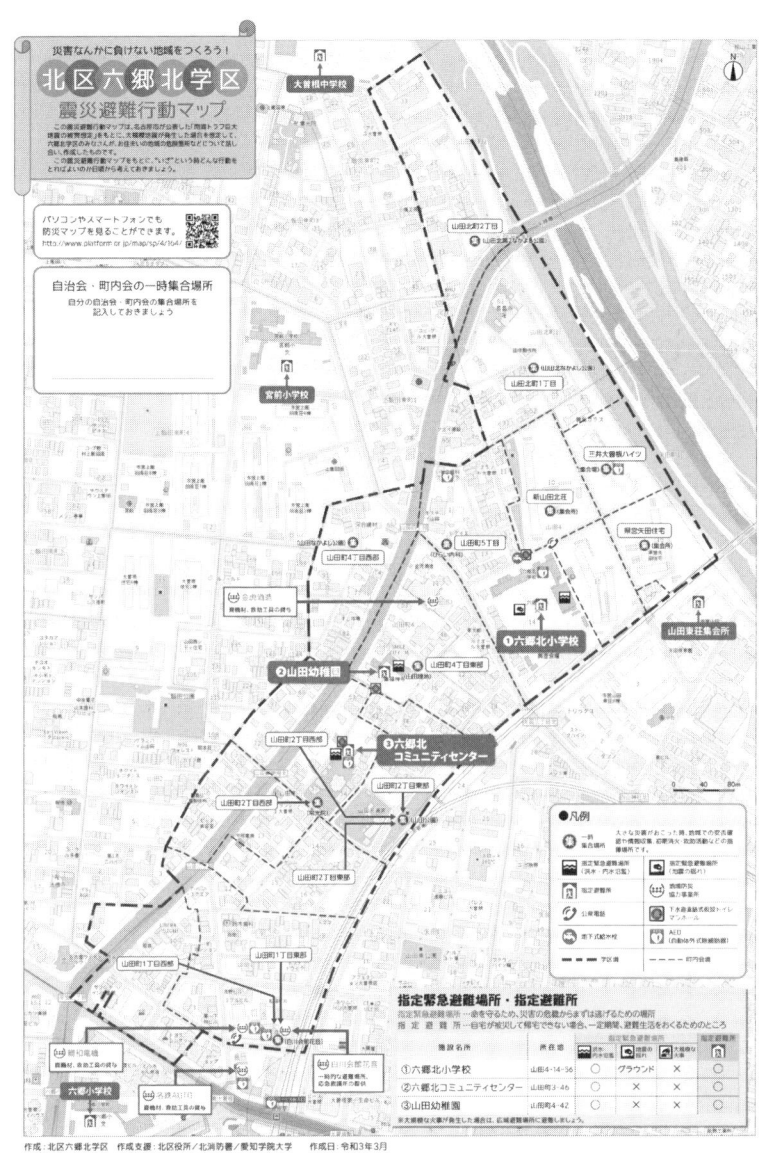

出所：名古屋市北区六郷北学区の震災避難行動マップより。2025年2月閲覧。https://www.city.
nagoya.jp/bosaikikikanri/cmsfiles/contents/0000110/110682/0302rokugokita%28map%29.
pdf

　なお、このときには、従来どおりの形態の存続、あるいは別の形態を望む声などは、特には生じなかったという。というのも、当時に存続していた単位子ども会においても、しだいに運営と活動が困難となりつつあったからである。そのため、合併というかたちで六郷北学区全体として単位子ども会のあり方を再考することには、異論は出なかったのだった。

　ちなみに、学区区政協議会という場での検討ではなく、あえて15町内会長に単位子ども会の合併に向けた検討を要請したのは、以下の事情があった。すなわち、休会している場合が多いものの、単位子ども会自体が15町内ごとの範域で組織されており、また単位子ども会としての活動でも町内会からのさまざまな支援があり、合併の検討にあたっては町内会長にゆだねるのが望ましい、という学区区政協議会の委員長の考えがあったからであった。このようにみると、六郷北学区においては、以前から単位子ども会と町内会との関係が緊密であった点を指摘することができよう。

（3）合併に向けた準備

　こうして「きずな子ども会」の発足に向け、2012年11月以降は、当時の町内会長たちが中心となって、さまざまな準備を進めていくことになった。具体的には、「きずな子ども会」の概要づくり、保護者や子どもたちへの参加呼びかけ、運営体制の検討、規約づくりや名簿づくりなどであった。このうち、「きずな子ども会」への参加を呼びかける当時の資料には、以下のように書かれていた。少し長くなるが、そのまま引用したい。

　すなわち、「六郷北学区は全部で15町内あり、過去には全町内で子ども会が組織され、それぞれが単独で、またある時はいっしょに活動し、子どもたちの健全な育成・資質の向上にと立派な成果を収めてきました。しかし、子どもの減少などの理由によって、平成20年度以降子ども会の休会が相次ぎ、現在はわずか5子ども会だけとなり、次年度以降も継続して活動しますが、休会中の子ども会は、今後も単独で活動を開始するのは困難かと思われます。そこで、六郷北学区の将来を担う子どもたちに、『子ども会』という集団での場を通じて、人

との協調や絆を深めあうなどの社会性を養うために、学区内のすべての子どもたちを、何らかの形で子ども会活動に参加させてあげたいと思います。このため、学区としましては、現在休会中の子ども会を『ひとつの子ども会』として発足させたいと思いますので、お子様をお持ちのご家族におかれましては、ぜひ趣旨をおくみとりのうえ対象のお子様全員が加入していただきますようお願いします。また、保護者およびすでに子育てを終えられた方あるいはお子様をお持ちでない方におかれましても、ボランティアで『地域の子ども会活動を側面的に援助（各種のお手伝い）してあげよう。』という方がお見えになられましたら、この機会に『育成者』として、ぜひご協力をいただきますようお願いいたします」と。また、「きずな子ども会」の概要は、**図表４－２**のとおりであった。

　こうした参加呼びかけや概要づくりの過程においては、他学区や他都市の子ども会の再編過程は、特には参考にせず、すべての作業を試行錯誤しながら手探りで進めていったという。というのも、単位子ども会を合併するという先例が、当時はどこにもみつからなかったからである。同時に、北区役所や北区社会福祉協議会の担当者、あるいは北区子ども会育成連絡協議会（北区の子ども会育成会の連絡・連合組織、通称「北区子連」）との関わりでは、準備の過程で情報提供を得るなどの関わりも、特にはなかったという。そのため、北区役所の担当者に対して、単位子ども会の合併を進めるという報告を行なう程度の関わりであった。このようにみると、先例が見当たらない取り組みであったにもかかわらず、学区内のすべての子どもたちに子ども会活動に参加できる環境を整えたいという思いのもと、新たな枠組みづくりをめざしてきた経緯をうかがい知ることができる。

　最終的には、2012年12月の六郷北学区区政協議会の定例会の場において、従来どおりの活動が継続できる5つの単位子ども会を除き、10の単位子ども会を合併するかたちで、新たな単位子ども会を立ち上げるという確認を行なってい

7　六郷北学区区政協議会（2012）1ページ。

図表4－2　「きずな子ども会」の概要

項目	内容
1．対象地域	次の5町内（山1西、山5、山北2、新北荘、三井）を除く全町内
2．対象者	就学2年前の幼児から小学生・中学生までです。（平成10年4月2日から平成20年4月1日までの出生者）
3．役　員	保護者または有志の中から、会長ほか若干名を選出します。
4．運　営	子ども会による自主的な運営とします。なお、区・市の上部組織にも参加をすることとします。
5．会費等	入会金・年会費等は不要です。
6．保険等	全国子ども会安全共済会・子ども会賠償責任保険等は、全額学区で負担します。
7．助　成	子ども会の規模に応じて、市・学区から助成金を支給します。
8．募集期間	平成25年1月31日（以降も随時受け付け）
9．会名称等	子ども会の名称は未定。結成後決定していただきます。なお、参加者数により、会を複数に分割する場合もあります。
10．規約等	子ども会の設立後、子ども会で作成していただきます。
11．行事参加	加入してもすべての行事に参加する必要はありません。自分ができるもの、参加したいものだけで結構です。
12．活動開始	平成25年4月1日からとします。

出所：「きずな子ども会」の提供資料を基に筆者作成。

る。同時に、規約や名簿の整理も進め、北区役所に対して次年度の活動助成金の申請も済ませている。こうして、2013年4月からは、「きずな子ども会」として活動を開始したのだった。

　その後、「きずな子ども会」に参加する単位子ども会の数が年々増加し、現在までに12町内会の範囲の単位子ども会を包含するまでにいたっている。なお、「きずな子ども会」に参加していない2つの単位子ども会に関しては、現時点ではある程度の人数（約30名、約50名）が参加しており、また餅つき大会なども独自に開催できるという事情もあって、従来どおり単位子ども会として活動を継続している。

3－2　合併による成果と課題

　こうして発足した「きずな子ども会」は現在、未就学児から中学生までの100名ほどの子どもたちが参加し、子どもたちの会費負担は無しのかたちで、さま

ざまな活動を展開している。具体的には、ボウリング大会や餅つき大会といっ
た親睦交流の活動、あるいは学区区政協議会が主催する夏祭りといった催事へ
の参加があげられる。このうち、たとえばボウリング大会は、「きずな子ども
会」として新たに取り組みはじめた内容である。具体的には、育成者や保護者
とともに、子どもたちが送迎付きのボウリング場にバスで出向き、チームに分
かれて2ゲームを楽しむという内容である。子どもたちの参加費は無料であり、
その分は「きずな子ども会」として毎年度の予算から支出している。その他に
も、夏休み期間中に1週間ほど開催するラジオ体操もある。

　他方で、かつての単位子ども会では、年1回のバス旅行や子どもお獅子（獅
子舞）を開催していた時期もあったが、「きずな子ども会」としてこうした活動
には取り組んでいない。もともと、すでにバス旅行や子どもお獅子は、「きずな
子ども会」が発足する以前に各単位子ども会で廃止となっており、特に子ども
お獅子はすでに獅子頭を六郷北学区内にある神社に返納したという。

　ともあれ、このような「きずな子ども会」が発足した前後の変化としては、
ここまでみてきたように、六郷北学区区政協議会として、町内会が中心となっ
て子ども会の運営を支える点を明確にした、という点を指摘することができる。
実際に、「きずな子ども会」の運営と活動では、一部の町内会長たちが育成者と
しての役割を担っている。こうした変化の結果、現在までに以下のような成果
があらわれはじめているという。

　第一は、保護者の負担問題の解消である。上記のとおり、かつての六郷北学
区内の単位子ども会は、保護者は従来の役員負担を担うのが困難となり、活動
が形骸化していた場合も少なくなかった。その延長線上では、子ども会そのも
のが休止するという状況に陥っていたのである。こうしたなかで、保護者が子
ども会の運営と活動を支えるという従来の体制の継続は現実的ではないと判断
し、六郷北学区区政協議会が主導して「きずな子ども会」を立ち上げ、さまざ
まな役割を担っている。もちろん、六郷北学区区政協議会として「きずな子ど
も会」の運営と活動を支えるうえで、さまざまな負担も生じうる。しかし、現
在の役員のあいだには「子どもとの触れあいがとにかく楽しい」「子ども会に関

わると元気になる」といった思いがあり、「きずな子ども会」を支えること自体が負担というよりも、むしろ生きがいになっている。実際に、六郷北学区区政協議会の委員からは「運営している私たちが苦痛に感じるようになったら、子ども会はやっていけない」との声も聞かれる。こうした背景には、役員自身も幼少期に子ども会活動に参加し、そこでの思い出や経験の蓄積ゆえに、子ども会を支える立場として関わることに抵抗感が少ないという事情も影響しているものと推察される。

　第二は、保護者の関わり方の明確化である。もともと六郷北学区内の単位子ども会では、多くの場合に保護者は夫婦ともに働きに出ており、時間的にも負担的にも、子ども会の運営と活動を支えられる環境にはなかった。こうしたなかで、六郷北学区区政協議会として保護者に対して積極的にヒアリングを行ない、「子ども会だからといって、従来どおり保護者が運営と活動を支えるスタイルには無理がある」と判断するにいたっている。そこで、「きずな子ども会」として活動している現在では、六郷北学区区政協議会での検討をふまえ、たとえば餅つき大会をはじめとする行事の開催にあたっては、参加申込書に「お手伝いできます、お手伝いできません」という保護者のチェック欄を設け、保護者として単発での協力がしやすい環境を整備している。この点に関しては、年間を通じた協力の依頼となると、保護者からは会議参加などの事情もあって敬遠されることになる一方、行事ごとの単発での協力であれば積極的に関わってくる保護者もあらわれるという。このように継続して運営改善に取り組むねらいから、「きずな子ども会」としての現在も、定期的に保護者へのヒアリング調査を実施している。そのなかで、子ども会の運営と活動の改善につながる内容は、積極的に活かしているのである。

　このようにみると、多くの子ども会で課題になっている保護者の負担問題の解消、および時代状況に見合った子ども会に対する保護者の関わり方の明確化、という2点に、従来の単位子ども会を合併し、「きずな子ども会」として活動することの成果を求めることができよう。他方、現在まで10年以上にわたり活動してきた「きずな子ども会」においては、しだいに課題も顕在化しはじめてい

る。たとえば、夏休み期間中に開催するラジオ体操に関しては、現在は単位子ども会を合併した「きずな子ども会」として開催しているという事情から、地理的にどうしても会場までの距離が遠くなる子どもが一定数発生する。結果として、かつて単位子ども会ごとに開催していた頃のようには、容易に参加できない場合もみられるという。

3－3　考　察

　ここまでみてきた六郷北学区の「きずな子ども会」について、ここで本章の分析の視点に照らすと、以下の点を指摘することができよう。

　すなわち、分析の視点の第一は、「どのような背景・事情のもと、いつ、どのような場において、誰によって単位子ども会の再編が議論の俎上に載ったのか」という課題設定の視点であった。六郷北学区ではかつて単位子ども会の活動が盛んで、バス旅行や子どもお獅子を開催していた時期もあったが、少子化および保護者の役員負担の影響もあって、しだいに単位子ども会は活動を休止させていった。こうした事情のなか、2012年11月の六郷北学区区政協議会の定例会において、当時の協議会の委員長の意向もあり、彼から15町内の町内会長に対して、子ども会の合併に向けた検討をはじめてほしいとの要請があったのだった。

　この要請を受けた町内会長たちは、すでに自らの町内の単位子ども会が休会していた場合も、依然として自らの町内の単位子ども会が存続していた場合も含めて、全員が異を唱えることなく、単位子ども会の合併に向けた検討を進めることになった。他方で、一連の検討過程では、合併を促す制度・政策はなく、また類似する他事例も把握されないなかで、試行錯誤を繰り返しながら手探りで検討を重ねざるをえなかったのも、また事実である。

　分析の視点の第二は、「単位子ども会の再編を検討する際に、どのような選択肢が示され、さまざまな利害関係があるなかで、誰が、どのように最終的な意思決定をしたのか」という利害調整の視点であった。六郷北学区では、単位子ども会を合併するにあたり、いくつかの選択肢について検討したわけではなく、

当初より単位子ども会の合併という方向性を前提に、検討を重ねてきた経緯がある。こうした背景には、六郷北学区内ですでに3分の2の単位子ども会が休会状態にあり、この状態で再開をめざすとなれば、合併というかたちで単位子ども会を再生させるという方向性以外に、別の選択肢がなかったという事情があった。

　また、従来の活動を継続している単位子ども会に対しては、単位子ども会ごとの意向を尊重して強制的な合併を行なうこともなく、合併への参加は自主的な選択制にした点にも留意する必要がある。こうした対応ゆえに、一連の過程では際立った異論は出ずに町内会長同士の利害が衝突することもなく、むしろ休会中の単位子ども会が合併するかたちで再開するのであれば、子どもたちにとって望ましいという住民の内発的な論理のもと、共通認識をもって検討を重ねていったのだった。最終的には、2012年12月の六郷北学区区政協議会の定例会で、翌年度より10の単位子ども会が合併するかたちで新たな単位子ども会が発足することを確認している。なお、こうした検討・準備の過程では、たとえば北区子ども会育成連絡協議会とのあいだでのスケール間の利害衝突などは、特に生じていない。

　分析の視点の第三は、「実際に単位子ども会の再編を実行したことで、再編の前後を比較するとどのような変化が生じ、またどのような成果と課題がみられるのか」という再編効果の視点であった。すでにみたように、「きずな子ども会」の発足にともない、町内会が中心となって子ども会活動を支えるという体制を整備したという変化が生じている。その結果、保護者の負担問題の解消、および保護者の関わり方の明確化、という成果があらわれている。

　このうち、保護者の負担問題については、六郷北学区に限らず、全国の単位子ども会が直面する内容である。ただ、「きずな子ども会」の場合には、子ども会育成者としての町内会長たちが「子どもとの触れあいがとにかく楽しい」「子ども会に関わると元気になる」との思いをもち、自らの生きがいとして「きずな子ども会」の運営と活動をあらゆる面で支えていた。また、保護者の関わり方の明確化については、行事ごとに保護者からの協力を容易に調達できる創意

工夫を実践し、人材確保を達成している。

　もっとも、このような変化や成果の一方、しだいに課題もみえはじめていた。具体的には、単位子ども会の合併によって活動範域が拡大し、物理的な距離の拡大によって夏休み期間中のラジオ体操への参加が容易でない子どもたちが一定数存在する、という現実である。

　ともあれ、ここまでの内容をふまえると、本章の問いである「大半の単位子ども会は組織再編ができずに休止または解散を選択するなかで、組織再編を達成できた単位子ども会は、どのような過程で再編を進めたのか」に対しては、以下のとおり答えることができよう。すなわち、六郷北学区では区政協議会の委員長の意向もあり、町内会長たちが中心となって、すでに活動している単位子ども会の意向を尊重しつつ、子ども会の合併というかたちで再編を進めた。その結果、「きずな子ども会」の発足を実現させ、現在までに保護者の負担問題の解消や保護者の関わり方の明確化といった成果が生まれはじめている、と。

　同時に、「きずな子ども会」をめぐる一連の実践については、「少子化で子どもの数が減り、親の負担が大きすぎるといって解散してしまう子ども会が増えているが、子ども会が子どもにとって意味のある組織・活動であるなら、その運営を支援し、組織の存続を図ることは自治会の重要な役割であり、そこで高齢者が役割を果たすことも期待されるところである[8]」という中田実の指摘を、まさに体現している事例であるといえよう。このようにみると、**第1章**の整理では、自治会・町内会は子ども会を支える周辺メンバーという位置づけであったが、「きずな子ども会」を支える町内会役員に関しては、実態としてはむしろ子ども会を支えるコアメンバーとしてとらえることができる。

　なお、ここまでみてきた六郷北学区においては、将来的な合併の可能性は別にして、現状では「きずな子ども会」の他にも、以前から活動するふたつの単位子ども会も存続し、3つの単位子ども会が併存する状態である。そのため、詳細は割愛するが、六郷北学区としての学区子ども会も存在している。その活動

8　中田（2020）98ページ。

に関しては、たとえば毎年1回、10月に六郷北小学校の体育館において、映写会を開催している。このときには「きずな子ども会」に加えて、以前から活動するふたつの単位子ども会に参加している子どもたちが、合計で100名ほど集まり、子どもたちの興味関心に沿った映画を鑑賞しているという。

4　子ども会再編のこれから

　本章ではここまで、リスケーリングという発想について確認し、先行研究を検証したうえで、本章の問いと分析の視点を提示した。続いて、事例としての六郷北学区における「きずな子ども会」を対象に、分析の視点に沿って一連の再編過程を検証してきた。まとめにかえて、最後に以下の点を本章の示唆として提示しておきたい。

　それは、自治会・町内会の対応しだいでは、一度休止した単位子ども会を合併というかたちで再開させることが可能である、という点である。本章でみてきた六郷北学区では、町内会役員が単位子ども会の合併を主導し、実際に各種調整を経て「きずな子ども会」の発足を達成している。この点をふまえると、あらためて単位子ども会と自治会・町内会との関係構築は、単位子ども会の今後を展望するうえ、検討を要する論点となろう。もちろん、単位子ども会と自治会・町内会との関係の重要性に関しては、すでに先行研究でも指摘されてきた内容ではある。ただ、本章が扱ってきたような自治会・町内会の主導による単位子ども会の再編事例の検証は、先行研究にはみられない内容であった。

　たしかに、すでに上記で触れたように、全国的には自治会・町内会の担い手不足問題が深刻化し、運営と活動が困難な状況に陥り、休止や解散を余儀なくされる事例が後を絶たない。こうした事情は単位子ども会においても同様であり、むしろ単位子ども会の方が先行して休止・解散が進んできた現実がある。それでも、本章でみてきたように、現状において自治会・町内会と単位子ども会が

9　高橋（2021）5ページおよび14ページ参照。

ともに活動を維持できている場合には、双方にとってメリットとなるような連携・協力関係の構築がありうる。

　たとえば単位子ども会にとっては、自治会・町内会との緊密な関係が維持できていると、回覧板や掲示板を通じた広報、自治会・町内会からの金銭的支援、自治会・町内会の行事への子どもたちの参加など、さまざまなメリットが期待できる。また、自治会・町内会にとっても、単位子ども会との関係づくりが進むことで、町内や公園の清掃、あるいは防犯パトロールなど、場合によっては自治会・町内会のみの力量では対応しきれない活動が可能となりうる。もっとも、だからといって自治会・町内会の側として、単位子ども会に対してマンパワーを過度に期待し、さまざまな負担を一方的にゆだねるのであれば、相互の連携・協力関係は早晩に行き詰まることになろう[10]。また、自治会・町内会のなかには、単位子ども会に関わる保護者を将来的な自治会・町内会の役員候補として位置づけ、子ども会の存在意義を人材発掘に見出している場合も看取される。ただ、このようになると、役員負担を敬遠する保護者たちは、子どもたちの単位子ども会への参加自体を回避し、結果として保護者の事情によって子どもたちは子ども会への参加機会が失われることになる。

　なお、本章では単位子ども会の再編過程を検証してきたが、その形態は単位子ども会の合併という内容であった。しかし、単位子ども会の再編は合併という形態のみに限定されるのではなく、反対に自治会・町内会の分割に連動して、単位子ども会の分割という選択もありうる。このようにみると、本章における単位子ども会の再編動向は、ごく一部の内容を扱ったにすぎない。そのため、今後の研究のなかで単位子ども会の分割事例の検討などにも取り組んでいきたい。

10　この点に関して、自治会・町内会と PTA との関係においては、「町内会などとひもづけられている場合、PTA に入ると、それらにも自動的に参加するもの」（堀内（2021）78 ページ）とみなされ、「地域との連携」という名目のもと、PTA は「町内会の手伝い部隊」（黒川（2018）31 ページ）として、さまざまな地域活動や行事に駆り出される現実がある、との指摘もみられる。結果として、母親たちを中心に、PTA 活動に参加している関係者は、思わぬ時間を取られることになるという。なお、自治会・町内会と PTA との関係や共通点・相違点については、岩竹（2017）42 〜 58 ページに詳しい。

第3部

行政の支援

第5章

行政による子ども会支援事業の廃止

　本章では、愛知県内の自治体行政の子ども会支援事業に焦点を当て、半田市と高浜市を例に、事業廃止事例の検証を行なう。以下ではまず、愛知県内の自治体における子ども会支援事業の動向を整理する。続いて、本章に関連する先行研究を検証し、事例研究を進めるうえでの分析の視点を設定する。そのうえで、分析の視点に沿って、子ども会支援事業を廃止した半田市と高浜市の2事例を取り上げ、事業廃止の背景・事情や一連の推移を比較・考察したい。

1　愛知県内の自治体における子ども会支援事業の動向

　全国の自治体行政は、子ども会活動の振興を目的として、さまざまなかたちで子ども会への支援事業を実施している。ここでいう子ども会支援事業とは、ひとまず「自治体行政として、単位子ども会や校区子ども会、さらには子ども会育成会の連絡・連合組織に対して、運営と活動の振興をねらいとして実施する、金銭的・非金銭的な内容からなる事業」としておこう。ただ、「そもそも、自治体行政による子ども会支援事業はどうなっているのか」は、管見の限りでは学術的には整理されていない。そうであるならば、まずは子ども会支援事業の実態を把握する必要がある。

　そこで、愛知県内の自治体のホームページ情報などを手がかりにして、子ども会支援事業の状況を整理すると、以下のとおりとなる。すなわち、まず指摘できるのは、自治体行政として子ども会支援事業を直営で実施しているとは限

図表5－1　愛知県内の自治体における子ども会支援事業の担当

区分	直営			委託	指定管理	事業なし
担当	子ども子育て担当部署	生涯学習・スポーツ担当部署	住民・協働・福祉などの担当部署	社会福祉協議会	指定管理者	担当部署なし
件数	23	8	3	17	3	4
	34					

出所：愛知県内の自治体のホームページ情報などを基に筆者作成。なお、1自治体のなかでたとえば直営と指定管理を組み合わせて実施している場合は、それぞれ件数に反映させてあり、件数の合計が54（愛知県内の自治体数）とは一致しない。また、名古屋市は本庁と区役所を1件として合計して「子ども子育て担当部署」に組み込んでいる。

らない点である。具体的には、社会福祉協議会に委託している場合、あるいは指定管理者が担当している場合もみられる。これらをまとめたのが、**図表5－1**である。このうち、自治体行政による直営については、子ども子育て担当部署や生涯学習・スポーツ担当部署などが担当している場合が多い。ただ、なかには住民・協働・福祉などの担当部署が担当しているところもある。

　一方で、子ども会支援事業を社会福祉協議会に委託している場合もあり、全54自治体のうち17自治体となっている。ここからは、愛知県では3分の1近い自治体において、子ども会支援事業は社会福祉協議会への委託によって実施されている状況をうかがい知ることができる。その他にも、たとえば豊橋市や豊田市のように、市が保有する青少年センターの指定管理者が、子ども会支援事業を担当している状況も把握される。この場合には、当然ではあるが、指定管理者の募集要項のなかに、子ども会支援事業や子ども会育成会の連絡・連合組織の事務局機能を担当する旨が明記されている。

　さて、各自治体における子ども会支援事業の内容をみると、子ども会活動の補助金や助成金の交付、子ども会活動保険（公益社団法人全国子ども会連合会が運営）の対応、行事で使用する物品の貸し出し、子ども会会員同士の交流行事の開催、機関紙の発行、子ども会育成会の連絡・連合組織の事務局機能の担当、ジュニアリーダーや青年リーダー（シニアリーダー）の育成、単位子ども会や学区・校区子ども会からの相談対応、などが把握される。これらに関しては、自

治体ごとに実施の有無はあるが、直営であっても、委託であっても、内容自体に大きな相違はみられない。

　ともあれ、ここで確認しておきたいのは、以下の2点である。第一は、自治体行政による子ども会支援事業の実施方法は、基本的には自治体行政による直営、社会福祉協議会への委託、指定管理者による対応、という3つの形態がみられる点である。このうち、委託に関しては、**第1章**で触れた名古屋市の「子ども会活動アシストバンク事業」にともなう民間事業者への個別事業の委託のような場合を除くと、共通して社会福祉協議会が委託先となっている。ただ、全国的にみると社会福祉協議会以外にも委託先は存在するかもしれず、この点は別稿で検討したい。また、指定管理者による対応に関しては、子ども会にとって新しい動向だが、子ども会支援事業を指定管理者にゆだねることになった自治体行政の側の背景や経緯についても、別の機会に検討したい。

　第二は、大多数の自治体が今日でもなお、子ども会支援事業を実施しているなかで、事業そのものを廃止した自治体が確認される点である。本章の事例研究で扱う半田市と高浜市がこれにあたる。こうしたうごきは、おそらく愛知県内の自治体に限らず、全国的にも顕在化しているものと推察される。**第2章**で触れたとおり、京都市は2017年度をもって子ども会支援事業を廃止した経緯もある。そうであるならば、自治体行政として長年にわたり実施してきた子ども会支援事業を廃止した背景には、いかなる事情があったのだろうか。

　そこで、以下では近年に子ども会支援事業を廃止した半田市と高浜市に注目し、その背景や経緯、事業廃止の事情について検討していきたい。これら2市を取り上げるのは、事業廃止を行なったのがここ数年以内であり、当時の担当者へのヒアリング調査が可能である点、および当時の各種資料がいまでも残っている点、に由来する。

1　本章の内容のうち、半田市に関する記述部分は、半田市社会福祉協議会の担当者へのヒアリング調査（2024年3月27日に、半田市福祉文化会館内の会議室において実施した）に依っている。また、高浜市に関する記述部分は、高浜市こども未来部文化スポーツグループの担当者へのヒアリング調査（2024年3月25日に、高浜市いきいき広場内の会議室において実施した）に依っている。

　それでは、子ども会支援事業の廃止事例の検討に入る前に、続いて本章の内容に関連する先行研究を検証し、本章の問いとともに事例分析を行なううえでの視点を提示したい。

2　先行研究・本章の問い・分析の視点

2－1　先行研究の検証

　本章の問題関心に照らしていうと、すでに**序章**でも触れたように、既存のわが国の子ども会の先行研究は、自治体行政として子ども会にどう対応しているのか、という内容を扱ってこなかった。また、筆者は別稿において、公共政策学の知見をふまえた自治体コミュニティ政策の研究が希薄である点を指摘したが、この点は自治体行政による子ども会支援事業においても同様といえる。すなわち、子ども会の将来的な衰退を見越して、早期に何らかの対応を施していれば、今日のような状況は回避できていたのかもしれない。

　そこで、自治体行政による子ども会支援事業の廃止事例を検証するという本章の内容について、公共政策学の研究成果から手がかりを得ようとする場合、政策終了研究の内容が参考になる。ここでいう政策終了とは、「既存の政策が打ち切りまたは廃止されること」に相当する。すなわち、課題設定、政策立案、政策決定、政策実施、政策評価という一般的な政策過程の5段階の範疇外にあるものの、本章のように事業廃止事例を検証するうえでは、政策終了研究から得られる示唆は少なくない。ただし、ここであらかじめ述べておくならば、既存の政策終了研究が扱う対象事例は、たとえばダム建設事業の廃止・見直しであるように、本章で扱う子ども会支援事業とはそのスケールに大きなちがいがある点には、留意を要する。同時に、既存の政策終了研究は、ある局面において政策終了の意思決定を担う政治的アクター間の関係性に注目する内容が主流と

2　三浦（2023c）49 〜 50 ページ参照。
3　岡本（2003）161 ページ。
4　たとえば、砂原（2011）107 〜 138 ページがあげられる。

なっており[5]、政治性という点では本章で扱う子ども会支援事業の廃止とは焦点が異なる。それでも、政策終了研究における視点や発想は、自治体行政としての既存事業の廃止の背景や事情を検討するうえで、参考にできる内容が多い。

　さて、政策終了に関しては、もともとは政策が終了するケース自体がまれであることから、「なぜ、政策が終了しないのか」を追究してきたといわれる[6]。もっとも、今日の政策終了研究においては、「なぜ、政策が終了するのか」「どのように、政策が終了するのか」といった内容が論点といえる[7]。このうち、「なぜ、政策が終了するのか」については、「外在的要因」および「内在的要因」のふたつに区分される。これらのなかで外在的要因についていうと、政策そのものよりも、むしろ政策をめぐる外部環境の変化が要因となり、たとえば選挙による首長交代といった政治動向に相当する。また、内在的要因については、政策そのものに内在する性格によって、政策終了にいたることになる。こうした内在的要因の具体例としては、政策実施期間の短さ、政策そのもののみえやすさ、問題把握の容易さ、などがある。

　他方、「どのように、政策が終了するのか」をみると、「終了の範囲」および「終了の形態」というふたつの視点が把握される[8]。このうち、終了の範囲はさらに、「部分的終了」と「全体的終了」に区分することができる。ここでいう部分的終了とは、たとえばある政策を担う人員の一部を削減して対応するような終了のあり方に相当する。他方、全体的終了とは、政策全体をまるごと終了させる内容となる。

　同様に、もうひとつの終了の形態に関しても、「段階的終了」および「全面的終了」というふたつの視点がある。このなかで、段階的終了はある政策が時間のながれに沿って徐々に終了していく形態、全面的終了はある一定のタイミン

5　柳（2012）50ページ参照。

6　岡本（2012）6〜7ページ参照。

7　岡本（2003）164〜168ページ参照、橋本（2009）4ページ参照。これらに加え、政策終了にいたる前決定過程やその後の政策終了決定過程に焦点を当てた、柳至の研究もみられる（柳（2018）参照）。

8　岡本（2003）164〜166ページ参照。

グをもって一気に政策が終了していく形態、となる。

　以上から、子ども会支援事業の廃止事例を検証するうえでは、どのような背景や事情によって事業廃止となったのか、どのような範囲を対象に事業廃止を行なったのか、どのような時間的推移のなかで事業廃止を進めたのか、などをみていく必要があることがわかる。

2－2　本章の問いと分析の視点

　こうした内容をふまえ、本章では「自治体行政として、子ども会支援事業をどのように廃止させたのか」という問いの答えを探る。その際、以下の３つの分析の視点から、半田市および高浜市における子ども会支援事業の廃止事例の検証を進めたい。

　第一は、「どのような背景・事情のもとで、いつ、誰によって子ども会支援事業の廃止が議論の俎上に載ったのか」という課題設定の視点である。当然ながら、市行政の側で子ども会支援事業を廃止させるうえでは、何らかの背景・事情が存在するし、先行研究でも外在的要因・内在的要因という点が指摘されていた。そうであるならば、どのような背景や事情で、いつ、誰によって子ども会支援事業の廃止が検討課題に位置づけられたのかは、みておく必要がある。

　第二は、「子ども会支援事業の廃止を進める際に、事業の一部を廃止したのか、あるいはあらゆる事業を廃止したのか」「漸減的に事業を廃止させていったのか、あるいはどこかのタイミングで一気に事業を廃止したのか」という事業廃止の進め方の視点である。上記のとおり先行研究においては、政策終了を進める過程として、終了の範囲（部分的終了、全体的終了）と終了の形態（段階的終了、全面的終了）というふたつの視点が提示されていた。この内容をふまえると、はたしてふたつの自治体における子ども会支援をめぐっては、いかなる過程を経て事業廃止が進行していったのだろうか。

　第三は、「さまざまな利害関係があるなかで、誰が誰に対して、どのように利害調整を進め、反対意見に対して説得を重ねていったのか」という利害調整の視点である。政策終了を進めるうえでは、当然ながら反対意見を有する主体か

らの反発が生じうる。子ども会支援事業の廃止を決定したふたつの自治体においては、はたして子ども会関係者によって事業廃止に対する異論は生じなかったのだろうか。仮に生じたのであれば、事業廃止を進めるために、どのように利害調整を行ない、どのように反対意見に対して説得したのだろうか。

3　事例研究

3－1　半田市における子ども会支援事業の廃止

（1）半田市と子ども会活動のあゆみ

半田市は**図表5－2**のとおり、愛知県の知多半島の中央部東側に位置し、2024年10月1日時点で人口は11万6391人、世帯数は5万3349世帯となっている。市内には国内有数の酢製造会社の本社があり、また歴史的な建造物も点在しており、観光地としても有名である。その他にも、独自の山車文化という伝統があり、現在も5年に1回、10月に開催される「はんだ山車まつり」は、多くの参加者・来場者で賑わっている。

こうした半田市において、最盛期の1985年の時点では、市内に135の単位子ども会が存在し、会員数は7378名であったという[9]。これらの単位子ども会はそれぞれ、ソフトボールの練習や定期的な町内清掃といった活動に取り組んできた経緯がある。しかし、時代の変遷とともに各単位子ども会の会員数が減少し、これに連動してしだいに単位子ども会の団体数も減少していった。すなわち、1990年以降の四半世紀でみると、**図表5－3**のとおり、全体的に団体数も会員数も減少傾向が続いてきたことがわかる。

こうした背景には、一般的にいわれている点ではあるが、少子化による子どもの絶対数の減少、あるいは習い事やクラブ活動の多様化による子ども会入会者の減少、などがあげられる。その他にも、保護者の役員負担の問題が解消されず、保護者の事情で子ども会を退会する子どもたちもみられたという。結果

9　半田市社会福祉協議会の提供資料による。

図表5-2　半田市の位置

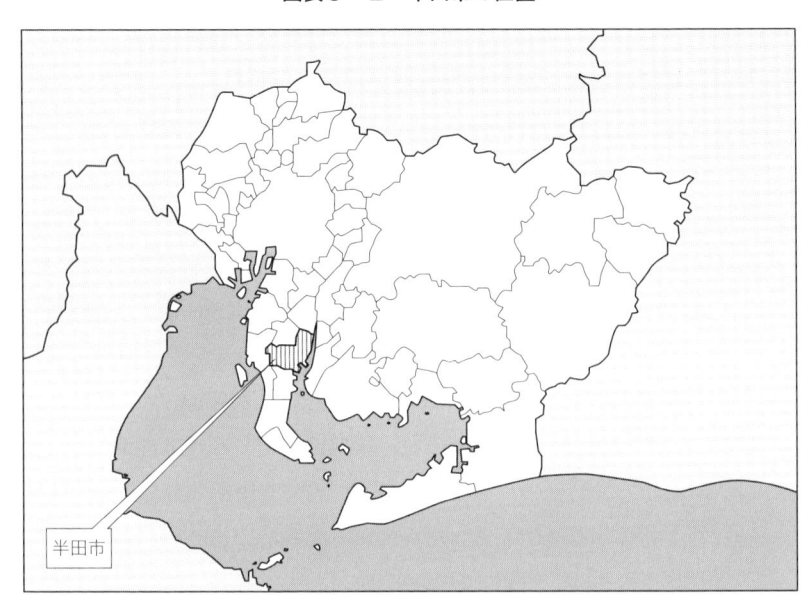

半田市

出所：筆者作成。

として、2015年時点では、半田市子ども会連絡協議会（以下、「半田市子連」とする）に加盟する単位子ども会の数は12まで減少し、会員数も1263名という状況であった。

　その半田市子連は、1966年9月に発足し、長年にわたり単位子ども会同士の連携促進、あるいはシニア・ジュニアリーダーの育成などにつとめてきた。このうち、前者に関しては、年1回、毎年10月に綱引きなどから構成されるレクリエーション大会を開催してきた。また、後者については、2003年に半田市シニア・ジュニアリーダークラブが結成され、半田市子連の行事開催における支援をはじめ、さまざまなボランティア活動を担ってきた。具体的には、たとえば使わなくなったおもちゃや絵本を子どもたち同士で交換しあう「かえっこバザール」というイベントの運営があげられる。このイベントは年に2～3回程度の開催であり、当日にジュニアリーダーたちは、会場の設営、イベントの運

図表5－3　半田市における単位子ども会の団体数と会員数の推移

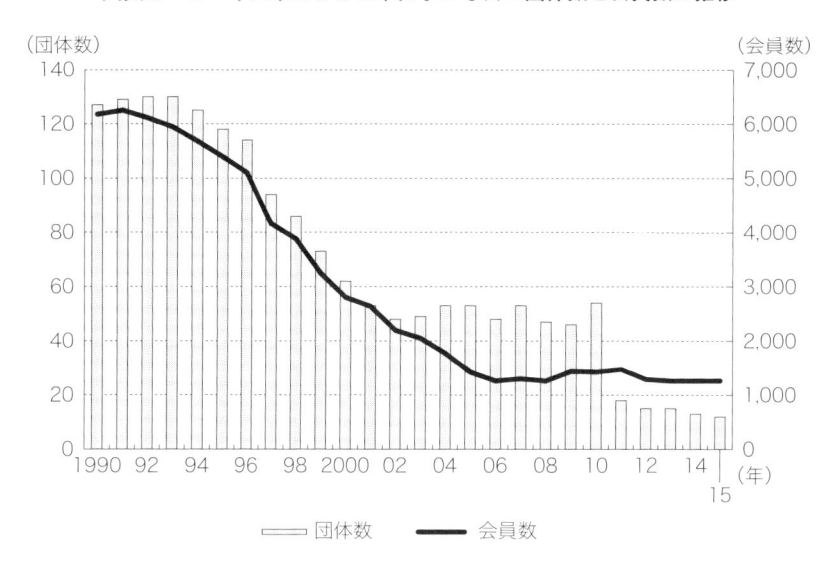

出所：半田市社会福祉協議会の提供資料を基に筆者作成。

営（受け付け、進行、子どもたちのサポートなど）、会場の片付けなどを担ってきた。

　こうした半田市子連、および市内の各単位子ども会に対して、半田市行政としては、2006年度より半田市社会福祉協議会（以下、「半田市社協」とする）に子ども会支援事業を委託するかたちで、子ども会の振興につとめてきた。そのため、半田市においては、実質的に受託団体としての半田市社協が、長年にわたり子ども会支援事業に取り組んできたことになる。その事業内容は、主に以下の2点である。

　第一は、半田市子連の事務局機能の担当である。そのため、半田市子連として開催する各種の会議や催事にあたっては、事前の準備や関係者への連絡調整、当日の運営、事後の処理といった一連の業務を、半田市社協が担ってきた経緯がある。具体的には、市子連としての理事会や総会、育成者やジュニアリーダーを対象とする会議や講習会、市子連主催の子ども向け交流行事などがあげられ

る。第二は、半田市子連への補助金の交付である。半田市社協としては毎年度、半田市子連に対して子ども会の振興を目的として補助金を交付してきた。この金額に関しては、かつては 100 万円程度という時期もあったが、その後に年々、補助金額も減少していき、2020 年度は 75 万円であった。

　ここで留意したいのは、以下の点である。すなわち、半田市社協としては、個々の単位子ども会との直接のやり取りはほとんどなく、基本的には子ども会に対する窓口を半田市子連に一本化していた、という点である。そのため、たとえば個々の単位子ども会に対して、半田市社協として直接的に補助金を交付することはなく、交付先は半田市子連のみであった。半田市の場合、各単位子ども会への補助金は「単子強化事業費」という名目で、半田市子連より単位子ども会の会員数に応じて、1 人あたり 700 円を交付するかたちであった。なお、半田市社協として直接、単位子ども会とのやり取りが発生していたのは、子ども会活動保険の対応であった。すなわち、半田市社協が窓口となり、半田市子連加盟の単位子ども会から毎年度、保険申し込みの申請を受け付け、このときには同時に各単位子ども会の名簿整理も行なっていた。また、万が一の事故などで保険を利用する場合にも、各種の手続きは半田市社協の側で対応してきた。

　このようにみると、半田市の子ども会支援事業の内容は、愛知県内の各自治体における子ども会支援事業の内容と、おおよそ共通するものであったといえよう。それでは、はたしていかなる背景・事情によって、半田市では、子ども会支援事業を廃止させるにいたったのだろうか。

（2）子ども会支援事業の廃止過程

　端的にいうと、半田市において子ども会支援事業が廃止になった背景には、半田市子連の解散のうごきがあった。上記のとおり、半世紀以上にわたって活動してきた半田市子連は、2021 年 4 月に開催した「令和 3 年度　半田市子ども会連絡協議会　総会」の場において、年度当初の時点で市子連の解散を意思決定している。もっとも、半田市子連の解散をめぐる検討は、理事会が中心となって長年にわたり積み重ねてきた経緯があった。そのため、この総会の場におい

て特に大きな異論が出ることはなく、賛成多数で半田市子連の解散が決まっている。

　もともと、半田市子連の解散をめぐっては、その源流は 2015 年 3 月末をもって半田市子連が愛知県子ども会連絡協議会（以下、「愛知県子連」とする）から退会するという動向にあった。**図表 5 − 3** にあるように、半田市では 2010 年から 2011 年にかけて、単位子ども会の数が大きく減少するといううごきが生じている。こうした背景には、各単位子ども会の保護者から「単位子ども会の役員は引き受けられるが、半田市子連の役員や行事までは対応できない」といった声が上がっていた事情があった。半田市においては、単位子ども会の役員を担うのは、子どもたちの母親である場合が多かった。その大半がフルタイムやパートで仕事を抱え、そうしたなかでは子ども会活動に費やすことが可能な時間が限られていたのである。こうした事情もあり、すでに 2010 年代の前半には半田市子連としてのあり方が問われることになった。

　このように半田市子連に加盟する単位子ども会の団体数と会員数がますます減少していくなかでも、半田市子連としては、依然として愛知県子連に会費を納入する、あるいは愛知県子連が主催する会議や行事に参加する、といった対応が必要であった。ただ、団体数と会員数の減少にともなって、半田市子連そのものの運営と活動がしだいに困難となっていくなかで、そうした愛知県子連への対応は実質的に不可能な状態となった。そこで、半田市子連の理事会としては、「状況が厳しくなるなかで、今後は頑張って活動している単位子ども会を応援できる半田市子連になるべきだ」という方向性を確認し、2015 年 3 月末をもって愛知県子連からの退会を判断したのである。

　ここでみた過程とともに、半田市子連としては同時に自らのあり方を模索し続ける状況も続いた。実際に、愛知県子連を退会したのちも、単位子ども会の団体数や会員数の減少傾向は変わらず、半田市子連の役員たちは毎月のように会議を開いて、今後の可能性を探っていた時期もあった。その際には、半田市社協のみならず、半田市行政の担当者も交え、市子連の解散も現実的な選択肢のひとつという含みをもたせながら協議を重ねた。

　こうした状況が5年ほど続くなかで、2020年度からは新型コロナウイルス感染症の影響が生じることになる。その結果、半田市内の単位子ども会はもちろん、半田市子連としても当該年度の事業計画にあるような、レクリエーション大会といった活動は、おおよそ制限される事態に直面してしまう。このように、新型コロナウイルス感染症の影響で半田市子連としての活動が制限されるなかで、いよいよかねてからの検討課題であった半田市子連の解散が、2020年度からは現実味を帯びることとなった。

　結果的には、2020年11月の役員会において「今後の子ども会活動について」を議題に協議し、2021年度をもって半田市子連を解散させ、そのことを当該年度の市子連総会で報告するという方向性を確認している。このときの議論においては、半田市子連の解散に対して役員のあいだから異論は出ていない。というのも、すでにみてきたように、半田市子連では長年にわたり市子連としてのあり方を問い続けてきた経緯があり、その検討のなかで市子連の解散という方向性が選択肢のひとつだったからである。その後、実際に2021年4月の「令和3年度　半田市子ども会連絡協議会　総会」では2022年3月末で半田市子連を解散させる旨の報告があり、特に異論が出ることもなく承認されている。ともあれ、このようにみると、結果的には新型コロナウイルス感染症の影響が、半田市子連として解散を判断する最終的な契機となったことがわかる。

　こうしたうごきと前後して、15年ほどにわたり子ども会支援事業を受託してきた半田市社協は、半田市子連の解散にともなう子ども会支援事業の今後のあり方について、半田市行政の担当者とともに検討することになった。ただ、すでに半田市子連の解散は既定路線であり、それに代替する事業を新たに実施するというよりは、半田市社協が担ってきた半田市子連の事務局機能の廃止という方向性を、半田市社協と半田市行政で確認するかたちであった。そのため、半田市子連の最終年度となる2021年度中は、従来どおり市子連事業に取り組み、半田市社協はその事務局機能を担っていった。

　ちなみに、一連の廃止過程においては、半田市行政や半田市議会、さらには半田市子連加盟の単位子ども会の関係者などからは、特に異論は出なかったとい

う。こうした背景には、すでに関係者のあいだでも、長年にわたり子ども会の衰退が進んでおり、時代状況に合った何らかの対応が要る、という認識があったものと推察される。

（3）廃止後の影響

　このような推移ののち、半田市では2021年度をもって半田市子連が解散し、現在は半田市子連が存在していないなかで、いくつかの単位子ども会が活動している状況にある。この点に関していうと、半田市子連の解散といううごきに連動して、新たに解散を決めた単位子ども会は、いまのところは存在していないという。そもそも、半田市子連の解散により、単位子ども会の活動に何か問題が生じたのかというと、たしかに半田市子連が主催してきたさまざまなイベントに、子ども会の会員である子どもたちが参加できなくなった、などの変化はみられた。もっとも、半田市子連の解散によって、単位子ども会の活動に深刻な影響が生じたかというと、必ずしもそのような声は上がっていない。

　ちなみに、現在の半田市では、子ども会支援事業は半田市行政および半田市社協のいずれも対応していない。そのため、現状において半田市行政や半田市社協には、子ども会に特化した担当部署や担当窓口は存在しない。また、子ども会に対象を限定した子ども会支援事業も実施しておらず、従来の補助金の交付は廃止となっている。もっとも、半田市社協に対しては毎年、半田市子連の解散後も独自に活動を続ける単位子ども会から、子ども会の運営や活動に関する問い合わせが、いまでも数件程度は寄せられるという。

3－2　高浜市における子ども会支援事業の廃止

（1）高浜市と子ども会活動のあゆみ

　高浜市は**図表5－4**のとおり、愛知県西三河平野の南西部に位置し、2024年10月1日時点で人口は4万9079人、世帯数は2万1536世帯となっている。市内はもともと瓦産業が盛んであり、高浜市が主要産地となっている三州瓦は、現在でも全国的に知名度が高い。こうした事情もあり、市内には全国でただひと

図表5−4　高浜市の位置

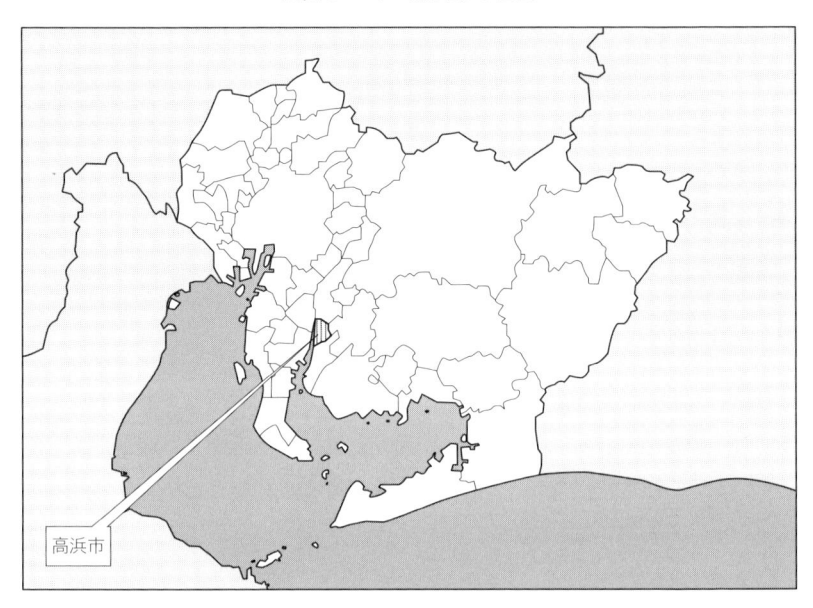

高浜市

出所：筆者作成。

つ、瓦を専門として扱う美術館が存在している。

　さて、高浜市においては、もともと小学校区ごとに校区子ども会（「地区子ども会」といわれる）が存在し、その校区子ども会のなかに複数の単位子ども会が位置づけられるかたちで、子ども会活動が行なわれてきた。このうち、校区子ども会に関しては、複数の単位子ども会の合同開催で、新入会員の歓迎会や卒業会員のお別れ会などを開催してきた。また、単位子ども会については、夏休みにラジオ体操を行なう、定期的に資源回収に取り組む、町内会と連携しながら地域のお祭り行列に参加する、といった活動を展開してきた。

　しかし、高浜市においても他の自治体と同様で、**図表5−5**のとおり単位子ども会の会員数は年々減少し、結果として単位子ども会が維持できず、他の単位子ども会と合併する事例がみられるようになった。こうした背景に関しては、やはり少子化による子どもの数の減少、習い事やクラブ活動の多様化による子

図表5－5　高浜市における単位子ども会の団体数と会員数の推移

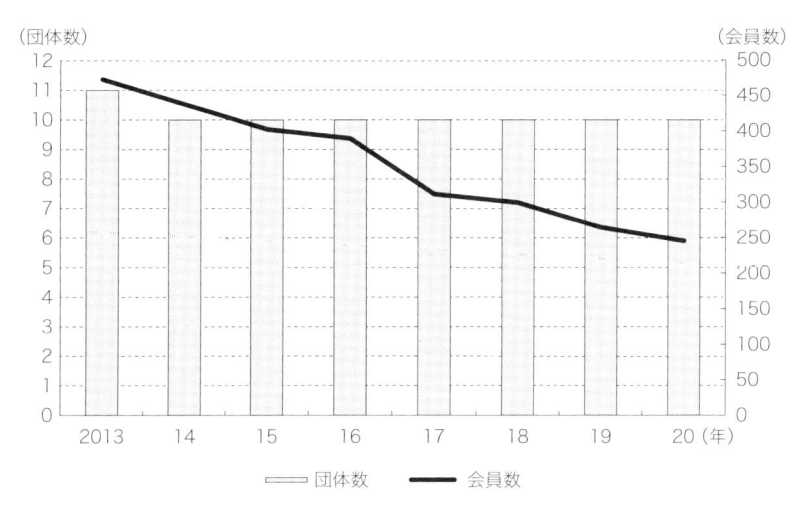

出所：高浜市こども未来部文化スポーツグループの提供資料を基に筆者作成。

ども会入会者の減少、保護者の役員負担の敬遠による子ども会の途中退会、といった一般的にいわれる影響があった。

　高浜市子ども会育成連絡協議会（以下、「高浜市子連」とする）に関しては、1970年12月の高浜市の市制施行を受けて、翌1971年12月に発足し、おおよそ半世紀にわたって校区子ども会同士の連携促進、子ども会育成者の研修などに取り組んできた。このうち、とりわけ校区子ども会同士の連携促進に関しては、年1回、毎年7月に高浜市子連が主催して、子ども会ドッジボール大会を開催してきた。同様に年1回、毎年12月に高浜市子連が主催し、子ども会会員の小学6年生が主体となって、飲食屋台や体験行事の企画・運営を担う子ども会大会を開催してきた。

　こうした高浜市子連に対して、高浜市行政としては主にこども未来部文化スポーツグループが担当するかたちで、子ども会支援につとめてきた。高浜市における具体的な子ども会支援事業としては、主に以下のふたつであった。

　第一は、高浜市子連の事務局機能の担当である。たとえば、高浜市子連とし

て開催する各種の会議や催事にあたっては、場所の確保や連絡調整、資料準備などを担ってきた。もっとも、会議や催事の運営自体は、あくまでも高浜市子連の役員が担い、高浜市行政としては必要な範囲における支援にとどまってきた。というのも、高浜市行政としては「市子連はあくまでひとつの地域団体であり、行政内部の組織ではない」という認識があったからである。

　第二は、高浜市子連への補助金の交付である。高浜市行政としては毎年、高浜市子連に対して市子連活動の推進を目的として補助金を交付してきた。具体的には、たとえば新型コロナウイルス感染症の流行前の 2019 年度には、46 万 8000 円の補助金を出している。

　ここで留意したいのは、以下の点である。すなわち、高浜市行政としては直接、個々の校区子ども会や単位子ども会とのやり取りはなく、あくまでも子ども会に対する窓口は高浜市子連に一本化していた、という点である。そのため、たとえば個々の校区子ども会や単位子ども会に対して、直接的に補助金を交付することはなく、補助金の交付先は高浜市子連のみであった。また、高浜市行政として校区子ども会や単位子ども会の状況把握を行なううえでは、個々に照会するのではなく、高浜市子連に照会を行ない、高浜市子連から出てくる情報に依拠していた。その他にも、子ども会活動保険については、個々の校区子ども会や単位子ども会からの申請を受け付けるのではなく、集約自体は高浜市子連が行ない、高浜市子連からの申請に対応してきたのだった。

　このようにみると、高浜市に関しても、愛知県内の各自治体における子ども会支援事業の内容と、おおよそ共通するものであったといえよう。他方、高浜市行政としての子ども会支援事業の対象は、あくまでも高浜市子連ただひとつであった点には留意を要する。それでは、はたしていかなる背景・事情によって、高浜市では、子ども会支援事業を廃止させるにいたったのだろうか。

（2）子ども会支援事業の廃止過程

　実は高浜市も半田市と同様で、端的にいって子ども会支援事業が廃止になった背景には、高浜市子連の解散のうごきがあった。上記のとおり、おおよそ半

世紀にわたる活動を重ねてきた高浜市子連は、2022 年 3 月に開催した「令和 3 年度　高浜市子ども会育成連絡協議会　総会」の場で、当該年度をもって高浜市子連を解散させる意思決定を行なっている。具体的には、「第 3 号議案　高浜市子ども会育成連絡協議会解散について」を審議し、総会出席者からは異論が出ることなく、賛成多数で高浜市子連の解散が決定したのだった。もちろん、総会議決にいたるまでの過程では、高浜市子連の理事会において、2 年近くにわたる市子連解散の検討の積み重ねがあったという。

　もともと、高浜市では小学校の設置とともに校区子ども会が結成され、1971 年 12 月の高浜市子連の発足当初は、高浜小学校区、吉浜小学校区、高取小学校区の 3 つにおいて、それぞれ校区子ども会が存在していた。1976 年 4 月には、港小学校が開校して校区子ども会の数は 4 つとなった。その後、役員の担い手不足などを理由に、2002 年 3 月末をもって吉浜小学校区で子ども会（吉浜地区子ども会育成会）が解散し、他方で 2002 年 4 月には新たに翼小学校の開校によって翼小学校区で子ども会（翼地区子ども会育成会）が発足している。さらに、2004 年 3 月末をもって港小学校区の子ども会（みなと地区子ども会育成会）が高浜市子連を退会し、独自に活動する途を選択している。

　こうして、2000 年代半ばの時点では、高浜市子連に加盟する校区子ども会は、高浜地区子ども会育成会、高取地区子ども会育成会、翼地区子ども会育成会の 3 つとなっていた。その後、2010 年代に入ると、しだいに高浜市子連への加盟にともなう各種負担（高浜市子連や西三河ブロック子ども会連絡協議会の会議や行事への参加など）に対して、校区子ども会の役員からは疑問の声が表出されるようになった。というのも、校区子ども会の役員としては、本来であれば校区子ども会や単位子ども会の活動に尽力したいにもかかわらず、それ以外のところで時間を割かれ、自らの意向に沿った活動ができていないという思いがあったからである。それでも、2020 年代に入るまでは、3 つの校区子ども会が加盟するかたちで、高浜市子連としては継続してきたのだった。

　その後、大きな転機となったのは、高浜市子連の 2020 年度第 2 回役員会（2020 年 11 月開催）の場においてであった。このときに、翼地区子ども会育成会から、

「2020年度をもって高浜市子連から退会する」という意向が示されたのである。その背景には、独自に校区の子どもたちを対象とした取り組みを展開していきたいという事情があった。その後も、第3回役員会（2021年1月開催）でも同様の意見表明があり、こうして翼地区子ども会育成会は2021年3月末をもって、高浜市子連を退会することが決まった。さらに、高浜市子連の2021年度第1回役員会（2021年4月開催）では、今度は高浜地区子ども会育成会からも2022年3月末をもって高浜市子連を退会する意向が示されたのである。その理由は、おおよそ翼地区子ども会育成会の事情と同様であった。

　こうして、2021年4月の時点で高浜市子連に加盟するのは、高浜地区子ども会育成会と高取地区子ども会育成会のふたつとなり、さらに高浜地区子ども会育成会は翌2022年3月末をもって高浜市子連を退会することが既定路線となっていた。こうしたなかで、唯一残っていた高取地区子ども会育成会からも、高浜市子連の2021年度第4回役員会（2022年1月開催）において、「ひとつの校区子ども会が、高浜市全体の子ども会を包括する市子連と同一となるのは、市子連の本来の趣旨に合わないので、2021年度をもって退会する」という意向が示された。このような推移によって、高浜市子連は2022年3月末で解散することが、おおよその既定路線となった。

　ここまでみてきた事情もあって、結果的に2021年度の1年間は、役員会や理事会では毎回、高浜市子連の解散が現実味を帯びるなかで、高浜市子連のあり方について検討を重ねていったという。もっとも、実際にはこの時点で、解散自体は既定路線となっていた。そもそも高浜市子連としても、それまでの経緯もあって校区子ども会の事情を把握していたゆえに、理事会のなかで市子連解散に異論が出ることはなかった。また、新型コロナウイルス感染症の影響が大きかった時期とも重複しているが、高浜市子連の動向をみると、その影響の有無にかかわらず、市子連解散はいずれ避けられず、時間の問題であったといえよう。結果として、先のとおり2022年3月の「令和3年度　高浜市子ども会育成連絡協議会　総会」で市子連解散を諮ることになった。

　こうした高浜市子連の解散可能性のうごきを受け、高浜市行政のなかで子ど

も会を担当する文化スポーツグループとしては、2021 年 4 月より、解散にともなう各種対応に向きあうことになった。具体的には、たとえば市子連解散にともなう会計処理をどうするのか、といった点があげられる。もっとも、こうした内容は高浜市子連の会則に照らして粛々と対応し、解散に向けた手続きを進めていった。また、高浜市行政としては、高浜市子連が解散する以上、長年にわたって実施してきた子ども会支援事業も必要性がなくなり、2022 年度からは事業そのものを廃止させるという判断をしている。そのため、高浜市子連の最終年度となる 2021 年度中は、従来どおり高浜市子連は自らの事業に取り組み、また文化スポーツグループとしても、その事務局機能を担っていくことになった。

　ちなみに、一連の廃止過程においては、高浜市議会、さらには高浜市子連加盟の単位子ども会の関係者などからは、特に異論は出なかったという。こうした背景には、すでに関係者のあいだでも、長年にわたり子ども会の衰退は進行し、時代状況に合った何らかの対応が要る、という認識があったものと推察される。

（3）廃止後の影響

　このような推移ののち、高浜市においては 2021 年度をもって高浜市子連が解散し、現在は高浜市子連が存在していないなかで、一部の校区子ども会や単位子ども会が活動している状況にある。この点に関していうと、高浜市子連の解散といううごきを受けて、これに連動して解散を決めた校区子ども会や単位子ども会は、いまのところは存在していない。そもそも、高浜市子連の解散により、単位子ども会の活動に何か問題が生じたのかというと、たしかに高浜市子連が主催してきた子ども会ドッジボール大会や子ども会大会などがなくなり、子ども会の会員である子どもたちが参加できなくなった、などの変化はみられた。また、子ども会活動保険については、子ども会の会員の子どもたちは高浜市子連の解散によって、これが利用できなくなったという変化も生じた。もっとも、高浜市子連の解散によって、単位子ども会の活動に深刻な影響が生じた

かというと、必ずしもそのような声は上がっていないのが現状であるという。

　ちなみに、現在の高浜市行政は子ども会支援事業を実施していない状況にある。そのため、当然のことながら高浜市行政には、子ども会に特化した担当部署や担当窓口は存在していない。もっとも、校区子ども会や単位子ども会のなかには、たとえば小学校区ごとに設置されているまちづくり協議会と連携するかたちで、子どもたちの体験活動の機会を設けているところも看取されるという[10]。これらの活動をとおして、高浜市行政としては校区子ども会や単位子ども会の状況把握を行なっている。

3－3　比較・考察

　本章ではここまで、半田市および高浜市における子ども会支援事業の廃止についてみてきた。ここで、本章の分析の視点に照らし、あらためて2市における廃止動向を整理すると、**図表5－6**のとおりとなろう。

　分析の視点の第一は、「どのような背景・事情のもとで、いつ、誰によって子ども会支援事業の廃止が議論の俎上に載ったのか」という課題設定の視点であった。半田市では、もともと半田市子連からの単位子ども会の退会が相次ぐなかで、愛知県子連への加盟継続が困難となり、退会した経緯があった。こうしたうごきと同時並行して、2010年代には半田市子連として自らのあり方を模索し続け、最終的には新型コロナウイルス感染症の影響で活動が制限されるなかで、半田市子連の役員会や総会の場で、2022年3月末での自らの解散を判断している。半田市行政および半田市社協としても同時期に検討を重ね、半田市子連が解散する以上は支援事業を継続する必要性はなくなり、事業廃止が議論の俎上に載ることになった。

　同様に、高浜市でも高浜市子連から校区子ども会が退会するうごきが生じ、高浜市子連にひとつの校区子ども会しか残らないような事態に陥り、高浜市子連の解散は避けられない状況となった。最終的には、高浜市子連の役員会や総

10　高浜市のまちづくり協議会と地域カルテづくりに関しては、三浦（2020c）37～39ページを参照されたい。

図表5－6　2市における子ども会支援事業の廃止動向の比較

視点		半田市	高浜市
課題設定	背景・事情	市子連の解散（2022年3月）	市子連の解散（2022年3月）
	課題設定の主体	市行政および市社協	市行政
進め方	事業廃止の範囲	全体的終了	全体的終了
	事業廃止の形態	全面的終了	全面的終了
利害調整	利害関係者	市子連、単位子ども会、市行政、市社協、議会など	市子連、校区子ども会、単位子ども会、市行政、議会など
	利害調整手法	利害衝突なし	利害衝突なし
	反対意見	なし	なし

出所：筆者作成。

会の場で、2022年3月末での市子連解散が議案となり、賛成多数で承認された。高浜市行政としては、高浜市子連が解散する以上は子ども会支援事業を存続させる理由がなくなり、同時期に事業廃止が議論の俎上に載った。

　このようにみると、半田市と高浜市ではいずれも市子連の解散が子ども会支援事業の廃止の契機であったことがわかる。もっとも、両市における市子連解散をめぐる検討の時間的経過には、ちがいがあることもうかがえる。すなわち、半田市では2015年3月末の愛知県子連からの退会前後で、すでに半田市子連の将来的な解散は視野に入っていた経緯がある。他方で、高浜市に関しては、当初は高浜市子連の解散は議論の俎上には載っていなかったものの、新型コロナウイルス感染症の影響ではなく、むしろ校区子ども会が順々に高浜市子連から退会の意向を示していく事情のなかで、2年程度の期間のうちに市子連解散にいたったのだった。

　分析の視点の第二は、「子ども会支援事業の廃止を進める際に、事業の一部を廃止したのか、あるいはあらゆる事業を廃止したのか」「漸減的に事業を廃止させていったのか、あるいはどこかのタイミングで一気に事業を廃止したのか」という事業廃止の進め方の視点であった。半田市では、最終的には2021年度をもって子ども会支援事業を終了させており、その進め方については従来の事業の全範囲を廃止しており、かつ2022年3月末というタイミングで一気に廃止させている。高浜市も同様で、2021年度限りで子ども会支援事業を終了させてお

り、その進め方は従来の事業の全範囲を廃止させ、かつ 2022 年 3 月末というタイミングで一気に廃止したのだった。このようにみると、両市における子ども会支援事業の廃止の進め方に関しては、大きなちがいはみられない。

　これに関連して、分析の視点の第三は、「さまざまな利害関係があるなかで、誰が誰に対して、どのように利害調整を進め、反対意見に対して説得を重ねていったのか」という利害調整の視点であった。半田市では、たしかに半田市子連から単位子ども会が退会していく過程における利害調整、あるいは半田市子連として愛知県子連から退会する際の利害調整、などは生じることとなった。もっとも、半田市子連の解散そのものに関しては、最終的には新型コロナウイルス感染症の影響もあったが、すでに長年にわたる検討の末の帰結であり、子ども会に関わるさまざまな主体同士で、利害が衝突することはなかった。高浜市も同様であり、すでに市子連そのものが行き詰まるなかで、市子連からの退会の意向を示した校区子ども会を引き留めることは困難となり、子ども会に関わる主体同士の利害衝突が生じる余地がなかった。こうして、両市においては市子連の解散および子ども会支援事業の廃止をめぐっては、際立った異論が生じることは一切なく、利害関係者が現実を受け入れるかたちで、粛々と手続きを進めていったのだった。

　このような比較結果をふまえ、半田市と高浜市における子ども会支援事業の廃止動向を手がかりにすると、「自治体行政として、子ども会支援事業をどのように廃止させたのか」という本章の問いに対しては、以下のとおり答えることができよう。すなわち、両市において子ども会支援事業の廃止をもたらした共通の要因は、市子連の解散といううごきであった。また、市子連の解散にともなう子ども会支援事業の廃止の進め方については、終了の範囲という視点からは全体的終了、終了の形態という視点からは全面的終了であった。これに関連して、市子連の解散や子ども会支援事業の廃止に対しては、子ども会関係者からの異論は何ら生じず、そこに利害対立は発生しなかった、と。

　既存の政策終了研究の知見をふまえると、ある事業が廃止となる際には、利害関係者による反発や異論が生じることになる。ただ、本章で扱ってきた子ど

も会支援事業の廃止に関しては、必ずしもそのようにはなっていなかった。自治体行政の内部においてさえ、事業廃止はスムーズに進行していった現実がある。こうした推移からもまた、今日の子ども会の存在意義があいまいなままであるという一端を、垣間見ることができるのではないだろうか。

4　行政による子ども会支援の展望

　本章ではここまで、愛知県内の自治体における子ども会支援事業の動向を整理し、そのなかで事業廃止を進めた半田市と高浜市を取り上げ、その背景・事情や一連の推移をみてきた。いずれも共通して、市子連の解散を契機として事業廃止となったものの、両市とも全体的終了や全面的終了という点で事業廃止の進め方は共通しており、また利害関係者からの異論が生じることはなかった。同時に、現状においては両市とも子ども会支援事業は存在しない状況ではあるが、これによって特段の問題が生じているわけでもないという現実がある。

　愛知県内に限らず、全国的には今後、子ども会育成会の連絡・連合組織の解散が進行し、それに連動して子ども会支援事業を廃止させる自治体が増えていく可能性がある。本章では半田市と高浜市という愛知県内の2市を取り上げたが、すでに愛知県内では尾張旭市や新城市でも市子連の休止や解散といううごきが看取される。こうした動向はおそらく、全国的に共通した傾向であるものと推察される。そうであるならば、従来の市子連のような連絡・連合組織が将来にわたって存続しようとする場合、時代の変化をふまえながら、自らの存在意義をみつめなおす時期にきているのかもしれない。

　なお、本章では子ども会支援事業の廃止を扱ったものの、実は愛知県内では反対に、むしろ既存の子ども会支援事業を見直し、新たな対応を進めている自治体も把握される。具体的には、**第6章**でみていくように、長年にわたる慣例を大胆に見直し、子ども会育成会の連絡・連合組織の改革を進めた豊川市の動向がある。他にも、**第7章**で扱うように、長年にわたる社会福祉協議会への子ども会支援事業の委託を見直し、市行政の再直営化を実現させて子ども会支援

事業を実施している大府市のうごきも把握される。そのため、**第6章**からは子ども会支援事業のあり方を見直し、子ども会の立て直しを図ろうとしている自治体に注目し、その動向を検証していきたい。

第6章

子ども会育成会の連絡・連合組織の改革

　本章では、豊川市子ども会連絡協議会を事例に、ここが実践した改革の動向に焦点を当てる。一連の検討を通じて、長年にわたり豊川市子連が取り組んできた運営と活動について、どのような経緯で改革に着手し、現在までにどのような成果がみられるのかを明らかにする。以下ではまず、子ども会にとっての連絡・連合組織の概要を把握する。続いて、関連する先行研究を検証し、事例分析を行なうための視点を明示する。そのうえで、一連の改革の経緯を検証し、分析の視点に沿って考察して、本章の問いに対する答えを明らかにしたい。

1　子ども会にとっての連絡・連合組織

1－1　育成者・育成会と連絡・連合組織

　すでに**第1章**でみたように、各単位子ども会には、子ども会の運営と活動を支える育成者の存在がある。この育成者に関しては、子ども会の行事の企画・準備・運営、町内会からの補助金・助成金の確保、行政に対する補助金・助成金の申請、行政や他の育成会や連絡・連合組織との日頃からの連絡調整など、子ども会の運営と活動を進めるうえで必要な事務作業を担当する。それゆえに、子ども会の運営と活動が安定的なものとなるためには、会計、連絡調整、印刷物作成、物品購入といった作業を率先して担う育成者の存在が欠かせない。

　こうした育成者から構成されるのが、子ども会の育成会である。育成会としては、組織としての会則（規約）を整え、そのなかで活動目的、活動内容、理

事会や総会、入退会の手続き、役員体制や任期・選出方法、会費やその徴収方法などを明確にする必要がある。このうち、役員体制に関しては、これもすでに**第1章**で確認したとおり、通常は会長、副会長、会計、書記、監査という5役を置き、さらに広報や研修を担当する委員会や部会を設置する場合もみられる。このような会則や役員体制のもとで、子ども会は1年間の運営と活動に取り組み、年1回開催される総会において、前年度の事業報告や決算報告の承認、新年度の役員の選任、新年度の事業案や収支予算案の承認、などを行なう。

　このような育成会から構成されるのが、市区町村単位、都道府県単位、さらには全国規模の連絡・連合組織である。具体的には、市区町村ごとに設置される「市区町村子ども会連合会」、都道府県ごとに設置される「都道府県子ども会連合会」、全国組織としての「公益社団法人全国子ども会連合会」に相当する。ただし、名称は「○○県（市区町村）子ども会連絡協議会」「○○県（市区町村）子ども会育成連合会」などさまざまである。また、小学校区ごとに「学区子ども会育成者組織」が置かれ、現状においては単位子ども会よりも、**第2章**でみた名古屋市瑞穂区の御劒学区子ども会のように、こちらが子ども会の運営と活動の実質的な中心となっている場合もみられる。さらに、政令指定都市においては、行政区単位で「区子ども会育成者組織」が設けられることもある。

　こうした連絡・連合組織のうち、**第1章**のとおり、公益社団法人全国子ども会連合会は、全国の子ども会指導者や育成者に対する研修、安全共済会（子ども会活動保険）の運営および賠償責任保険の対応、全国の子ども会の活動紹介など、全国規模ゆえに実施できる機能・役割を担う。また、都道府県子ども会連合会や市区町村子ども会連合会は、指導者・ジュニアリーダー・子ども会リーダーを対象とした各種の研修、優良な事例の発表や表彰を行なう大会の開催など、人材育成や情報共有をねらいとする機能・役割を果たしている。

　ただし、今日にいたっては、**第5章**で扱ったように、こうした連絡・連合組織から退会する単位子ども会も増加してきている。背景には、たとえば単位子ども会においてさえ役員の担い手がみつからず、特定の育成者が5役のすべてを一人で担うといった事態に陥っているなかで、さらに連絡・連合組織への参

加や業務負担を担うのが困難である、といった事情がある。他にも、連絡・連合組織に毎年納める会費を確保することが困難となり、やむをえず連絡・連合組織からの退会を余儀なくされるという場合もみられる。

1－2　愛知県内の動向

すでに**第5章**で確認した半田市や高浜市のようなうごきもあり、現在の愛知県子連には、愛知県内の市町村単位の連絡・連合組織がすべて加盟しているわけではない。すなわち、非加盟の場合もあり、その事情に関しては、以前より子ども会育成会の連絡・連合組織が存在しない、もともと存在していた連絡・連合組織が休止・解散して退会した、連絡・連合組織は存在しているものの非加盟である、などいくつかのパターンが把握される。これを整理したのが、**図表6－1**である。この図表をみると、愛知県内の市町村のうち、おおよそ3分の2が愛知県子連に加盟し、また残りのおおよそ3分の1は愛知県子連に加盟していない状況であることがわかる。なお、愛知県子連に加盟していない市町村単位の連絡・連合組織は、とりわけ2010年代から増加している。

このような状況において、豊川市子ども会連絡協議会（以下、「豊川市子連」とする）は、子ども会育成会の連絡・連合組織としての長年にわたる運営と活動のあり方を省みつつ、今日の時代状況に適した運営と活動を追求し、市子連改革にいたった経緯がある。具体的には、長年にわたり開催してきたさまざまな行事を見直し、場合によっては行事そのものを廃止させた動向が把握される。全国的にみると、連絡・連合組織の改革の必要性は説かれているものの、その実践例は多くない。むしろ、改革に着手する前に連絡・連合組織が解散となってしまう場合が圧倒的に多い。こうしたなかでは、豊川市の市子連改革の動向を検証することで、他の自治体の連絡・連合組織に対して、何らかの示唆が与えられよう。

なお、本章の内容は、主に豊川市行政の子ども会支援担当者へのヒアリング

図表6－1　愛知県子ども会連絡協議会の加盟・非加盟の状況

ブロック	加盟	非加盟		
		以前より連絡・連合組織が存在しない	連絡・連合組織の休止・解散により退会	連絡・連合組織は存在するも非加盟
名古屋	1			
西尾張	10		1 (大治町)	2 (津島市、大口町)
東尾張	6		1 (尾張旭市)	5 (瀬戸市、犬山市、小牧市、日進市、長久手市)
知多	8		1 (半田市)	1 (東浦町)
西三河	7		1 (高浜市)	2 (豊田市、知立市)
東三河	5	1 (東栄町)	1 (新城市)	1 (豊根村)
合計	37	1	5	11
		17		

出所：愛知県子ども会連絡協議会ホームページ「県内の子ども会」を参照して筆者作成。2025 年 2 月閲覧。https://www.aichi-fukushi.or.jp/kodomokai/kennai.html　なお、各自治体の状況については、各自治体のホームページを参照した。

調査に依っている[1]。それでは、続いて本章の内容に関連する先行研究を検証して分析の視点を設定し、豊川市における子ども会育成会の連絡・連合組織の改革について事例研究を進めていこう。

2　先行研究・本章の問い・分析の視点

2－1　子ども会育成会の連絡・連合組織に関する先行研究

　本章が注目する子ども会育成会の連絡・連合組織に関する研究についていうと、たとえば野垣義行は、かつての社団法人全国子ども会連合会（今日の公益社団法人全国子ども会連合会）を取り上げ、その成り立ちや活動の変遷について整

1　ヒアリング調査については、豊川市教育委員会生涯学習課の担当者に対して、2024 年 9 月 11 日に、豊川市役所内の会議室において実施した。

理した[2]。このなかでは、1960 年代半ばに全国各地で市区町村単位・都道府県単位の連絡・連合組織の結成が進み、これら相互の連携協力体制の構築や指導体制の充実などを図るねらいで、1965 年に全国子ども会連合会は社団法人として認可されたといわれる。その後、全国子ども会連合会は全国規模の会議や研修会・研究会、機関誌の発行、加盟団体を対象としたアンケート調査の実施、などに取り組んできたのだった。

　また、阿部隆之は北海道における子ども会活動に注目し、近年では市町村行政において子ども会担当の窓口が消失していった状況を指摘している[3]。それゆえに、市町村単位の子ども会育成会の連絡・連合組織を支援するためにも、都道府県単位の連絡・連合組織のあり方が問われるという。現在の一般社団法人北海道子ども会育成連合会については、人材育成や交流、子ども会の普及、活動上の事故に対する補償制度などを担当し、広域的な立場から市町村単位の連絡・連合組織を支援している。ちなみに、一般社団法人北海道子ども会育成連合会の特徴としては、都道府県単位の連絡・連合組織であるにもかかわらず、青年リーダーが存在している点がある。彼らがこれまで、市町村単位の連絡・連合組織が開催する研修会に講師として出向き、また本の読み聞かせをはじめとする新たな活動の普及にも取り組んできたのだった。

　これらふたつの内容に関しては、子ども会の教育的意義を説く先行研究が多かったなかで、子ども会育成会の連絡・連合組織を取り上げ、検討を進めていた。具体的には、歴史的経緯や量的調査に基づく実態の把握、あるいは都道府県単位の連絡・連合組織が市町村単位の連絡・連合組織をサポートしている動向の提示、などであった。先行研究の多くが連絡・連合組織に対しては、必ずしも関心を示してこなかったなかで、先駆的に検討を重ねていた点は、注目に値しよう。

2　野垣（1978）参照、野垣（2002）参照。
3　阿部（2023b）参照。

2－2　先行研究が抱える課題

　他方、こうした既存の先行研究には、以下のような課題が残されているのも、また事実として指摘できる。それはすなわち、先行研究においては、市区町村単位の子ども会育成会の連絡・連合組織を対象とした内容は、管見の限りではほとんどみられない、という点である。

　たしかに、野垣義行は社団法人全国子ども会連合会の成り立ちや活動の変遷を整理していた。また、阿部隆之は一般社団法人北海道子ども会育成連合会の活動について言及していた。ただし、これらは市区町村単位の子ども会育成会の連絡・連合組織を扱っているわけではない。なかには、岩井正浩による高知市子ども会連合会を対象とした研究もみられるが、内容の中心は連合会としてのよさこい祭りへの参加に関するものである[4]。いずれにしろ、上記のとおり、構成団体としての単位子ども会が、市区町村単位の連絡・連合組織から年々退会していくという動向をふまえるならば、市区町村単位の連絡・連合組織のあり方に焦点を当てた研究が要請されよう。

　こうしたなかで、加登田惠子は山口県内の子ども会を調査するなかで、市町村単位の子ども会育成会の連絡・連合組織の会長 11 名を対象とし、半構造化面接法によってインタビュー調査を実施している[5]。その結果によると、子どもたちにとっての子ども会には「社会性や思いやる心を育むことができる」「家族以外の色々な大人に出会える」などの魅力・長所があるという。他方、会長たちの課題認識としては、「育成会の役員のなり手がいない」「育成会の役員の任期が短すぎて、活動が継承されない」という点が把握される。

　もっとも、加登田の研究においては、市町村単位の子ども会育成会の連絡・連合組織をどうしていくべきか、という改革のあり方にまでは、言及していない。しかし、今日の連絡・連合組織が抱える問題状況をふまえるならば、学術研究として重要なのは、連絡・連合組織として改革を進めた事例を検証し、他の連絡・連合組織の運営と活動に対して寄与するような視点や知見を、何らか

4　岩井（2017）参照。
5　加登田（2017）78 ～ 81 ページ参照。

のかたちで提供することではないだろうか。

2－3　本章の問いと分析の視点

　ここまでの内容をふまえ、本章では「豊川市の市子連改革はどのように進み、子ども会を支えるメンバーに何をもたらしたのか」という問いの答えを明らかにする。その際、以下では主に3つの視点から、一連の検討を進めたい。

　第一は、「どのような背景・事情のもとで、いつ、誰によって、市子連のあり方の抜本的な見直しを進めることになったのか」という市子連改革の契機の視点である。当然ながら、特段の問題状況がないなかでは、市子連改革のうごきは発生しない。むしろ、市子連をめぐって何らかの事情を抱えていたからこそ、市子連そのもののあり方の見直しが問われたはずである。そうであるならば、はたして、どのようなながれのなかで、どのようなタイミングにおいて、誰が起点となって呼びかけ、市子連改革を進めていくことになったのだろうか。

　第二は、「さまざまな立場から異なる意見をもつ者同士が、どのように相互理解を図り、市子連改革を実施するという合意形成まで進めたのか」という利害調整の視点である。しばしばいわれるように、既存の状況のなかで何らかの恩恵を受けている主体が存在する場合、急進的な改革による状況変化は、通常は望むことができない。そうであるならば、何らかの改革を進めようとする場合には、一定の利害衝突が発生してくることになる。こうしたなかで、さまざまな立場から市子連に関わる者同士が、どのようにお互いの立場のちがいを乗り越え、市子連改革という意思決定にまでいたったのだろうか。

　第三は、「実際に合意形成にいたった市子連改革はどのような内容であり、現在までにどのような成果があがっているのか」という改革内容と成果という視点である。既存の取り組みを変更する場合、取り組みそのものを廃止することもあれば、取り組み回数を見直す場合もあろう。あるいは、取り組みのやり方を異なるかたちに変更する場合もある。はたして、市子連改革という名のもとで行なわれた、従来の市子連としての取り組み内容の見直しは、実際にはどのような内容だったのだろうか。また、そうした見直しの結果、これまでの市子

連にはない新たな変化や成果が、現在までに何か生まれているのだろうか。

　それでは、続いて豊川市子連を事例に市子連改革の実践を検証し、これら3つの視点から考察を進めたい。

3　市子連改革の実践

3－1　豊川市と市子連改革の経緯

（1）豊川市と子ども会

　豊川市は**図表6－2**のとおり、愛知県の東部に位置し、2024年9月末日時点で人口が18万5931人、世帯数は8万2302世帯となっている。全国的には豊川稲荷で有名で、2024年の正月三が日には185万人ほどの参拝者が訪れた。また、市内には国内有数の鉄道車両製造会社の工場や自衛隊の駐屯地があり、最近では大型ショッピングモールが進出した。平成の大合併との関連では、旧豊川市が2006年2月に宝飯郡一宮町を、2008年1月に宝飯郡音羽町と御津町を、2010年2月に宝飯郡小坂井町を、それぞれ編入合併してきた。

　このような豊川市において、2025年1月の時点では市内に154の単位子ども会が存在し、会員数は1万24名であった。このうち、小学生の子ども会会員数は6969人であり、全小学生の70.05パーセントに相当し、子ども会加入率が比較的高い状況が把握される。豊川市内の単位子ども会は、それぞれがこれまで地域のお祭りでのお神輿行列、あるいはお楽しみ会の開催などに取り組んできた。しかし、年を追うごとに単位子ども会の会員数の減少が進み、それに連動して単位子ども会の団体数も減っていったのだった。このことは、**図表6－3**にある、豊川市全体の単位子ども会の団体数および会員数の推移からもうかがえる。

　こうした背景については、一般的になされている指摘と共通するところであるが、少子化による子どもの絶対数の減少、習い事やクラブ活動の多様化による

6　豊川市ホームページ「豊川市子ども会連絡協議会　活動方針（令和7年度版）」より。
　2025年2月閲覧。https://www.city.toyokawa.lg.jp/material/files/group/47/R7katudou.pdf

図表6－2　豊川市の位置

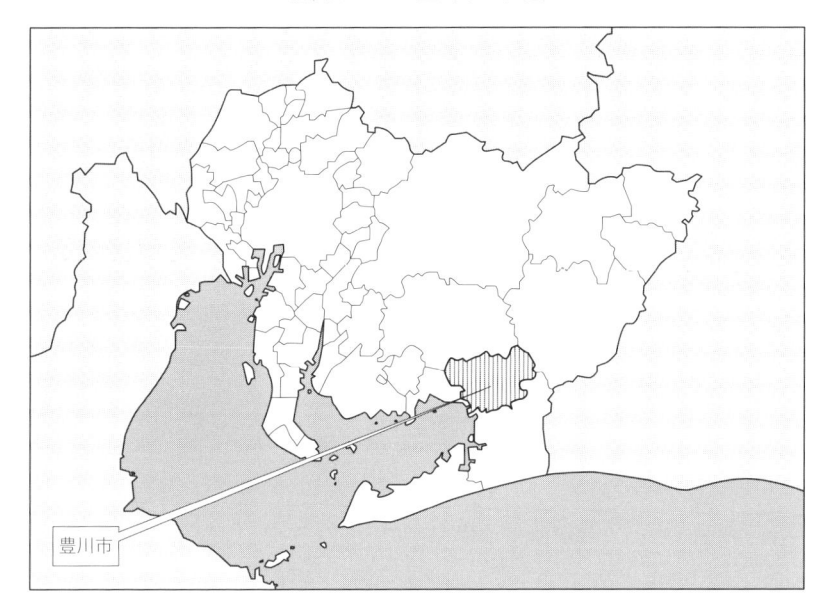

豊川市

出所：筆者作成。

子ども会入会者の減少、さらにはかつてのように子ども会に加入すること自体
が当たり前ではなくなってきた地域事情などがあげられる。その他にも、保護
者の役員負担の事情ゆえに、保護者の判断によって途中で子ども会を退会する
子どもたちもみられる。結果として、近年では豊川市内の単位子ども会のなか
には、解散を判断するところもあらわれてきている。実際に、2024年度をもっ
て、豊川市内の単位子ども会のひとつである長沢子ども会は解散することとな
り、その様子が以下のとおり、2024年8月24日のNHKニュース「サタデーウ
オッチ9」にて、全国放送された経緯もある。少し長くなるが、そのまま引用
しよう。

7　NHKホームページ「地域ぐるみで育む『子ども会』ピークの3分の1近くまで激減」よ
り。2025年2月閲覧。https://www3.nhk.or.jp/news/html/20240824/k10014558141000.html

図表6－3　豊川市における単位子ども会の団体数と会員数の推移

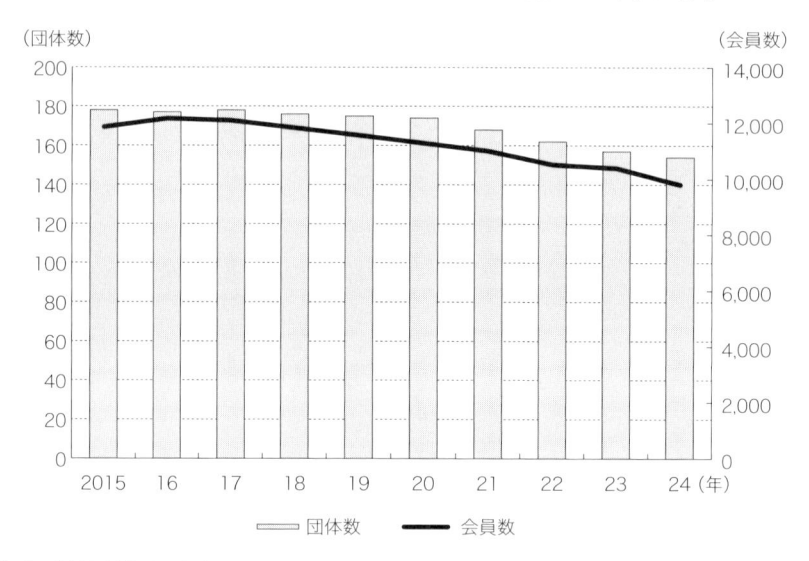

出所：豊川市教育委員会生涯学習課の提供資料を基に筆者作成。

　各地の子ども会は減少の一途をたどっています。今年度での解散を決断した地域を取材すると、少子化だけではなく、別の要因も見えてきました。それは保護者の負担です。

　愛知県豊川市の「長沢子ども会」には、今月1日時点で35人の小学生が所属し、これまで芋掘りやお楽しみ会などのイベントを開いてきました。こうしたイベントは子ども会の役員を務める保護者たちが運営を担ってきましたが、共働き世帯が増える中で、子ども会に関わる負担を訴える声が相次いで聞かれるようになってきたといいます。子ども会では規模を縮小しながら役員の数や会合の頻度を減らしたほか、簡単な連絡や情報共有はSNSで済ませるなど、保護者の負担軽減に取り組んできました。それでも地区でアンケートを実施したところ、子ども会の廃止を求める声がおよそ7割を占めたということです。また、令和3年度には地区の半分以上の子どもが加入していましたが、今年度は3割程度に落ち込み、今年度中に解散することを決めました。

　全国子ども会連合会によりますと、ライフスタイルや子育ての価値観などが時代とともに変わってきているとして、保護者の負担を訴える声は全国各地で聞かれ、子ども会の減少につながる要因になっているということです。

　小学5年生の女の子は「なくなると聞いた時、すごくびっくりしました。楽しい行事も多かったし、地域の人とも知り合いになりなじんでいる感じがあったのでとても悲しいです」と話していました。長沢子ども会の近藤愛子会長は「子どもにとっては、多感な時期にいろいろな年代の友達と触れ合うことは心の成長に大切であるうえ、地域にとってもお互いの顔と名前を覚えることで町全体の安心感にもつながっていたので、なくなるのは残念です。代わりとなる手段を考えていきたい」と話していました。

（2）豊川市子連の活動

　さて、本章が注目する豊川市子連は、1962年7月に発足し、長年にわたり毎年、単位子ども会同士の交流事業を実施してきた。具体的には、子ども会大会の開催や壁新聞づくりの実施があげられる。

　このうち、子ども会大会は、毎年2月に豊川市文化会館で開催し、子どもたちと保護者がおおよそ900名ほど参加するなかで、秀でた活動に取り組んだ子ども会の表彰や子ども会大会申し合わせ（子どもたちから集めた標語）の唱和を行なってきた。また、このときには会場内において、26の小学校区ごとに区域内の単位子ども会が持ち回りで作成する壁新聞も掲示してきた。この壁新聞については、大きな模造紙を使って、各単位子ども会の地域性や特色を活かした内容の記事を掲載する取り組みだった。

　こうした豊川市子連、および市内の各単位子ども会の活動に対して、豊川市行政としては長年にわたり子ども会活動の振興につとめてきた。すでに**第5章**でみたように、愛知県内の自治体には、子ども会支援事業を社会福祉協議会に委託しているところも少なくない。こうしたなかで、豊川市は教育委員会の生涯学習担当部署（現在は生涯学習課生涯学習係）が子ども会支援事業を展開して

きた経緯がある[8]。その具体的な支援事業の内容は、市子連の事務局機能の担当、単位子ども会への助成金の対応、子ども会活動保険の対応、ジュニアリーダーの育成、物品の貸し出し、などであった。

　それでは、このような豊川市においては、いかなる背景・事情によって市子連改革を進めるにいたったのだろうか。続いて、豊川市子連が近年に着手した一連の改革について、経緯および具体的な内容についてみていきたい。

（3）市子連改革の経緯

　豊川市において市子連改革に取り組むことになった背景のひとつには、新型コロナウイルス感染症の影響があった。すなわち、上記のとおり1962年7月に発足した豊川市子連は、毎年度にわたり子ども会大会、壁新聞づくり、機関紙づくりなどに取り組んできた経緯がある。こうした行事の企画や準備、当日の運営に従事するのは、主には市子連の役員、および各小学校区から選出される協議員の面々であった。これらの行事についていうと、その開催にかかる時間的、体力的な負担は決して小さくない現実がある。もともと新型コロナウイルス感染症の影響が生じる以前からも、「子ども会としての活動を見直す必要がある」という意識自体は、豊川市子連の関係者のあいだで共有されてきた。ただし、毎年度の行事や事業をこなすのが精一杯であり、活動の見直しには着手できない状況が続いていたのであった。そのような状況のなかで、2019年度までは毎年度開催してきた豊川市子連主催の行事は、2020年度から新型コロナウイルス感染症の影響もあって、中止せざるをえないという状況が続いてきた。

　こうした状況と同時並行して、豊川市内の単位子ども会のなかには、役員の担い手不足という事情から、単位子ども会そのものが一気に解散にいたるとい

8　ただし、平成の大合併以前の単位でいうと、旧一宮町では子ども会支援事業を社会福祉協議会に委託していたという。ちなみに、平成の大合併の際には、合併協議と同時並行して、子ども会のあり方に関して「旧市町村単位で市子連の支部のようなものを設置するか」などが検討されたという。ただ、結果的にはそのようにはならず、中学校区活動費助成金（旧豊川市に編入された一宮町、音羽町、御津町、小坂井町の4町の範囲は、合併後の豊川市における中学校区に相当する）が設けられることとなった。

う事例が、毎年のようにあらわれるようになってきた。もちろん、以前からも単位子ども会の解散といううごきは、たしかに確認されており、その主な理由は「子どもが少なくなったから」であった。しかし、ここ数年における単位子ども会の主な解散理由は、「役員のなり手がいないから」へと変容してきたのである。

　実際に、豊川市子連の構成メンバーである協議員に対して、単位子ども会の保護者のあいだでは「協議員を引き受けると、市子連の会議や行事への参加が求められ、極めて多忙になってしまう」というイメージが浸透してしまっていたという。この協議員についていうと、もともとは2年の任期であり、毎月1回程度、1回あたり1時間半ほど開催される市子連の会議への参加が要請される立場にあった。それに加えて、協議員は市子連のなかの3つの部会（広報部会、研修部会、子大会部会）のいずれかに属し、各部会において企画や運営を担う必要があった。具体的には、広報部会は、毎年1回発行され、単位子ども会の行事紹介など6ページから構成される『豊川っ子だより』の編集作業（構成の検討、原稿の執筆依頼、原稿集めと校正など）の担当であった。また、研修部会は毎年1回開催されるKYT研修会（危険予知トレーニング、安全に子ども会活動を行なうために危険回避能力を高める内容）の企画や運営を、子大会部会は上記で触れた子ども会大会の企画や運営を、それぞれ担当してきたのである。いずれにしろ、一部の協議員からは「どうしてこのような負担を強いられるのか」という疑問の声があがっていたのである。結果として、各小学校区では協議員のなり手不足が深刻化するという事態に陥っていた。

　こうした状況を受け、当時の豊川市子連の役員会（会長、副会長、書記、会計、幹事、常任理事、事務局）のメンバーが参加するかたちで「長期展望会議」を設置し、2022年6月から市子連改革に向けた検討をはじめることになった。このように豊川市子連の側から内発的に自らのあり方を見つめなおし、改革に着手することになったのは、市子連役員のあいだに以下のような意識があったからである。それはすなわち、度重なる単位子ども会の解散による将来的な市内単位子ども会そのものの存続への危機意識、夫婦共働き世帯が増加するなかで保

護者目線から負担軽減問題を検討しなければ状況改善にいたらないという問題意識、市子連の本来の役割は単位子ども会の活動を支える点にあるという原点回帰の意識、であった。

　さて、毎回の「長期展望会議」では、「市子連そのものの存在意義はどこにあるのか」「市子連として、単位子ども会との関係をどのようにすればよいのか」「市子連だからこそできることは何か」といった内容が論点になっていたという。このような検討を重ね、2022年9月には、「市子連は、単位子ども会活動の支援に注力する」「役員、事務局の負担軽減を行ない、単位子ども会活動支援に注力できる環境を創設する」「市子連が単位子ども会の情報発信、相談の窓口となることで、単位子ども会同士をつなぐ役割を果たし、活発な単位子ども会活動の誘発を図る」という方向性が確認されている。その延長線上で、一連の検討の成果をまとめるかたちで、2022年度末となる2023年3月23日には、「豊川市子ども会が変わります！」という内容で、豊川市子連の改革についてプレスリリースを行なった。

3−2　市子連改革の実践と成果

　豊川市の市子連改革は、先のとおり前提として、単位子ども会活動の発展をめざすという点がある。というのも、長年にわたり豊川市子連が取り組んできた会議や行事が負担となり、協議員からは疑問の声が表出してきたからである。協議員としては、むしろ小学校区子ども会や単位子ども会の活動に注力したいにもかかわらず、市子連関係の会議や行事に時間と労力を割かざるをえず、そうした市子連のあり方そのものが問われることになった。

　こうしたなかで、豊川市子連の改革は、大きく3つの内容から構成される。第一は、目標としての「子ども会加入率の向上」で、そのための手段として子ども会活動保険（安全共済会費）を、2023年度より市子連が補助するかたちで対応している。この子ども会活動保険に関しては、子ども会の会員一人あたりにつき120円がかかり、従来はこの負担を各単位子ども会にゆだねてきたが、単なる金銭的な負担のみならず、各単位子ども会の役員は会員から保険料を徴収

するという集金作業の負担も発生していた。そこで、保険料の金銭的負担と作業負担の解消、およびその分の資金や労力をうまくやりくりし、魅力ある単位子ども会の活動の実現を図ることで、子ども会への加入促進をめざしているという。

第二は、目標としての「役員・育成者の負担軽減」であり、そのための手段には各種市子連の主催事業の廃止・縮小、市子連の会議回数の削減、ボランティアパートナー制度の創設、の3つがある。このうち、各種市子連の主催事業の廃止・縮小に関しては、たとえば豊川市子連としての一大行事であった子ども会大会を、2023年度より実際に廃止させた。その他にも、従来は協議員も準備や運営に従事してきたKYT研修会（危険予知トレーニング）を、ボランティアパートナーと市子連事務局が主導するかたちに変更して負担軽減を図った。さらに、市内の小学校区子ども会や単位子ども会に対して、市子連の機関紙に掲載する原稿の提出を求めることはやめ、その代替として市子連事務局としての教育委員会生涯学習課が取材に出向いて紹介記事を作成することで、こちらも負担軽減を進めている。

市子連の会議回数の削減については、従来は市子連として毎月1回は定例会議を開催し、それ以外にも上記のとおり3部会（広報部会、研修部会、子大会部会）ごとの会議や打ち合わせが行なわれてきた。結果として、市子連の役員はもちろん、協議員にもさまざまな会議負担が発生し、自らが関わる単位子ども会の支援や活動に充てる時間は減少する状況にあった。そこで、従来の部会はすべて廃止とし、定例会議も年間4回程度に減らしている。市子連を構成してきた役員としての常任理事や顧問の職も、すべて廃止させるにいたった。結果として、2023年度以降は、市子連の定例会議の主な参加者は協議員となっている。

ちなみに、定例会議の運営に関しても、市子連改革に着手した2023年度以降は大きく変更している。具体的には、これまでのように各種議題に対して、説明および参加者からの承認を繰り返す形態ではなく、参加者同士が日頃の子ども会活動について気軽に対話できる環境づくりにつとめている。そのねらいは、

図表6－4　ディスカッションタイムのトークテーマ

年度	回数・日時	トークテーマ
2023年度	第1回・4月14日	子ども会での行事内容の決め方
	第2回・7月21日	新1年生の勧誘をどのようにやっているか？
	第3回・10月13日	子ども会加入の意思確認をどのように行っていますか？
2024年度	第1回・4月12日	子ども会の会費について
	第2回・7月19日	役員さんの負担を減らすために行った工夫について
	第3回・10月11日	校区の行事はどのようなものがありますか？

出所：豊川市ホームページ「子ども会についての意見交換を行っています」を参照して筆者作成。2025年2月閲覧。https://www.city.toyokawa.lg.jp/soshiki/kyoikuiinkai/shogaigakushu/2/2/2/3455.html

対話を通じてお互いの子ども会の運営と活動について情報交換することで、自らの子ども会の運営と活動に活かしていく点にある。こうした変更が可能となったのは、もともと豊川市子連として取り組んできた各種事業や部会活動が廃止となったために、これらにかかる打ち合わせの時間をうまく活用できる状況にあったという事情が影響している。

　実際に、2023年度と2024年度については、年間4回の定例会議のうち3回にわたり、「ディスカッションタイム」を設定している。毎回のテーマは**図表6－4**のとおりであり、毎回の60分ほどの会議のなかで30～40分ほどがこのディスカッションタイムに充てられる。参加者は4つのテーブルに分かれ、トークテーマについてテーブル内のメンバー同士で自らの経験や取り組みに沿って発表や対話を行なうことになる。その後には、各テーブルでどのようなやり取りがあったのかを参加者が把握するねらいで、全体共有の時間も設けている。実際に参加した協議員からは「いろいろな取り組みの内容を聞くことができて参考になった」「他の子ども会ですでに取り組んでいるような会議回数の削減、グループLINEを活用した連絡調整、各種資料の電子化と共有などの負担軽減策を、自分たちの子ども会でも実践したい」といった反応もみられるという。

　なお、常任理事や顧問という、いわゆるこれまでの豊川市子連の中核を担ってきたメンバーは現在、新たに創設された「ボランティアパートナー」という位置づけとなっている。このボランティアパートナーは任意の登録制であり、現

在はこれまで常任理事や顧問に就いていた経験者など5名から構成されている。その役割としては、市子連全体の運営や方針に対する助言、単位子ども会からの相談対応、ジュニアリーダーズクラブへの指導や支援を担っている。

　第三は、目標としての「地域との連携強化」であり、そのための手段としては情報発信の強化、および他団体との協働の支援、がある。このうち、情報発信の強化に関しては、これまでは更新頻度が多くなかった子ども会に関する内容について、豊川市公式ホームページのなかで適宜、情報を掲載していく内容となる。実際に、現在は毎年1回発行される「しこれんだより」を豊川市公式ホームページ上で閲覧することができる。それ以外にも、市内の小学校区子ども会や単位子ども会の活動の様子も、写真を交えながら年度ごとに閲覧できるようにしたという。

　また、他団体との協働の支援に関しては、たとえば子ども会としてクリスマス会や工作教室を開催するなかで、市内で活動するボランティアグループからの協力が得られるように支援していくイメージであるという。もっとも、本格的な協働の支援の展開は、今後に着手することになる。ちなみに、かつては市内の信用金庫からの協力を得て、子ども会向けにラジオ体操のスタンプカードを作成していた時期もあった。こうした動向からは、子ども会を支える周辺メンバーとの関わりの一端を垣間見ることができる。

　このようにみると、豊川市の市子連改革は単に役員負担の軽減や活動の効率化を進めるだけではなく、ディスカッションタイムの創設に代表されるように、協議員同士の意見交換の機会を通じて単位子ども会の活動に寄与する視点や発想の獲得を促していることがわかる。実際に、上記で触れた協議員の反応にもあるように、他の単位子ども会の活動状況を知ることで、自らの子ども会の運営と活動に活かせるところは活かしていくという姿勢を把握することができる。

3-3　考　察

　それでは、上記で提示した3つの分析の視点に照らすと、豊川市における市子連改革はどのように評価できるのだろうか。分析の視点の第一は、「どのよ

うな背景・事情のもとで、いつ、誰によって、市子連のあり方の抜本的な見直しを進めることになったのか」という市子連改革の契機の視点であった。豊川市においては、年々、単位子ども会の解散が相次ぐなかで、市子連の役員のあいだで危機意識が共有されてきた経緯があった。こうしたなかで2020年度からは新型コロナウイルス感染症の影響もあって、まったく活動ができないなかで、いよいよ今後の市子連としての立ち位置が問われることとなった。そこで、市子連の役員のあいだからも、内発的に改革を進める必要性に関する声が上がり、2022年6月からの「長期展望会議」での検討を経て、「単位子ども会の活動を支援する市子連」という方向性を明確に打ち出すにいたったのである。

　分析の視点の第二は、「さまざまな立場から異なる意見をもつ者同士が、どのように相互理解を図り、市子連改革を実施するという合意形成まで進めたのか」という利害調整の視点であった。豊川市子連の改革の過程においては、当然ながらさまざまな意見が表出したのは事実である。具体的には、「これまで開催してきたイベントは、今後はどのようにしていくのか」などである。とはいうものの、単位子ども会の育成者（保護者）のあいだには、「協議員を引き受けると、市子連関係の業務で多忙を極めることになる」というイメージが浸透しており、豊川市子連としてはこれを払しょくしない限りは、子ども会が抱える問題状況は打開できないと判断した。そのため、長年にわたり豊川市子連をけん引してきた役員でさえも、かつてみられたような子ども会の最盛期の活動イメージに固執することなく、今日の時代状況に見合ったあり方を追求する姿勢を保っていった。このように、子ども会の繁栄の時代に根づいた「子ども会はこうあるべきだ」という理想像からは脱却し、現在の協議員が置かれている立場や事情を尊重することで、子ども会の運営と活動をめぐる利害衝突を乗り越え、市子連改革を進めるという合意形成にまで到達することができたといえよう。

　分析の視点の第三は、「実際に合意形成にいたった市子連改革はどのような内容であり、現在までにどのような成果があがっているのか」という改革内容と成果の視点であった。上記のとおり、実際に合意形成・意思決定を経た市子連

改革は、主には3つの内容であった。すなわち、「子ども会加入率の向上」を目標とする子ども会活動保険への補助、「役員・育成者の負担軽減」を目標とする事業の廃止・縮小、会議回数の削減、ボランティアパートナー制度の創設、「地域との連携強化」を目標とする情報発信の強化、他団体との協働の支援、である。このうち、たとえば子ども会大会の廃止についていうと、長年にわたり開催してきたという事情もあったが、市子連改革にあたっては、過去の運営と活動の方法にとらわれることなく、あらゆる事業をゼロベースで見直している。同時に、ディスカッションタイムの創設といった、現在の協議員にとって寄与する内容を新たに実践している点も注目される。

　以上をふまえると、「豊川市の市子連改革はどのように進み、子ども会を支えるメンバーに何をもたらしたのか」という本章の問いに対しては、以下のように答えることができよう。すなわち、役員同士の危機意識や問題意識や原点回帰の意識に根ざして、「長期展望会議」の場で市子連改革の検討が進み、結果として「単位子ども会活動の発展をめざす」という豊川市子連の位相の明確化、および役員負担の軽減や新たなしくみの導入による時代状況に見合った市子連運営、のふたつをもたらすことができた、と。もちろん、豊川市子連が改革を実行に移してからは、現時点では2年ほどしか経過していないのも事実である。それでも、従来の行き詰まり状況の打開をめざし、実際に自らのあり方を見直して改革にまでいたった豊川市子連の一連の取り組みは、他の市区町村単位の子ども会育成会の連絡・連合組織が自らのあり方をみつめなおす際に、豊富な示唆を与えてくれるのではないだろうか。

4　残された検討課題

　本章ではここまで、まずはわが国の子ども会育成会の連絡・連合組織について概説してきた。続いて、本章に関連する先行研究を検証し、豊川市子連を対象に事例分析を行なう際の視点を提示した。そのうえで、分析の視点に沿って豊川市子連による一連の改革の実践を検証してきた。最終的には、「豊川市の

市子連改革はどのように進み、子ども会を支えるメンバーに何をもたらしたのか」という本章の問いに対し、役員同士の危機意識や問題意識や原点回帰の意識に根ざして、「長期展望会議」の場で市子連改革の検討が進み、結果として「単位子ども会活動の発展をめざす」という豊川市子連の位相の明確化、および役員負担の軽減や新たなしくみの導入による時代状況に見合った市子連運営、のふたつをもたらすことができた、と結論づけることができた。

　もっとも、本章の内容に関しては、まったく課題がないわけではない。たとえば、本章は豊川市子連における市子連改革のみを扱ったものの、全国の市区町村単位の子ども会育成会の連絡・連合組織のなかには、自らのあり方をみつめなおし、何らかの改革を推し進めた事例が他にも存在するのかもしれない。そうであるならば、そうした事例を検証しつつ、比較・考察を行なうことで、豊川市子連による市子連改革の位相がより明確なものとなろう。

　また、豊川市子連による市子連改革がはじまってから、まだ2年ほどしか経過しておらず、引き続き検証を要するのも事実である。具体的には、役員負担の軽減によって、豊川市内の単位子ども会の活動に何か好影響が生まれたのか、ディスカッションタイムを通じた気づきや学びを基に、何か新たなうごきが生じたのか、といった点は、今後の検証が待たれよう。

　そのため、今後も引き続き豊川市の市子連を対象として、市子連改革の実践および成果と課題について検証を続けていきたい。

第7章

子ども会支援事業の再直営化

　本章では、大府市行政による子ども会支援の動向に焦点を当て、長年にわたり社会福祉協議会に委託してきた子ども会支援事業を再直営化した経緯について明らかにする。以下ではまず、愛知県内の自治体の子ども会支援事業の動向をあらためて確認する。続いて、先行研究を検証し、分析の視点を提示して、大府市における子ども会支援事業の再直営化の経緯を検証する。そのうえで、分析の視点に沿って考察し、本章の問いに対する答えを明らかにしたい。

1　子ども会支援事業の担当と大府市の再直営化

　すでに**第5章**でも確認したように、愛知県内における自治体行政の子ども会支援事業の内訳は、直営が34件、委託が17件、指定管理が3件、事業なしが4件であった。このうち、直営については、事業の担当が子ども子育て担当部署の場合もあれば、生涯学習・スポーツ担当部署の場合もみられた。ただ、全体的には子ども子育て担当部署が子ども会支援を担っている場合が多かった。こうした担当部署のちがいが何に起因するのかは、別途検討を要するが、どの部署が担当するかによって、自治体行政としての子ども会の位置づけや子ども会振興への向きあい方に差異があるものと推察される。ちなみに、愛知県内のなかでも、**第6章**で扱った豊川市をはじめ、東三河地域は教育委員会の生涯学習担当部署が担う場合が多いという事情がある。この点は、地域特性が何らかの影響を与えているのかもしれない。

　さて、こうした子ども会支援事業については、実施主体は当然ながら自治体行政の直営とは限られない。すなわち、社会福祉協議会への委託、あるいは指定管理者による事業実施もみられる。このうち、指定管理者についていうと、愛知県内では豊田市と豊橋市と小牧市において、指定管理者による子ども会支援事業の実施が把握される。さらにいうと、そもそも自治体行政として子ども会支援事業を実施していない自治体もみられる。その大半は、もともとは実施していたものの、子ども会育成会の連絡・連合組織の解散といった事情から事業を廃止している。実際に、たとえば**第5章**で把握したように、半田市や高浜市では、連絡・連合組織の解散を受け、2022 年 3 月末をもって子ども会支援事業を廃止した。

　このような状況のなか、本章で扱う大府市は、既存の子ども会のあり方をふまえ、今日の時代状況に見合った運営と活動の達成をめざし、子ども会支援事業を見直した経緯がある。具体的には、以下の 2 点があげられる。第一には、長年にわたり社会福祉協議会に委託してきた子ども会支援事業を、2023 年度より再直営化するという路線転換を図った点である。自治体行政としてのアウトソーシングが進行する潮流において、あえて逆行する選択をした大府市には、いかなる背景や事情があったのだろうか。

　第二には、大府市内に本社機能を有する企業と連携し、子ども会の会員を対象とした特色ある講座の開催を進めてきた点である。もちろん、地元企業による子ども会への協賛は、夏祭りの開催などでもしばしばみられる。ただ、後述するように、たとえば大府市では子ども会を支える周辺メンバーとしての地元企業の強みを活かし、独自にバイオリン講座を開催しており、これもまたひとつの特徴としてとらえることができよう。

　なお、本章の内容については、主に大府市行政の子ども会支援担当者へのヒアリング調査に依っている。それでは、続いて本章の内容に関連する先行研究

1　ヒアリング調査については、大府市健康未来部健康未来政策課およびこども若者女性課の担当者に対して、2024 年 7 月 5 日に、大府市役所内の打ち合わせスペースにおいて実施した。

を検証して分析の視点を設定し、大府市における子ども会支援事業の事例研究
を進めていこう。

2　先行研究・本章の問い・分析の視点

2－1　先行研究とその課題

　わが国の子ども会に関する研究は、長年にわたり主には社会教育学や児童福
祉論を中心になされてきた経緯がある点は、すでに**序章**で確認したとおりであ
る。そのため、これまでの先行研究は、自治体行政による子ども会支援事業のあ
り方について注目してこなかった、という点で課題を抱えている。そこで、本
章は子ども会支援事業のあり方に注目し、とりわけ大府市における子ども会支
援事業の再直営化の動向を取り上げることになる。そうであるならば、自治体
事業のアウトソーシング、あるいは再直営化といった内容を扱った先行研究を
検証する必要がある。

　このうち、自治体事業のアウトソーシングに関しては、従来の事業委託以外
にも、指定管理者制度やPFI事業を対象とするものなど、すでにさまざまな内
容の先行研究が存在している。こうしたなかで、本章に関連する限りでみて
みると、たとえば今井照は、自治体アウトソーシングについて検討するなかで、
本来であれば「行政こそが市民のアウトソーシング」という基本認識に基づき、
市民自治に根ざした社会分権型アウトソーシングの必要性を説く[2]。このなかで
は、アウトソーシングとは単に自治体行政の事務事業を外部化するだけではな
く、より大きな枠組みでとらえるならば政府活動の再編成であり、市民からの
信託を再構成することになるという。同時に、自治体行政の組織や業務の社会
化、主権者としての市民の地位を確立するための条件整備、行政執行が行政組
織のみで行なわれるわけではない点の明確化、といった点に、社会分権型アウ
トソーシングの意義を求めることができる。ただし、今井は本章で扱うような

2　今井（2006）20 ～ 25ページ参照。

再直営化の動向にまでは、必ずしも言及していない。

　そこで、再直営化の動向については、馬場英朗らによる名古屋市市民活動推進センターを対象とした、指定管理者制度の廃止による再直営化の動向を検証した研究がみられる。このなかでは、もともと名古屋市行政の直営によって開設された名古屋市ボランティア情報センターが、なごやボランティア・NPOセンターへと移行したのちに指定管理者制度が導入され、その後の再直営化によって現在の名古屋市市民活動推進センターへとといたるまでの一連の過程が整理されている。こうした再直営化の背景には、2012 年 4 月の NPO 法の改正にともない、NPO 法人の認証業務が政令指定都市へと移管されるうごきがあった。そこで、名古屋市としてはこの法改正を見据え、その以前の時期から、支援施設を含めた市民活動支援のあり方を検討してきたのである。ともあれ、馬場らによると、「官から民へ」という時代のながれのなかで、再直営化は批判的にとらえられる場合もあるという。しかし、名古屋市市民活動推進センターの再直営化に関しては、名古屋市行政としての職員の市民活動への参加意識や実際の関わりの促進をねらいとしており、市民活動支援施設の新しい協働運営のかたちとして評価できるという。こうした馬場らの研究は、直営だった公共施設に指定管理者制度が導入され、その施設が再直営化されたという稀有な事例を検証しており、本章の内容とも符合するところがある。

　もっとも、本章の主眼は施設の管理運営というよりも、むしろ自治体行政の事務事業の位相であった。そのなかで、子ども会支援事業のあり方を対象として、直営や委託の動向を扱った内容は把握されない。

2−2　本章の問いと分析の視点

　ここまでの内容をふまえ、本章では「大府市行政の子ども会支援事業の再直営化はどのように進み、子ども会に何をもたらしたのか」という問いの答えを明らかにしたい。そこで、主に以下の 3 つの分析の視点から、一連の検討を進

3　馬場・田中・木村・加藤（2014）参照。

めたい。

　第一は、「どのような背景・事情のもとで、いつ、誰の主導によって、再直営化を進めることになったのか」という再直営化の契機の視点である。当然ながら、特段の問題状況がないなかでは、再直営化のうごきは発生しない。むしろ、長年にわたる事業委託をめぐって何らかの事情があったからこそ、子ども会支援事業の委託そのもののあり方が問われたはずである。そうであるならば、どのようなながれのなかで、どのようなタイミングにおいて、誰が起点となって議論を喚起し、再直営化を進めていくことになったのだろうか。

　第二は、「さまざまな立場から異なる意見をもつ者同士が、どのように相互理解を図り、再直営化を実施するという合意形成まで進めたのか」という利害調整の視点である。しばしばいわれるように、既存の状況のなかで何らかの恩恵を受けている主体が存在する場合、急進的な状況変化は、通常は望むことがない。そうであるならば、何らかの変更を進めようとする場合には、一定の利害衝突が発生してくることになる。また、先行研究においては、再直営化は批判的にとらえられる場合もある、という指摘もみられた。こうしたなかで、さまざまな立場から子ども会支援に関わる者同士が、どのようにお互いの立場のちがいを乗り越え、子ども会支援事業の再直営化という意思決定にまでいたったのだろうか。

　第三は、「実際に再直営化にいたった大府市の子ども会支援事業はどのような状況であり、現在までにどのような成果があがっているのか」という内容と成果の視点である。従来の方式を変更する際には、場合によっては一部廃止や回数見直しなども生じうる。はたして、従来の子ども会支援事業の事業委託の見直しおよび再直営化は、実際にはどのような内容だったのだろうか。また、その結果、これまでにない新たな変化や成果が、現在までに何か生まれているのだろうか。

　それでは、続いて大府市の子ども会支援事業の再直営化を事例に、一連の実践を検証し、これら3つの視点から考察を進めたい。

3　子ども会支援事業の再直営化の実践

3−1　子ども会支援事業の再直営化の過程

（1）大府市と子ども会活動のあゆみ

　大府市は**図表7−1**のとおり、愛知県の知多半島の北部に位置し、2024年9月末日時点で人口は9万3017人、世帯数は4万839世帯となっている。市内には国内有数の自動車部品メーカーの本社や主要工場があり、製造業が盛んな自治体といえる。こうした事情もあって財政力も高く、長年にわたり地方交付税の不交付団体という状況が続いている。近年では福祉政策全般に力を入れ、全国で初めて、いわゆる認知症条例（「大府市認知症に対する不安のないまちづくり推進条例」）を制定した経緯がある。

　こうした大府市においては、2010年の時点では市内に148の単位子ども会が存在し、会員数は4523名であったという。これらの単位子ども会はそれぞれ、お祭りやクリスマス会などに取り組んできた経緯がある。しかし、しだいに単位子ども会の会員数の減少が進み、その結果として団体数も年々減っていった。実際に、**図表7−2**にあるように、たしかに単位子ども会の団体数も会員数も減少の経過をたどってきたことがわかる。

　こうした背景には、一般的にいわれている点とも共通するが、習い事やクラブ活動の多様化による子ども会入会者の減少、などがあげられる。その他にも、保護者の役員負担の問題が解消されず、保護者の事情で子ども会を退会する子どもたちもみられるという。結果として、近年では大府市子ども会連絡協議会（以下、「大府市子連」とする）の加盟団体数も、年々減少傾向にある。

　その大府市子連に関しては、1964年に発足し、長年にわたり単位子ども会同士の交流促進などにつとめてきた。具体的には、年2回、参加者を低学年（小学1年生から3年生）と高学年（小学4年生から6年生）に分けて、チャレンジゲーム大会を開催してきた。この大会においては、低学年は身体をうごかすことを重視した運動中心の内容、高学年は判断能力を養うことを重視した思考中心の

図表7－1　大府市の位置

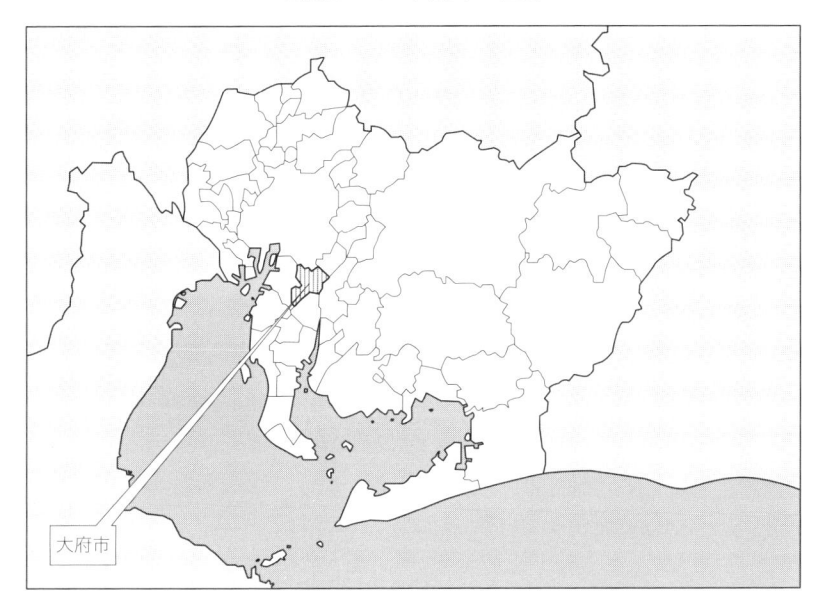

大府市

出所：筆者作成。

　内容となっており、いずれも休日の半日（低学年は午前と午後の2部制、高学年は午後の1部制）に市内の体育館で開催し、2023年度は合計で250名ほどの参加があった。他にも、毎年8月頃に子ども会大会を開催し、子ども会のなかで秀でた活動に取り組んだ子どもたちの表彰、子ども会活動の思い出の報告、ジュニアリーダーが主導するレクリエーションなどを行なってきた。

　こうした大府市子連、および市内の各単位子ども会に対して、大府市行政としては1998年度より大府市社会福祉協議会（以下、「大府市社協」とする）に子ども会支援事業を委託するかたちで、子ども会の振興に取り組んできた。こうした背景には、当時はすでにいくつかの福祉団体の事務局機能を大府市行政から大府市社協に委託しており、子ども会も同様に委託した方が効率的に事務局機能を発揮できるだろうとの判断があった。そこで、1998年度から老人クラブや母子父子の会とともに、子ども会の事務局機能も大府市社協にゆだねられる

図表7－2　大府市における単位子ども会の団体数と会員数の推移

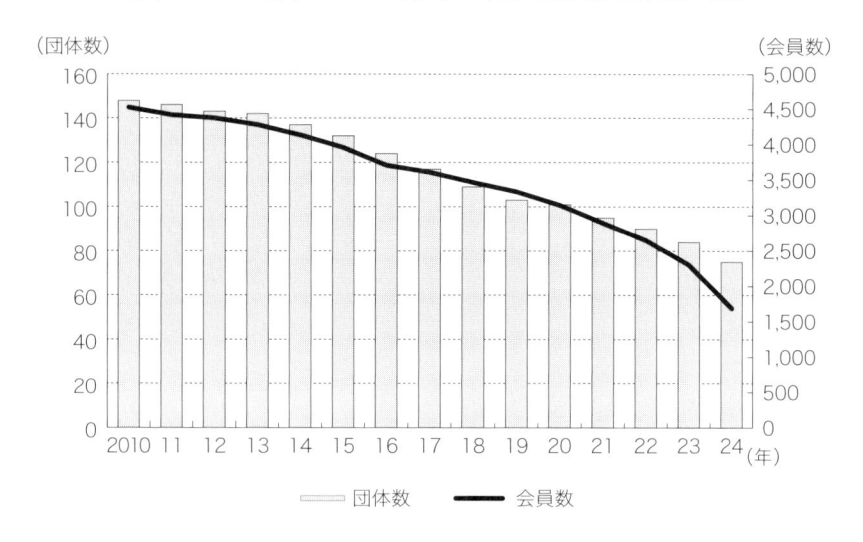

出所：大府市健康未来部こども若者女性課の提供資料を基に筆者作成。

ことになった。

　こうして、大府市では実質的に受託団体としての大府市社協が、長年にわたり子ども会支援事業に取り組んできた。その事業内容は、主に大府市子連の事務局機能の担当、市内の単位子ども会への補助金の交付、子ども会への入会受け付け、ジュニアリーダーの育成、の4つであった。このうち、大府市子連の事務局機能の担当については、大府市子連として開催する各種の会議や催事にあたり、事前の準備や関係者への連絡調整、当日の運営、事後の処理といった一連の業務を、大府市社協が担ってきた経緯がある。具体的には、市子連としての理事会や総会、育成者やジュニアリーダーを対象とする会議や講習会、市子連主催の子ども向け交流行事などがあげられる。

　このようにみると、大府市では長年にわたり、大府市社協が中心となって子ども会支援事業を実施し、子ども会の振興につとめてきたことがわかる。それでは、はたしていかなる背景・事情によって、大府市では子ども会支援事業の

再直営化を進めることになったのか。

（2）PFS 方式と検討会議

　大府市行政としては 2021 年度から、大府市内の子ども会の加入率が低下している状況をふまえ、委託先の大府市社協による子ども会支援のいっそうの充実をめざすことになった。その一環として、PFS 方式（成果連動型民間委託契約方式）の導入を検討している。その内容は、子ども会支援事業としての従来の委託料は確保しつつ、「会員数」「単位子ども会数」「加入率」という 3 指標について、それぞれに改善がみられた場合は、その成果を上乗せして支払うという枠組みだった。

　このようにみると、PFS 方式による事業委託は、各指標が向上することで委託料の総額が増加するゆえに、大府市行政の側からすると、大府市社協にとってのインセンティブとなるという認識であったことがわかる。実際に 2022 年度からは PFS 方式による事業委託を実施している。ただ、結果として「会員数」「単位子ども会数」「加入率」の 3 指標の改善はいずれも達成できず、この年度のみで PFS 方式による事業委託は終了となった。この点に関していうと、3 指標の内容について、たとえば「小学 1 年生による子ども会への加入者増」などとすれば、結果は異なるものとなったのかもしれない。

　この他にも、庁内では 2022 年 11 月に「大府市子ども会の在り方検討会議」を設置し、全庁的に子ども会の衰退という状況を共有することをめざした。この検討会議においては、子ども会を担当する子ども未来課（当時）の職員だけではなく、学校教育課、協働推進課、高齢障がい支援課などの職員が参加し、合計 3 回の会議を半年にわたり開催してきた。そのなかでは、子ども会支援のあり方や子ども会の必要性などについて意見交換している。最終的には『子ども会の在り方検討会議報告書』というかたちで、検討会議としての一連の検討内容を基に、大府市における子ども会の今後のあるべき姿、および大府市行政としての支援のあり方についてまとめている。すなわち、大府市では子ども会の加入率の低下や単位子ども会数の減少が続き、子ども会の役員も書類作成など

の負担が大きく、また子どもたちの側も主体的に子ども会活動に関わることができる状況にはなっていない。とはいうものの、子ども会には「小学生から高校生までの連続した健全育成の場であり、子どもが地域の真ん中で楽しみながら主体性・リーダーシップを発揮し、成長できる場という固有の意義[4]」がある。そのため、大府市行政としては引き続き、子ども会が子どもたちにとって魅力的な場となるように、包括的にサポートしていく必要がある、と。

　なお、ここで注目したいのは、子ども未来課（当時）のみならず、学校教育課や協働推進課の職員も検討会議に参加している点である。そのねらいは、たとえば学校教育課に関していうと、子ども会の新規会員の勧誘の際に、小学校の入学説明会での案内が可能かどうかは重要であり、その点で小学校からの協力を確保する必要があるからであった。また、協働推進課については、大府市内の自治区（自治会・町内会）やコミュニティを担当しており、地域コミュニティのなかで子ども会をどう位置づけるのか、相互にどのような関係を構築していくのか、が今後の子ども会にとって重要となるという判断がなされたからであった。

（3）再直営化の検討

　こうした動向と同時並行するかたちで、2022年10月には、大府市総合計画の実施計画の内示事項として、子ども会支援事業の再直営化を検討することになった。こうした再直営化の背景のひとつには、おおよそ小学校区ごとに配置されている児童老人福祉センターが、実態として長年にわたり校区子ども会や単位子ども会の支援機能を担っており、そうであるならば直営に戻すのが望ましいのではないか、という理由があった。この児童老人福祉センターは市内の小学校区を基本に存在し、子ども会として催事を企画・運営する際に相談したり、助言を受けたりすることができる施設である。また、各施設には保育士資格がある職員を2名ずつ配置しており、これまで子どもの発達段階に見合った

4　大府市子ども未来課（2023）6ページ。

助言を行なってきた。子ども会としても主な活動は催事開催であるため、児童老人福祉センターを通じて相談や助言の対応が受けられるのは望ましい、というかねてからの事情もあった。

　こうした実態に関連して、2022年度には児童老人福祉センターの館長が中心となって、子ども会に関する勉強会（児童福祉施設運営を考えるプロジェクト、テーマは「子ども会支援について」）を開催し、以下の整理を行なってきた。すなわち、児童老人福祉センターは子ども会活動の場として利用されており、センターの側としても今後も子ども会の支援に取り組む必要がある。その際には、子ども会が参加できる行事の計画、子ども会の運営や活動に関する相談の対応、子ども会のPRの強化に向けた支援や協力、などが必要である、と。

　その他にも、大府市行政としては近年、可能な範囲で事業委託を見直し、直営で対応できるものは直営で対応するという方向性があり、これが影響しているところもあるという。というのも、事業の企画立案から実施・評価までの一連のながれを直営で担当することで、大府市行政の職員のなかにも、また組織のなかにもノウハウや経験が蓄積されていくからである。換言するならば、事業の委託ばかりを進めると、庁内には事業実施のために必要なノウハウが残らず、職員のあいだに経験も蓄積されていかないので、大府市行政として委託事業者へのチェック機能不足が生じてしまうことも懸念されていたのであった。

　いずれにしろ、子ども未来課（当時）は庁内の関係部署や市議会、さらには大府市子連の関係者や校区子ども会の役員にも説明を重ね、再直営化への理解を求めていった。一連の説明の過程においても、特段の異論や不安の声が上がることはなく、スムーズに話は進んだという。その後、2023年2月24日に開催された大府市議会の本会議では、岡村秀人市長による施政方針演説のなかで、「コロナ禍における活動制限などの影響により会員数の減少に歯止めが掛からない子ども会の育成事業については、社会福祉協議会への委託から市直営による運営に変更し、各地区の児童老人福祉センターとともに、会員数の増加や子ども会活動の活性化に向けた支援を強力に行ってまいります」との言明があっ

た。最終的には3月16日の本会議において、直営による子ども会支援事業の必要経費が計上された2023年度予算案が可決・成立している。こうして、正式に2023年度からは、大府市行政として子ども会支援事業を25年ぶりに直営に戻すという判断をしたのであった。

3−2　再直営化後の子ども会支援事業の実態

　それでは、2023年4月より再直営化した大府市の子ども会支援事業は、いかなる実態にあるのだろうか。現在は健康未来部こども若者女性課（子ども未来課が2024年度より改組）が子ども会支援事業の担当となっている。また、小学校区を基本として設置されている児童老人福祉センターが、地域の最前線において子ども会支援を担っている状況にある。

　このうち、こども若者女性課は、大府市子連の事務局機能の担当、単位子ども会への活動補助金や子ども会活動保険の対応、子ども会の入会受け付けと当該子ども会への伝達、ジュニアリーダーの育成、の4つとなっている。これらはいずれも長年にわたり、大府市社協に対して委託してきた内容であった。また、児童老人福祉センターでは適宜、子ども会からの行事づくりの相談に対して、助言や協力をこれまでと同様に行なっている状況にある。

　こうしたなかで、児童老人福祉センターに関していうと、子ども会支援事業が再直営化された2023年度には、大府市と連携協定を締結している企業からの協力を得て、大府市ならではの講座を開催した経緯がある。具体的には、大府市内に本社と工場がある鈴木バイオリン製造の協力のもと、バイオリンのしくみについて学び、また実際にバイオリンを体験しながら音を奏でる楽しさを体験する講座を、6つの児童老人福祉センター（いずれも直営館）で開催している。これは、休日の午前または午後の90分間の講座であり、前半では講師からバイオリンの歴史や素材、音が鳴るしくみなど、バイオリンに関する基本的な知識について学ぶことになる。その後、後半では参加者がバイオリンを用いて実際

5　大府市ホームページ「本会議録の閲覧　令和5年第1回定例会　02月24日・01号」より。
　2025年2月閲覧。https://obu.gijiroku.com/voices/g08v_viewh.asp?Sflg=11&FYY=2023&TYY=2023

に音を鳴らし、初心者でも演奏できる楽曲を合奏するという。これらの講座は定員に対して申し込み者も多く、毎回好評を得ている。実際に、「弾けるようになってうれしい」「また弾きたい」「楽しかった」といった子どもたちの声も聞かれるという[6]。こうしたうごきには、子ども会を支える周辺メンバーとしての企業の関わりを看取することができる。

　他にも、大府市子連として毎年度開催してきた子ども会大会では、木育の要素を取り入れた工作ワークショップを開催した。たとえば、2023 年 8 月には、参加した子どもたちが木曽ひのきを使ったカッティングボードづくりに取り組むなど、これまでの子ども会大会にはみられなかった新しい内容が加わったのであった[7]。さらに、石ヶ瀬小学校区のある単位子ども会では、愛知県子連の「子ども会夢活動支援事業」の枠組みでの補助金を活用し、子どもたちの意向をふまえ、2024 年 2 月に菓子づくりに取り組んだという。このときには、小学校区内に位置する石ヶ瀬会館の料理室を借りて手づくりのクッキー調理に取り組み、できあがったクッキーを参加者で味わいながら交流を深めた。

　このようにみると、大府市行政として子ども会支援事業を長年にわたる委託から再直営化することにより、少しずつではあるものの、その成果が生まれつつあるといえよう。今後に関しては、子ども会が必要に応じて自治区（自治会・町内会）やコミュニティとの連携・協力の関係が深化し、子ども会の活動がより充実するように、大府市行政の側も庁内連携を図りながら子ども会支援事業を進めていくという。

3-3　考　察

　ここまでみてきた大府市の子ども会支援事業の再直営化について、ここで本章の分析の視点に照らして考察したい。分析の視点の第一は、「どのような背

6　なお、大府市内の各児童老人福祉センターには、希望すれば利用できるバイオリンが置かれており、バイオリン講座の参加者のなかには、講座の終了後にもバイオリンを弾くために児童老人福祉センターに来館する子どもたちもみられるという。

7　この工作ワークショップに関しては、「水源の森林の保全・育成に関する連携協定」に基づき、長野県木曽町からの協力を得て実施した内容であった。

景・事情のもとで、いつ、誰の主導によって、再直営化を進めることになったのか」という再直営化の契機の視点であった。大府市では長年にわたり、単位子ども会の団体数や会員数の減少が進むなど、子ども会そのもののあり方が問われてきた。こうしたなかで、大府市では2022年度のPFS方式による事業委託を経つつ、2023年度からは大府市社協への事業委託による子ども会支援事業を、大府市行政による再直営化へと路線転換することになった。その際に、各種調整の中心的な役割を担ったのは、担当課としての子ども未来課（当時）であった。こうした一連の動向の背景には、上記のとおり、市内の児童老人福祉センターが長年にわたり個々の単位子ども会に対してさまざまな活動支援を進めてきた実態があり、この蓄積をふまえると、大府市行政としては再直営化して総合的に子ども会支援事業を実施するのが望ましい、という判断があった。

　分析の視点の第二は、「さまざまな立場から異なる意見をもつ者同士が、どのように相互理解を図り、再直営化を実施するという合意形成まで進めたのか」という利害調整の視点であった。今回のような再直営化の場合、とりわけ25年間にわたり子ども会支援事業を受託してきた大府市社協からは、通常であれば何らかの異論が生じよう。ただ、当時の大府市社協の側では、子ども会支援事業の再直営化に対しては特段の異論はみられなかった。それ以外にも、大府市子連の関係者や子ども会の育成者からも、事業実施形態の変更に対しては、特に反対意見は生じなかったのであった。こうして、限られた時間のなかで大府市社協などとの調整を進め、2023年度からの子ども会支援事業の再直営化を実現させた。

　分析の視点の第三は、「実際に再直営化にいたった大府市の子ども会支援事業はどのような状況であり、現在までにどのような成果があがっているのか」という内容と成果の視点であった。上記のとおり、大府市における子ども会支援事業の再直営化は2023年度からであり、2年ほどが経過したにすぎない。それでも、現在までに児童老人福祉センターにおいてバイオリンについて学び、体験する子ども会向けの講座を開催する、あるいは子ども会大会において工作ワークショップを開くなど、新たなうごきも生じはじめている。また、今後におい

ては再直営化による大府市行政としての総合力を活かし、自治区（自治会・町内会）やコミュニティをはじめとする大府市内の地域団体との連携・協働の可能性も模索していくという。

　以上をふまえると、「大府市行政の子ども会支援事業の再直営化はどのように進み、子ども会に何をもたらしたのか」という本章の問いに対しては、以下のとおり答えることができよう。すなわち、大府市行政として全庁的に検討を重ねた結果、既存の資源を活かして総合的に子ども会支援に取り組むために、あえて子ども会支援事業を再直営化することとなり、現在までにその成果として子ども会の活動現場で新たなうごきも生じはじめている、と。大府市社協に対して25年間にもわたり、事業委託し続けてきた子ども会支援事業について、長年の慣行を所与のものとせず、大胆に再直営化したという一連の動向からは、大府市行政の子ども会に対する問題意識の強さを垣間見ることができよう。

4　残された検討課題

　本章ではここまで、まずは愛知県内の自治体における子ども会支援事業の動向について再確認した。続いて、本章の内容に関連する先行研究を検証し、大府市行政による子ども会支援事業の再直営化を検討するうえでの分析の視点を設定した。そのうえで、分析の視点に照らして大府市行政が進めた再直営化について検証してきた。最終的には、本章の問いである「大府市行政の子ども会支援事業の再直営化はどのように進み、子ども会に何をもたらしたのか」に対しては、大府市行政として全庁的に検討を重ねた結果、既存の資源を活かして総合的に子ども会支援に取り組むために、あえて子ども会支援事業を再直営化することとなり、現在までにその成果として子ども会の活動現場で新たなうごきも生じはじめている、と答えることができた。

　他方で、本章では検討しきれなかった内容がいくつか残されている。たとえば、本章で扱った子ども会支援事業は、大府市行政全体の子ども政策のなかではどのような位置づけであり、また他の子ども政策とはどのような関連を有し

ているのか、までは検討が及んでいない。本章でもみてきたように、大府市行政の子ども会支援事業の再直営化のねらいのひとつに、総合的な対応という点があった。もちろん、これは他の子ども政策との関係においても該当してくる。子育て支援の充実、いじめや児童虐待への対応、さまざまな困難を抱える子どもへの支援など、多領域にまたがる子ども政策のなかで、はたして子ども会支援事業はどのような位相であり、他の子ども政策とのあいだにどのような関連性を見出すことができるのか。こうした内容に関しては、本章では検討が及んでおらず、別稿での検討にゆだねたい。

　他にも、本章で扱った子ども会支援事業の再直営化といううごきは、他の委託事業の再直営化と比較すると、どのような特徴があるのか、という点までは明らかにできていない。委託事業の再直営化については、他の自治体においても、いくつかの領域でみられるようになってきている。それらと比較した場合、はたして子ども会支援事業の再直営化は、相対的にどのような特性を有しているのだろうか。こうした内容が明らかにできれば、子ども会支援事業そのものの位相や特性を、より明確にできよう。

　さらに、繰り返しになるが、大府市における子ども会支援事業の再直営化のうごきは、開始から2年ほどしか経過していない。そのため、再直営化してから開始となった新たな内容が子ども会にとってどのような意義があるのか、子ども会として大府市内の地域団体との連携・協働は可能なのか、といった内容は引き続き検討を要する。それゆえに、再直営化したあとの大府市行政による子ども会支援事業について、今後もその動向をみていきたい。

第4部

子ども会のこれから

子ども会の展望

　ここまでの一連の検討をとおして、今日の子ども会について、本書は何をどこまで明らかにできたのだろうか。本書のまとめとして、最後に**終章**においては、**序章**で示した本書の3つの研究の問いに照らして、本書を通じて明らかにした内容を整理したい。また、本書のなかでも検討が及ばず、子ども会に関する研究課題として未だ残されている内容についても、あわせてみていくことにしたい。

1　何をどこまで明らかにしたのか

〈わが国の子ども会はいま、どのような実態にあるのか〉

　本書ではまず、**序章**において「わが国の子ども会はいま、どのような実態にあるのか」という、今日の子ども会の実態を把握する問いを立てた。**序章**を中心にみてきたように、わが国の子ども会は 1980 年代半ばをピークに、団体数・会員数ともに減少の一途をたどってきた。こうした減少傾向には歯止めがかからず、全国各地では毎年、子ども会の休止や解散が相次いでいる。もちろん、なかには子ども会を新設し、活動を開始したという事例もないわけではない。ただ、そうした事例は稀有であって、今後も子ども会は減り続けていく見通しであるのは、事実といえよう。本書のなかでは、名古屋市、半田市、高浜市、豊川市、大府市といった愛知県内の自治体の子ども会をみてきたが、いずれにおいても子ども会の団体数と会員数は減少傾向にあった。

　こうしたなかで、現実社会においても学術研究においても、長年にわたり課題として位置づけられてきたのは、子ども会に参加する子どもをもつ保護者の負担問題であった。ここでいう負担とは、時間的な負担、金銭的な負担、体力的な負担、精神的な負担など、保護者が敬遠しがちな、さまざまな内容を意味する。こうした保護者負担の発生を懸念し、自らの子どもが子ども会に入会している場合は、子ども会の役員の担当が回ってくる前に、子ども会から子どもを退会させることで、保護者負担を回避する実態があった。このような事情もあいまって、そもそも自らの子どもを子ども会に入会させないという判断をする保護者の存在は、本書における各事例でも一定数は把握された。

　ともあれ、こうした子ども会をさまざまなかたちで支えているのは、**第1章**において整理したように、子ども会を支えるメンバーであった。この子ども会を支えるメンバーに関しては、コアメンバーと周辺メンバーとに類型化することができ、なかでもコアメンバーとしての育成者の役割は、本書を通じてその重要性を垣間見ることができた。たとえば、**第2章**では名古屋市瑞穂区御剱学区の竹田町二丁目子ども会を例に、育成者の実態を把握した。このなかでは、子ども会の日頃からの運営と活動において、育成者が担っている数多くの役割が浮かび上がってきた。それ以外にも、**第4章**で扱った名古屋市北区六郷北学区の「きずな子ども会」においては、町内会の役員が子ども会の運営と活動にあたって、育成者としての役割を果たしていた。自治会・町内会に関していうと、**第1章**の整理では子ども会を支える周辺メンバーという位置づけであったが、「きずな子ども会」を支える町内会役員に関しては、実態としてはむしろ子ども会を支えるコアメンバーであった点は興味深い。

　他にも、本書における検討を通じて、さまざまな子ども会を支えるメンバーの実相が浮かび上がってきた。たとえば、**第2章**で触れた「名古屋市子ども会活動アシストバンク事業」においては、事業の受託団体としてのNPO法人と株式会社が、名古屋市内の4行政区において、子ども会の活動支援を実践していた。また、**第3章**で扱った子ども会ワークショップに関しては、名古屋市子ども青少年局のモデル事業としての取り組みであり、自治体行政による子ども会

支援のひとつのかたちであった。さらに、**第7章**で扱った大府市の子ども会支援事業においては、大府市の地元企業である鈴木バイオリン製造の協力を得て、事業の再直営化後には児童老人福祉センターにおいてバイオリン講座を開催するなど、企業による子ども会支援の動向も把握することができた。

　このようにみると、本書のひとつめの研究の問いである「わが国の子ども会はいま、どのような実態にあるのか」に対しては、以下のように答えることができる。すなわち、たしかに今日でもなお、子ども会の団体数と会員数は減少の一途をたどっており、こうした背景のひとつには保護者負担の問題をどう解消するかという課題が残り続けている。同時に、こうした課題を改善する抜本的な方策は、未だに見出せていない。ただし、なかには育成者をはじめとする子ども会を支えるメンバーの尽力により、創意工夫を重ねて、時代状況に見合った子ども会の運営と活動を実践する例もみられる。その具体的な内容としては、本書でみてきた子ども会の企画を考えるワークショップの開催、単位子ども会の合併というリスケーリングの実践、子ども会育成会の連絡・連合組織の改革、子ども会支援事業の再直営化、などが存在する、と。

〈子ども会が抱える問題状況をふまえ、運営と活動の改善を達成できた場合、そこにはどのような背景や事情があるのか〉

　本書のふたつめの問いは、「子ども会が抱える問題状況をふまえ、運営と活動の改善を達成できた場合、そこにはどのような背景や事情があるのか」であった。本書の各章でみてきたように、創意工夫を重ねている子ども会は、いずれにおいても、当初は何らかの問題状況に直面していた。そうしたなかで、育成者が中心となって子ども会のあり方を再考し、社会環境の変化をふまえて、今日の時代状況に見合った子ども会の運営と活動を追求していた。そこには、子ども会を支えるメンバー、すなわち育成者や自治会・町内会、子ども会育成会の連絡・連合組織、自治体行政などによる、子ども会のあり方に対する問題意識とともに、問題状況を先送りすることなく運営と活動の改善を自分たちで実行するという取り組み姿勢がみられた。

　たとえば、**第2章**でみてきた名古屋市瑞穂区御劔学区の竹田町二丁目子ども会は、もともとは子どもたちの人数自体は決して少なくなかったものの、単位子ども会としての活動を長年にわたり休止している状態であった。こうしたなかで、町内会長だった人物が育成者となって単位子ども会を再開させ、ラジオ体操や子どもお獅子に取り組むようになり、新型コロナウイルス感染症という困難を経つつ、今日まで活動を継続している。こうした背景には、子ども会の運営と活動にあたって生じる、数多くの細かな作業を率先してこなしていくという、育成者の取り組み姿勢があった。

　また、**第4章**で検討した名古屋市北区六郷北学区の「きずな子ども会」は、学区内で活動する単位子ども会の休止・解散が相次ぎ、大半の地域では単位子ども会が存在していない状況にあった。それでも、六郷北学区区政協議会の委員長には「学区内のすべての子どもたちが何らかのかたちで子ども会活動に参加できる環境を整えたい」という思いもあり、町内会長たちが中心となって子ども会の合併について検討を進め、新しい形態の子ども会を誕生させた。ここには、町内会長たちが子ども会の育成者となり、自らも子どもたちと触れあうことを通じてやりがいを感じ、楽しみながら育成者として子ども会の運営と活動に従事している実態があった。

　他にも、**第6章**で扱った豊川市子連に関しては、豊川市内の単位子ども会の休止や解散が相次ぐという問題状況に直面するなかで、豊川市子連の役員が中心となり、市子連としてのあり方を見つめなおし、一連の市子連改革を推し進めていった。結果として、子ども会大会の廃止や市子連会議の回数削減、さらには協議員同士の意見交換の場としてのディスカッションタイムの創設といった成果につながっている。こうした背景には、あくまでも単位子ども会への支援を市子連の目標に位置づけ、以前からの慣例にとらわれることなく、今日の時代状況に見合ったかたちで市子連行事を大胆に見直していくという、市子連役員の柔軟な発想と姿勢があった。

　第7章で検討した大府市の子ども会支援事業の再直営化については、大府市内の各地域で子ども会の団体数と会員数が減少していくなかで、大府市行政と

して子ども会のあり方を再考する必要性を認識し、庁内において検討会議を設置して議論を重ねていった。結果として、長年にわたる大府市社協への子ども会支援事業の委託を見直し、事業そのものを再直営化するという判断にいたっている。再直営化ののちには、児童老人福祉センターにおいてバイオリン講座を開催するなど、大府市の地域特性を活かした新たなうごきも生まれはじめている。こうした背景には、児童老人福祉センターによる子ども会支援の実態、および総合的に子ども会支援に取り組む必要性の認識という、大府市行政としての子ども会のあり方に対する問題意識、および既存事業の見直しを進めていく姿勢があった。

　このようにみると、本書におけるふたつめの研究の問いである「子ども会が抱える問題状況をふまえ、運営と活動の改善を達成できた場合、そこにはどのような背景や事情があるのか」に対しては、以下のように答えることができる。すなわち、本書で扱った子ども会においては、いずれも団体数と会員数の減少にともなう休止や解散、さらには保護者負担の増加という問題状況を抱えていた。こうした問題状況をふまえ、単位子ども会そのものの再開、単位子ども会同士の合併による新形態の子ども会の結成、子ども会育成会の連絡・連合組織の改革、行政としての子ども会支援事業の再直営化など、地域事情に即したかたちでさまざまな改善を成し遂げていった。こうした背景には、いずれにおいても、既存のあり方にとらわれることなく子ども会の運営と活動を見直し、かつ単に検討の段階までで終えることなく、実際に改善にまで取り組んでいくという実行の姿勢がともなっていた、と。

〈これからの時代の子ども会に対して求められる視点や発想は、どのようなものか〉

　本書の3つめの問いは、「これからの時代の子ども会に対して求められる視点や発想は、どのようなものか」であった。本書における一連の検討をふまえると、その答えとして、最終的には以下のふたつをあげることができる。

　第一は、「現状の子ども会の運営と活動のあり方に対して、問題意識をもつ」

という点である。先行研究で指摘されていたように、子ども会の役員は1年交代である場合が多いゆえに、前任者から引き継いだ内容をそのまま踏襲し、無難に1年間をやり過ごす実態を招くことになってしまう。こうした積み重ねの結果、多くの地域においては、今日のような子ども会の問題状況に直面している。

　他方、本書でみてきた各事例においては、いずれも育成者や自治会・町内会、子ども会育成会の連絡・連合組織、自治体行政といった子ども会を支えるメンバーが、もともとの子ども会の運営と活動のあり方に対して「このままの子ども会でよいのだろうか」という問題意識を常に抱いていた。こうした問題意識のもと、彼らは「なぜいまの子ども会のような状況に陥ってしまっているのだろうか」「別の運営と活動のあり方が他にあるのではないか」を自らに問いかけ、ワークショップやリスケーリング、子ども会育成会の連絡・連合組織の改革や子ども会支援事業の再直営化を推し進めていた。実際に、これらの事例においては、少しずつではあるものの、一定の成果もあらわれはじめていた。このようにみると、子ども会のあり方を再考し、今日の時代状況に見合った運営と活動に結びつけていくためには、まずは出発点として、子ども会を支えるメンバー、とりわけ育成者が子ども会の運営と活動のあり方に対して、問題意識をもつことが求められよう。

　第二は、「長年にわたる慣例にとらわれず、実行性をともなうかたちで子ども会のあり方を見直していく」という点である。上記で触れたように、子ども会の役員は1年交代の場合が多く、前任者からの引継ぎ内容に沿って1年間の活動をこなすので精一杯となり、以前からの運営と活動のあり方を見直すのが難しいという現実がある。その結果、必ずしも今日の時代状況に見合った内容になっていなかったとしても、子ども会としての行事などが継続していく。実際に、こうした長年の積み重ねによって子ども会の行事は慣例化し、それらが保護者の負担問題を発生させる一因となり、子ども会離れにつながってしまう。

1　三宅（2014）170ページ参照。

　そうであるならば、子ども会の運営と活動において、長年にわたり慣例となってきたもののうち、もはや不要と思われる内容について、どのように見直していくのかが問われることとなる。

　実際に、本書でみてきた各事例においては、長年にわたる慣例にとらわれることなく、子ども会のあり方を大胆に見直していった。**第3章**で扱った名古屋市瑞穂区の御剱学区子ども会では、従来は育成者が中心となって子ども会の行事を考案し、そこに子どもたちが参加する形態であったが、このあり方を大胆に見直していった。現在は、ワークショップをとおして子どもたち自身が子ども会の行事を自ら考え、実行するという形態に変更し、企画チームの子どもたちのあいだにやりがいと達成感を生んでいた。また、**第4章**でみてきた名古屋市北区六郷北学区の「きずな子ども会」では、「子ども会の基本的な単位は、あくまでも町内ごとの単位子ども会」という発想から脱却し、他に例がない新たな形態の子ども会を構築していた。さらに、**第6章**でみた豊川市子連は、それまで開催するのが当たり前であった子ども会大会や定例会議のあり方について、長年の慣例にとらわれることなく見直しを進め、子ども会大会の廃止に代表されるような成果を生んでいった。同様に、**第7章**で扱った大府市では、25 年間にわたり続けてきた大府市社協に対する子ども会支援事業の委託を見直し、再直営化を実行した結果、児童老人福祉センターでのバイオリン講座の開催を実現させていた。これらに共通しているのは、いずれも単なる検討の段階にとどめるのではなく、実行性がともなっている点である。

　このようにみると、今日の時代状況に見合った子ども会の運営と活動を達成するうえでは、長年の慣例にとらわれずに見直しを進め、そこには実行性をともなわせるという視点や発想が求められよう。もちろん、この点に関していうと、子ども会を支えるメンバーのなかには、以前からの運営と活動のやり方をあくまでも理想像に掲げ、見直しに対して異を唱える者も存在しうる。たしかに、そうした子ども会を支えるメンバーの存在によって、長年にわたり子ども会として存続できてきた面もあり、彼らに対して最大限の敬意を払う必要があるのは、いうまでもない。ただ、日々刻々と社会環境が変化し、保護者や子どもた

ちを取り巻く事情が従来どおりではないなかで、子ども会のあり方の見直しに
対して異を唱え、旧来のかたちに固執する姿勢を取り続けている限りは、子ど
も会離れを食い止められないのも、また事実といわざるをえない。そうである
ならば、子ども会のあり方を見直していく過程では、どのようにして子ども会
を支えるメンバーのあいだで利害調整を進めて合意形成を図り、単なる机上の
検討作業にとどめることなく子ども会の現場で検討内容を実行していくか、と
いう点こそが、これからの時代の子ども会にとっては最重要課題といえる。

2　残された研究課題は何か

　他方で、本書の内容に関しては、検討が十分に及ばず、研究課題として残さ
れているものもある。すでに各章の最後で触れている内容もあるが、ここでは
本書全体に通じるものとして、3つの研究課題に触れておきたい。

　第一は、本書において扱った子ども会の事例は、いずれも愛知県内のものに
とどまり、愛知県以外にも存在する全国各地の子ども会の先進事例は検証でき
ていない、という点である。もちろん、すでに**第2章**で触れたように、たとえ
ば名古屋市の子ども会は歴史的にみても、団体数と会員数が他の自治体に比較
して群を抜いており、（減少傾向にあるものの）いまでもそうした状況にあった。
それでも、全国には名古屋市以外でも単位子ども会の団体数や会員数が多く、ま
た加入率が高水準を維持している自治体も存在しよう。

　関連して、本書で登場する事例は、いずれも都市部ないし都市近郊の自治体
となっており、農山漁村部や離島といった、いわゆる過疎地域や条件不利地域
の子ども会までは扱うことができていない、という課題もある。おそらく、農
山漁村部や離島にも子ども会は存在しており、それらは自然を活かした活動を

2　ちなみに、すでに半世紀以上前ではあるが、鈴木道太は農山漁村の子ども会について、
　家の職業がたとえば農業である場合には、子どもたちには農作業への手伝いが発生し、
　子ども会への参加が容易ではないという実態を指摘していた（鈴木（1956）172 〜 177 ペー
　ジ参照）。

展開し、何らかの成果をあげているものと推察される。ただ、場合によっては過疎化や少子化といった事情ゆえに、子ども会そのものが存在していない場合が多いのかもしれない。このようにみると、今後の研究では、愛知県内の自治体における子ども会の動向にとどまらず、農山漁村部や離島を含めた、全国各地の子ども会について、さまざまな視点から検証していく必要があろう。

　研究課題の第二は、本書で検討してきた子ども会研究の各論以外にも、依然として学術研究による検討が及んでいない内容が数多く存在する、という点である。たしかに、本書においては子ども会研究の各論として、ワークショップ、リスケーリング、子ども会支援事業の廃止、子ども会育成会の連絡・連合組織の改革、子ども会支援事業の再直営化といったテーマを扱ってきた。ただ、これらはごく一部の限られたものにすぎない。実際に、これまでの先行研究でも、ジュニアリーダーや青年リーダーの動向、育成会の全国組織としての全国子ども会連合会のあゆみ、などを扱った内容は把握される。

　これら以外でも、本書ではわずかに触れる程度にとどまったものとして、子ども会を支える保護者のジェンダーの問題（事実として母親が役員の中心となっている場合が多い）、新型コロナウイルス感染症という制約のなかでの子ども会の運営と活動、指定管理者による子ども会への支援、などがある。さらには、本書でまったく検討できていない内容として、たとえば子ども会を支えるメンバーとなりうる民生児童委員や社会教育主事、さらには可能性としての関係人口という存在がある。他にも、活動場所としての公共施設（小学校、コミュニティセンター、公園、児童館など）と子ども会との関わり、SDGsやシティズンシップと子ども会活動との関連、DX（デジタルトランスフォーメーション）の広がりによる子ども会の運営と活動への影響、組織運営における子ども会としての法人格の取得、といったように、子ども会について検討すべき研究課題は山積している。

　研究課題の第三は、まったく異なる子ども会研究の視点として、「子ども会をゼロからどう設立するか」「子ども会をどう解散させるか」といった内容も、場合によってはいまの時代状況に照らして研究する必要性はあるが、これらの

内容は扱うことができていない、という点である。このうち、前者に関しては、子ども会の運営と活動の指南書において、子ども会の発足までのながれや準備内容についての記述は、たしかにみられる[3]。また、発足から間もない時期で生じる数々の困難の様子も、すでに整理されている[4]。筆者が愛知県内で調査するなかでも、新たに単位子ども会を設立した、あるいは小学校区で育成会を発足させた[5]、などのうごきも把握された。

　後者に関していうと、実はPTAに関する研究のなかでも、保護者負担の問題が焦点となっている。こうしたなかで、PTAを解散させる目的でPTA会長に立候補する保護者の事例、あるいはPTAの保護者負担の問題を背景にしてPTAを解散させ、PTO（Parent Teacher Organization）へと移行する事例、などがあらわれはじめている。

　他にも、人口減少と過疎高齢化を背景に、全国的にいわゆる限界集落が増加し、こうした状況にどう向きあうかを検討するなかで、緩やかに集落を閉じていくという「むらおさめ」が提唱されている[6]。中山間地域において集落の維持が困難となり、集落の消滅が現実的となった局面では、集落再生や集落活性化はおおよそ困難であり、むしろ集落を「看取る」という姿勢が問われるという。

　このように、PTAを解散させたり、限界集落を閉じたりするという視点は、場合によっては子ども会にも通じるところがあるのかもしれない。すなわち、子ども会の保護者負担の問題、さらには時代に合わなくなった運営と活動に業を煮やし、子ども会の解散のために立ち上がるという保護者の存在もあろう。もちろん、たとえば子ども会を解散させたのちに、新たに子育てサークルへと移行するとなれば、その場合には地域性よりもテーマ性が優先され、もはや子ども会という存在ではなくなる。結果として、子ども会研究の範疇からは外れることになろう。ただ、既存の子ども会をどう解散させるかという場合には、や

3　小菅（1988）36 ～ 40 ページ参照。
4　三宅（1969）参照。
5　コミュニティ政策学会監修・コミュニティ政策学会中部支部編著（2024）48 ～ 49 ページ参照。
6　作野（2006）59 ～ 61 ページ参照。

はり子ども会研究の範疇となってくる。

　このようにみると、子ども会をめぐっては、まだまだ検討すべき研究課題が数多く残されていることがわかる。本書で扱った内容は、子ども会として研究を要する課題のうち、ごく一部を扱ったにすぎない。そのため、今後もこれらの残された研究課題の存在を念頭に置き、引き続き子ども会に関する研究に取り組んでいきたい。

謝　辞

　本書は、筆者がここ数年で執筆してきた子ども会に関する論稿を基にして、ひとつの書籍としてとりまとめたものである。初出一覧は以下のとおりであり、本書にあわせて内容の一部を改変している。

序　章　三浦哲司（2023a）「子ども会活動の現状と今後の可能性 —— 名古屋市の子ども会を例に」『人間文化研究』第 39 号。

第1章　三浦哲司（2024a）「子ども会を支えるメンバー」『人間文化研究』第 41 号。

第2章　三浦哲司（2023a）「子ども会活動の現状と今後の可能性 —— 名古屋市の子ども会を例に」『人間文化研究』第 39 号；三浦哲司（2023b）「少子化時代における地域子ども会の活動実態 —— 名古屋市瑞穂区御劔学区の竹田町二丁目子ども会を例に」『人間文化研究』第 40 号。

第3章　三浦哲司（2024c）「子ども会によるワークショップの実践 —— 名古屋市瑞穂区の御劔学区子ども会を例に」『人間文化研究』第 42 号。

第4章　三浦哲司（2024b）「地域子ども会とリスケーリング —— 名古屋市北区六郷北学区『きずな子ども会』を事例にして」『政策マネジメント研究』第 4 号。

第5章　書き下ろし

第6章　書き下ろし

第7章　書き下ろし

終　章　書き下ろし

　そもそも、筆者が子ども会について調べるようになったきっかけは、名古屋市子ども青少年局の担当者から「子ども会の衰退に歯止めがかからず、困っている」という相談を受けたことにある。手元の手帳の記録によると、最初に相

談を受けたのは、2019 年 6 月末のことであった。ただし、この時点で筆者は、もともと子ども会についての体験をもち合わせておらず、何も知らない状態であった。

　筆者は北海道夕張市で生まれ、幼少期を夕張で過ごしてきたが、すでに小学生の頃には市内に子ども会が存在していなかったし、子ども会の存在を聞いたこともなかった。筆者にとって、自分とちがう小学校に通う異年齢の子どもたちと集団で活動する場は、おやこ劇場であった。詳しい経緯は把握していないが、筆者の母親とその友人たちは、おやこ劇場の活動に熱心であった。そうした事情から、筆者は幼少期に夕張のおやこ劇場が主催する演劇鑑賞、サマーキャンプ、スポーツレクリエーションなどに参加した記憶がある。

　いずれにしろ、もともと自治体内分権の研究と自治体コミュニティ政策の研究のふたつを柱としてきたため、筆者にとって子ども会はまったく未知の存在であり、子ども会の研究はまさにゼロからのスタートであった。上記の相談を受けたのち、実際に子ども会に関する研究に着手したのは、2021 年 3 月に前著『自治体内分権と協議会 —— 革新自治体・平成の大合併・コミュニティガバナンス』を出版したあとの時期であったと記憶している。

　こうして、子ども会の研究に向きあうようになったわけだが、本書でも触れたように、さまざまな動向や実態を把握していく過程で、子ども会というのは、実は地方自治との関わりが深いことがしだいにわかってきた。子ども会がもつ地域性は、まさに地域コミュニティの問題に直結してくる。子ども会そのものは、子どもたちが身近な地域という範域に接する最初の入り口として位置づけられる。そうした子ども会に対して、自治体行政は金銭面・非金銭面からさまざまなかたちで支援している。もっというと、三宅邦夫（1974）『子ども会の育て方』黎明書房、という子ども会の指南書のなかには「子ども会とは、子どもだけによる自治体」（80 ページ）という記述さえみられる。ただ、既存の地方自治研究のなかで子ども会を扱った内容は、管見の限りではみつけられなかった。そのため、「子ども会と地方自治とのあいだにある乖離を架橋したい」というのが、本書の一貫した思いであり、本書のタイトルを『子ども会と地方自治』と

した。

　さて、本書の執筆にあたっては、筆者は上記のとおり「子ども会について何も知らない」状態からはじまったために、多くの方々の支援や助言を受けた。それらがなければ、筆者の子ども会研究は進まず、本書の出版までには到底いたらなかった。

　なかでも、筆者がまず頼ったのは、名古屋市瑞穂区の御劔学区子ども会および竹田町二丁目子ども会を長年にわたりけん引してきた吉田克己氏であった。子ども会について何もわからない状況ゆえに、インプットを進めるべく、とりあえず吉田氏に相談し、ヒアリングへの協力や一部資料の提供をお願いした。長年にわたる育成者としての吉田氏の子ども会支援の経験談から、筆者は少しずつ子ども会の実態をつかんでいくことができた。

　御劔学区子ども会に関していうと、現在は名古屋市立大学人文社会学部現代社会学科三浦ゼミとして、御劔学区子ども会の活動支援に取り組んでいる。具体的には、本書の**第3章**でも扱った子ども会のワークショップにあたり、御劔学区子ども会の夏祭り企画やクリスマス会について、子ども会の企画メンバーの子どもたちが企画づくりや開催準備を進める際に、ゼミ学生がファシリテーター役として携わっている。こうした取り組みを受け入れてくださっているのが、現在の御劔学区子ども会の育成会の代表をつとめる相宮香織氏である。相宮氏からも子ども会に関するさまざまな情報提供を受け、それらが本書の執筆にあたって大いに役立った。

　このように、筆者は御劔学区子ども会のおふたりから、これまで多くのことを学んできたし、今後も学んでいきたいと思っている。同時に、筆者のゼミ学生もまた、子ども会支援に携わることで、毎回、新たな気づきや学びが得られている。ここに、おふたりに対して感謝申し上げたい。

　また、子ども会の研究を進めるにあたり、自治体職員としての豊富な現場経験をもつ杉本正博氏（現在は愛知淑徳大学）、およびご自身で新しい子ども会活動を実践している鵜飼洋一郎氏からは、数多くの協力を得てきた。子ども会に関する筆者の疑問や悩みを伝えるたびに、迅速かつ丁寧にお答えくださった。ま

た、筆者が書きあげた学術論文や研究ノート、さらには本書の草稿に対して、お
ふたりには毎回フィードバックをお願いし、そのたびに適切なコメントを返し
てくださった。おふたりには定期的に面談をお願いし、そこでの対話のなかか
ら、本書の執筆に活きる視点や発想も得られた。これらが本書の執筆にあたっ
て、大いに寄与していることはいうまでもない。

　研究面でいうと、鈴木誠先生（愛知大学）、谷口功先生（椙山女学園大学）、勝
伸博氏（春日井市）には、筆者が企画したオンラインシンポジウム（「子ども会
と地域コミュニティの関係を考える」、コミュニティ政策学会主催、2023年2月）に
おける企画・運営・登壇において協力を得てきた。また、このときに基調講演
をお願いした高橋征仁先生（山口大学）からは、その後も子ども会研究を進め
るうえでのヒントを頂戴している。あわせて、名古屋市子ども青少年局が主催
した子ども会に関する検討会議でご一緒した、加登田惠子先生（元・山口県立大
学）、時安和行先生（至学館大学）、山本陽子先生（名古屋市立大学）、山本奈央先
生（名古屋市立大学）との対話もまた、異なる学問領域からの視点や発想の獲得
という点で、本書の執筆にあたって役立つことが多かった。

　加えて、筆者からの資料提供やデータ提供の要請に対して毎回、全面的に協力
してくださっている名古屋市子ども青少年局子ども未来企画部青少年家庭課青
少年育成担当のみなさま、子ども会の現場調査でさまざまなサポートをしてく
ださった池田哲也氏と藤本慎介氏（いずれも一般社団法人地域問題研究所）、2024
年度より御剱学区の子ども会ワークショップをともに運営している山本和男氏
と櫛谷彩乃氏（いずれもNPO法人アスクネット）、筆者のヒアリング調査に対し
て快く協力してくださった愛知県内の子ども会育成者や自治体担当者のみなさ
ま、資料の参照依頼に対して柔軟に対応してくださった愛知県子ども会連絡協
議会のみなさまなど、この数年のうちに、本当に多くの方々にお世話になった。
子ども会の素人である筆者を、ここ数年にわたり、みなさまのお力で育ててい
ただいたというのが、実際のところである。

　本書の出版にあたって、明石書店の上田哲平氏には一連の過程で、多大なる
ご尽力をいただいた。筆者からの数年ぶりの連絡で、急に「子ども会に関する

書籍を、ぜひ明石書店から出版したい」という申し出があり、さぞ驚いたこと
だろう。それでも、筆者の企画に対して迅速かつ丁寧に対応してくださり、こ
うして出版にいたることができた。

　なお、本書の出版には、名古屋市立大学令和6年度共創まちづくり研究推進
費の一部を充てている。この研究推進費は、行政課題や地域課題の解決につな
がる新たな研究力の強化を図る取り組みとして、名古屋市立大学が令和6年度
に創設したものである。そのねらいは「育成期に大学提案型による研究課題を
公募し、名古屋市を始めとした多様な主体との連携・協働のもと、本学の研究
シーズと地域ニーズの共有、マッチングの強化により、熟成期に寄付講座等に
つなげるなど、多種多様な行政課題・地域課題の解決にさらに貢献していく」
（名古屋市立大学令和6年度共創まちづくり研究推進費公募要項より）という点にあ
る。筆者は幸い、所属先である名古屋市立大学から、この研究推進費の採択を
受け、本書の出版にいたる研究の後押しを得ることができた。

　このように、本書の出版までには、多くの方々の支援と協力があったと実感
している。ここに、あらためて深く感謝したい。

　最後に、拙い内容ではあるが、本書をひとつのかたちとしてまとめられたのは、
何より家族からの励ましのおかげであったと実感している。日々、筆者を支え
てくれる妻、そしていつも笑顔をみせてくれるふたりの子どもたちにも、心か
らありがとうと伝えたい。

　　2025年2月

　　　　　　　　　　　　　　　　　　　　　　　　　三浦　哲司

参考文献・参考資料

参考文献

阿部隆之（2023a）「地域で世代をつなぐ子ども会活動」『月刊社会教育』第801号。

阿部隆之（2023b）「子ども会再生における青年リーダーの可能性」『社会教育研究』第40号。

荒昌史（2022）『ネイバーフッドデザイン──まちを楽しみ、助け合う「暮らしのコミュニティ」のつくりかた』英治出版。

石井大一朗（2020）「つながりを支える『組織』」坂倉杏介・醍醐孝典・石井大一朗『コミュニティマネジメント──つながりを生み出す場、プロセス、組織』中央経済社。

石井久雄（2010）「子ども育成組織活動の展開」住田正樹編『子どもと地域社会』学文社。

泉房穂（2019）『子どものまちのつくり方──明石市の挑戦』明石書店。

今井照（2006）『自治体のアウトソーシング』学陽書房。

今里佳奈子（2003）「地域社会のメンバー」森田朗・大西隆・植田和弘・神野直彦・苅谷剛彦・大沢真理編『分権と自治のデザイン』有斐閣。

今西一男（2017）「都市縮減社会における住民自治組織のリスケーリング──町内会・自治会の組織再編に関する調査結果より」『都市住宅学』第99号。

岩井正浩（2017）「子どもたちの夏（2）──高知市子ども会連合会のよさこい祭り」『愛知淑徳大学論集教育学研究科篇』第7号。

岩竹美加子（2017）『PTAという国家装置』青弓社。

上平泰博（1996）「大日本青少年団の統合と解体」上平泰博・田中治彦・中島純『少年団の歴史──戦前のボーイスカウト・学校少年団』萌文社。

鵜野祐介（2020）「子ども組と子ども会」川勝泰介編著『よくわかる児童文化』ミネルヴァ書房。

大杉覚（2021）『コミュニティ自治の未来図──共創に向けた地域人財づくりへ』ぎょうせい。

岡本哲和（2003）「政策終了論──その困難さと今後の可能性」足立幸男・森脇俊雅編著『公共政策学』ミネルヴァ書房。

岡本哲和（2012）「二つの終了をめぐる過程──国会議員年金と地方議員年金のケース」『公共政策研究』第12号。

荻野亮吾（2022）『地域社会のつくり方──社会関係資本の醸成に向けた教育学から

のアプローチ』勁草書房。

奥田陽子（2012）「子どもリーダーを育成する地域の挑戦──子ども会育成会活動の現実と課題」『総合学術研究論集』第2号。

川合章（2001）『子どもの発達と教育──学校・地域・家庭』日本図書センター。

加川充浩（2023）「民生委員の『担い手不足』問題とコミュニティソーシャルワークにおける役割」『都市問題』第114巻第5号。

笠原広一（2017）『子どものワークショップと体験理解──感性的な視点からの実践研究のアプローチ』九州大学出版会。

加藤恵・藤田栄史（1989）「豊田市における子ども会組織と地域生活」『社会科学論集』第29号。

加登田惠子（2017）「山口県における地域の『子育て力』に関する基礎的研究──子ども会育成者の地域子育てに関する意識調査を中心に」『山口県立大学学術情報』第10号。

加登田惠子（2018）「地域子ども会活動の推進に向けたコミュニティ・エンパワメントのニーズに関する研究──フォーカス・グループ・インタビューからみる母親の意識から」『山口県立大学学術情報』第11号。

加茂利男（2012）「社会空間の再編成と交錯──『リスケーリング』の時代」『地域社会学会年報』第24集。

川崎大治（1949）『子どもがつくる子供会』大雅堂。

神原勝（2014）「奈井江町──子どもの権利条例と子ども投票」『北海道自治研究』第550号。

北村亘（2013）『政令指定都市──百万都市から都構想へ』中央公論新社。

木下勇（2007）『ワークショップ──住民主体のまちづくりへの方法論』学芸出版社。

倉田和四生（1990）「社会システムとしての町内会」倉沢進・秋元律郎編著『町内会と地域集団』ミネルヴァ書房。

黒川祥子（2018）『PTA不要論』新潮社。

小菅知三（1988）『子ども会活動のすすめ方──魅力ある子ども会の創造』明治図書。

小林亜紀代（2001）「地域がつくる子ども会」『龍谷大学社会学論集』第21号。

コミュニティ政策学会監修・コミュニティ政策学会中部支部編著（2024）『子ども会と地域コミュニティの関係を考える』東信堂。

小山弘美（2021）「地域参加を増進するには──地域活動における男性の不利と女性の不利とを考える」稲葉陽二編著『ソーシャル・キャピタルからみた人間関係──社会関係資本の光と影』日本評論社。

嵯峨生馬（2011）『プロボノ──新しい社会貢献　新しい働き方』勁草書房。

坂元英毅（2023）「消防団のこれから──組織ガバナンスの観点から」『都市問題』第114巻第5号。

作野広和（2006）「中山間地域における地域問題と集落の対応」『経済地理学年報』

第 52 巻第 4 号。

笹島正一編著 (1977)『子ども会活動のすすめ方』日常出版。

佐藤良子 (2012)『命を守る東京都立川市の自治会』廣済堂出版。

静岡県行政経営研究会業務協働ワーキンググループ編著 (2017)『パートナーシップが創るこれからの地方自治——対話によるまちづくりのススメ』ぎょうせい。

城丸章夫 (1977)『地域子ども会——つくり方と指導』草土文化。

末崎ふじみ (1992)「子ども会の歴史」福岡県子ども会活動研究会・横山正幸編著『現代っ子がよみがえる子ども会活動入門——学校五日制時代への対応』北大路書房。

末冨芳 (2023)「こども基本法の意義——子どもの権利と最善の利益を実現するこども政策のために」末冨芳編著『子ども若者の権利とこども基本法』明石書店。

菅原直美 (2023)「保護司活動で感じる限界と可能性」『都市問題』第 114 巻第 5 号。

杉山了 (1995)『子ども会育成会活動実践ノート——夢を託して』上毛新聞社出版局。

直田春夫 (2022)「自治体に合ったしくみをどうつくるか」中川幾郎編著『地域自治のしくみづくり実践ハンドブック』学芸出版社。

鈴木道太 (1955)『子ども会——その理論と実際』新評論社。

鈴木道太 (1956)『子ども会——児童期の子どもの導き方』新評論社。

鈴木道太 (1958)『子ども会——そのこころといとなみ』新評論。

鈴木道太 (1961)『地域子ども会入門』新評論。

鈴木道太 (1969)『いたずら時代の人間形成——子ども会の原点』新評論。

砂原庸介 (2011)『地方政府の民主主義——財政資源の制約と地方政府の政策選択』有斐閣。

住田正樹 (1977)「近郊地域における子供会育成会の事例研究」『教育社会学研究』第 32 集。

全国子ども会研究会編 (1970)『明日への子ども会』全日本社会教育連合会。

高橋征仁 (2021)「子ども会の〈危機〉はどこから来るのか？——社会的ジレンマにおけるフリーライダー問題としんがり問題」『やまぐち地域社会研究』第 19 号。

高橋征仁 (2024)「子ども会の『危機』はどこから来るのか？」コミュニティ政策学会監修・コミュニティ政策学会中部支部編著『子ども会と地域コミュニティの関係を考える』東信堂。

田中重好 (1990)「町内会の歴史と分析視角」倉沢進・秋元律郎編著『町内会と地域集団』ミネルヴァ書房。

田中治彦 (1996)「近代日本の少年団とボーイスカウト」上平泰博・田中治彦・中島純『少年団の歴史——戦前のボーイスカウト・学校少年団』萌文社。

玉野和志 (2024)『町内会——コミュニティからみる日本近代』筑摩書房。

辻中豊・ロバート ペッカネン・山本英弘 (2009)『現代日本の自治会・町内会——第 1 回全国調査にみる自治力・ネットワーク・ガバナンス』木鐸社。

戸島信一 (2007)「高齢社会と地域コミュニティ　その 2——子ども会活動の実態と

　　地域コミュニティとの関係」『宮崎大学教育文化学部紀要　社会科学』第 16 号。

中川幾郎（2022）「地域自治システムのめざすもの」中川幾郎編著『地域自治のしくみづくり実践ハンドブック』学芸出版社。

中田実（2020）『住民自治と地域共同管理』東信堂。

中野民夫（2001）『ワークショップ——新しい学びと創造の場』岩波書店。

西川正（2023）『あそびの生まれる時——「お客様」時代の地域活動コーディネーション』ころから。

沼尾史久・花立勝広（2019）「『都市内分権』の論理（2・完)」『信州大学経法論集』第 7 巻。

野垣義行（1978）「子ども会研究（1）——全子連の役割を中心に」『横浜国立大学教育紀要』第 18 号。

野垣義行（1979）「子ども会への援助」塚本哲人・古野有隣編『社会教育の経営』第一法規。

野垣義行（1983）「子ども会研究（3）——子ども会活動診断の試み」『横浜国立大学教育紀要』第 23 号。

野垣義行（1985）「子ども会の現状——専門雑誌の分析」新堀通也編『現代生涯教育の研究』ぎょうせい。

野垣義行（1993）『生涯学習社会と子ども——子ども会活動の再生』第一法規。

野垣義行（2002）「わが国における子ども会活動の展開　回顧と展望　全国子ども会連合会の動きを中心に」『横浜国立大学教育人間科学部紀要Ⅰ　教育科学』第 4 集。

野垣義行・藤田隆・鈴木雅夫（1980）「子ども会研究（2）——ジュニア・リーダーの意識と実態」『横浜国立大学教育紀要』第 20 号。

橋本将志（2009）「制度改革期の政策過程分析に向けて——政策終了論の再検討」『早稲田政治公法研究』第 90 号。

服部比呂美（2010）『子ども集団と民俗社会』岩田書院。

ハート、ロジャー（2000）（IPA 日本支部・訳）『子どもの参画——コミュニティづくりと身近な環境ケアへの参画のための理論と実際』萌文社。

馬場英朗・田中利昌・木村仁志・加藤舞美（2014）「官民協働による市民活動支援施設の運営——名古屋市市民活動推進センターの事例から」『關西大學商學論集』第 59 巻第 1 号。

東寿隆（1986）「子ども会・少年団を育てる行政の役割」秋田大三郎・増山均・大釜正明編著『子ども会・少年団ハンドブック』草の根出版会。

日高昭夫（2003）『市町村と地域自治会——「第三層の政府」のガバナンス』山梨ふるさと文庫。

日高昭夫（2018）『基礎的自治体と町内会自治会——「行政協力制度」の歴史・現状・行方』春風社。

福留強（1980）「成人指導者の役割」岡本包治編著『青少年の学習——活動と指導』ぎょうせい。

星山幸男（1996）「子ども会活動の現状と課題——仙台市における子ども会調査を事例として」『東北福祉大学研究紀要』第21巻。

堀内京子（2021）『PTA モヤモヤの正体——役員決めから会費、「親も知らない問題」まで』筑摩書房。

増山均（1986）『子ども組織の教育学』青木書店。

増山均（2018）「鈴木道太における子どもの権利認識と『子ども会論』」『早稲田大学大学院文学研究科紀要』第63号。

増山均（2021）「鈴木道太における子どもの権利認識と『子ども会論』」増山均編著『鈴木道太研究——教育・福祉・文化を架橋した先駆者』明誠書林。

松下啓一（2018）「自治体における若者参画政策の現状」松下啓一・倉根悠紀『若者参画条例の提案——若者が活き活きと活動するまちをつくるために』萌書房。

松下啓一・穂積亮次編（2017）『自治体若者政策・愛知県新城市の挑戦——どのように若者を集め、その力を引き出したのか』萌書房。

松葉重庸（1954）「子ども会」菅忠道・塚原健二郎編『児童問題講座　第5巻　児童文化篇』新評論社。

松本伸夫（1963）『子供会ノート——地域児童集団の生活指導』刀江書院。

丸山真央（2012）「国家のリスケーリングと都市のガバナンス——『平成の大合併』の地方政治を例に」『社会学評論』第62巻第4号。

三浦哲司（2019）「『若者会議』の展望」『ガバナンス』第217号。

三浦哲司（2020a）「住民と行政の関係——これからのコミュニティづくり」入江容子・京俊介編著『地方自治入門』ミネルヴァ書房。

三浦哲司（2020b）「都市のコミュニティ政策」伊藤恭彦・小林直三・三浦哲司編著『転換期・名古屋の都市公共政策——リニア到来と大都市の未来像』ミネルヴァ書房。

三浦哲司（2020c）「コミュニティカルテの現状と今後の可能性」『政策マネジメント研究』第1号。

三浦哲司（2023a）「子ども会活動の現状と今後の可能性——名古屋市の子ども会を例に」『人間文化研究』第39号。

三浦哲司（2023b）「少子化時代における地域子ども会の活動実態——名古屋市瑞穂区御劔学区の竹田町二丁目子ども会を例に」『人間文化研究』第40号。

三浦哲司（2023c）「コミュニティ政策の特質と論点」『公共政策研究』第23号。

三浦哲司（2024a）「子ども会を支えるメンバー」『人間文化研究』第41号。

三浦哲司（2024b）「地域子ども会とリスケーリング——名古屋市北区六郷北学区『きずな子ども会』を事例にして」『政策マネジメント研究』第4号。

三浦哲司（2024c）「子ども会によるワークショップの実践——名古屋市瑞穂区の御劔学区子ども会を例に」『人間文化研究』第42号。

三浦哲司（2024d）「子ども会のこれまで・これから」コミュニティ政策学会監修・コミュニティ政策学会中部支部編著『子ども会と地域コミュニティの関係を考える』東信堂。

三宅邦夫（1969）『これからの子ども会』福村出版。

三宅邦夫（1974）『子ども会の育て方』黎明書房。

三宅博之（2014）「北九州市における子ども会活動の衰退とその課題——北九州市小倉南区子ども会調査を通して」『北九州市立大学法政論集』第 41 巻第 2 号。

宮﨑文彦（2018）「未来カルテデータを用いた未来ワークショップ——公共的市民育成のための新しいプログラム」『公共研究』第 14 巻第 1 号。

村松岐夫（1994）『日本の行政——活動型官僚制の変貌』中央公論新社。

森裕亮（2023）「地域コミュニティの担い手を求めて——ネットワーク個人主義時代の『人材補完計画』」『都市問題』第 114 巻第 5 号。

森本精造（1992）「子ども会活動の今日的意味」福岡県子ども会活動研究会・横山正幸編著『現代っ子がよみがえる子ども会活動入門——学校五日制時代への対応』北大路書房。

森本扶（2003）「子どもの居場所づくりと鈴木道太の『子ども会』論」『生涯学習・社会教育学研究』第 28 号。

谷田貝公昭（1996）「子ども会活動における子どもの成長」『教育と情報』第 457 号。

谷田貝公昭・村越晃・西方毅（1996）「子ども会活動が子どもの行動に及ぼす影響」『家庭教育研究』第 1 号。

柳至（2012）「自治体病院事業はどのようにして廃止されたか」『公共政策研究』第 12 号。

柳至（2018）『不利益分配の政治学——地方自治体における政策廃止』有斐閣。

山本和人・大野清恵（2007）「子ども会および育成会活動の課題とその活動支援」『国立オリンピック記念青少年総合センター研究紀要』第 7 号。

山本紀代（2021）「子ども組織の歴史的展開」『社会教育研究年報』第 35 号。

山本浩資（2016）『PTA、やらなきゃダメですか？』小学館。

吉原直樹（1989）『戦後改革と地域住民組織——占領下の都市町内会』ミネルヴァ書房。

渡辺たま緒（2023）「自治会・町内会の役割と、まちづくりをめぐる新たな展開」『都市問題』第 114 巻第 5 号。

参考資料

一般社団法人地域問題研究所（2023）『子ども会活動振興策の方向性の策定に向けた調査業務委託【最終報告】』一般社団法人地域問題研究所。

大府市子ども未来課（2023）『子ども会の在り方検討会議報告書（本編）』大府市子

ども未来課。

公益社団法人全国子ども会連合会（2016）『明日への子ども会——全国子ども会連合会50年史』公益社団法人全国子ども会連合会。

自治体戦略2040構想研究会（2018）『自治体戦略2040構想研究会　第一次報告——人口減少下において満足度の高い人生と人間を尊重する社会をどう構築するか』自治体戦略2040構想研究会。

指定都市子ども会連絡協議会（1985）『指定都市の横顔』指定都市子ども会連絡協議会。

全国子ども会連合会（1990）『月刊子ども会』1990年4月号、全国子ども会連合会。

全国子ども会連合会（1991）『月刊子ども会』1991年4月号、全国子ども会連合会。

全国子ども会連合会（1992）『月刊子ども会』1992年10月号、全国子ども会連合会。

全国子ども会連合会（1993）『月刊子ども会』1993年4月号、全国子ども会連合会。

全国子ども会連合会（1994）『月刊子ども会』1994年3月号、全国子ども会連合会。

第32次地方制度調査会（2020）『2040年頃から逆算し顕在化する諸課題に対応するために必要な地方行政体制のあり方等に関する答申』第32次地方制度調査会。

特定非営利活動法人東京都子ども会連合会（2022）『東京都子ども会新聞』第217号、特定非営利活動法人東京都子ども会連合会。

中村区子ども会育成連絡協議会（2016）『中村区子ども会50周年記念誌』中村区子ども会育成連絡協議会。

名古屋市（2001）『新修名古屋市史　第9巻　民俗編』名古屋市。

名古屋市（2023）『地域団体ナビ』名古屋市。

名古屋市子ども会連合会（2015）『50周年市子連のあゆみ記念誌』名古屋市子ども会連合会。

名古屋市子ども青少年局（2024）『名古屋市子ども会活動振興策の方向性策定に向けた検討会議（第1回）資料』名古屋市子ども青少年局。

六郷北学区区政協議会（2012）『子ども会への加入についてのお願い』六郷北学区区政協議会。

索　引

177, 185-193

な　行

奈井江町　107
中田実　145
中野民夫　104, 110
名古屋市　73, 74, 81-87, 129
名古屋市子ども会連合会（名古屋市子連）
　82
野垣義行　33, 178

は　行

バックキャスティング　108
半構造化面接法　36, 43, 180
半田市　157, 158
半田市子ども会連絡協議会（半田市子連）
　158-163
半田市社会福祉協議会（半田市社協）
　159-163, 170
PFS 方式　203
PTA　30, 31, 60, 61, 67
ファシリテーター　111
フォーカス・グループ・インタビュー
　36, 57
プロボノ　64
平成の大合併　62, 107, 130, 132, 182
保護者　47, 56, 57, 65, 89, 90
星山幸男　34, 76
ボランティアパートナー　190

ま　行

牧之原市　105
増山均　24, 33
まちづくりワークショップ　105-107
丸山真央　130, 132
瑞穂区地域子ども会育成連絡協議会（瑞
　穂区子連）93, 94, 117, 118
御劔学区　115, 116
御劔学区子ども会　94, 116-118
三宅博之　26, 34, 77
未来カルテ　108, 109
未来ワークショップ　108
むらおさめ　222

や　行

遊佐町　107

ら　行

リスケーリング　130-133
連絡・連合組織　52, 53, 176, 177
六郷北学区　135-137
六郷北学区区政協議会　136

わ　行

ワークショップ　104, 105
若者会議　106
若者議会　108
ワクワク未来会議　120

【著者紹介】

三浦哲司（みうら さとし）　名古屋市立大学大学院人間文化研究科准教授

1983 年生まれ。北海道夕張市出身。同志社大学法学部政治学科を卒業後、同志社大学大学院総合政策科学研究科で自治体内分権と自治体コミュニティ政策を研究し、博士号を取得（政策科学）。専門は地方自治論、行政学。大阪公共サービス政策センター研究員、龍谷大学地域公共人材・政策開発リサーチセンター（LORC）博士研究員、同志社大学高等研究教育機構助手を経て、2014 年 4 月より現職。2018 年 5 月からは名古屋市立大学都市政策研究センター研究コーディネーター、2020 年 4 月からは名古屋市立大学社会連携センター副センター長を兼任。主な著書に『自治体内分権と協議会──革新自治体・平成の大合併・コミュニティガバナンス』（単著、東信堂、2021 年）など。

子ども会と地方自治
──地域の挑戦、行政の支援

2025 年 4 月 20 日　初版第 1 刷発行

著　者──三　浦　哲　司
発行者──大　江　道　雅
発行所──株式会社 明石書店

　　　　〒 101-0021　東京都千代田区外神田 6-9-5
　　　　電話 03（5818）1171　FAX 03（5818）1174
　　　　https://www.akashi.co.jp/

装　幀　　明石書店デザイン室
印　刷　　株式会社 文化カラー印刷
製　本　　本間製本 株式会社
ISBN 978-4-7503-5921-2　© Satoshi MIURA 2025, Printed in Japan
（定価はカバーに表示してあります）

ソーシャル・イノベーションの理論と実践

今里滋 編

■A5判／上製／320頁 ◎3600円

地域社会で生じている具体的な課題・問題をどのように解決するか。執筆者自らが変革の主体となって社会実験を重ね、実体的な変化を創出した研究成果を集約。ソーシャル・イノベーション学構築に向けた礎の書であり、同様に社会変革を志す市民にとっての手引書。

人文社会系産官学連携

社会に価値をもたらす知

南了太 著

■A5判／上製／260頁 ◎4500円

文系の知は社会の中でどのように活かせるか。人文社会系分野の産官学連携が、大学・行政・産業界の三者すべてに価値を生むことを実証。6つの最先端事例まで総ざらいして分析した貴重な体系書。

〈価格は本体価格です〉

公共政策学教育の現状分析

ポリシー、カリキュラム、授業実践

村上紗央里、新川達郎 著

■A5判／上製／280頁 ◎4500円

政策科学部や地域政策学部といった学部での「公共政策学教育」の現状と課題を多角的に究明。四半世紀を超える政策系学部のあゆみを振り返りつつ、「学士課程教育における公共政策学分野の参照基準」の作成過程も内部と外部双方の視点から活写。

子ども政策とウェルビーイング

行政・NPO・日本社会が支えるものは何か

松村智史 著

■A5判／上製／304頁 ◎4800円

こども家庭庁の設立、こども基本法の施行等、日本の子ども政策は格差・貧困やウェルビーイングをめぐり、激動の時期を迎えている。それを支える中央省庁・地方公共団体、NPO等民間団体、日本社会という三つの観点から、政策の全貌について再検討する。

〈価格は本体価格です〉

コミュニティの幸福論
助け合うことの社会学

桜井政成 著

■四六判／並製／352頁　◎2200円

家族や地域、趣味・ボランティアのグループ、SNSやネットゲームといったあらゆるコミュニティを取り上げ、孤独感や幸福との関わりを考える。オンライン授業で満足度が高かった講義内容をもとに、実況中継風の"読みたくなるテキスト"をめざして書きおろし。

日本の寄付を科学する
利他のアカデミア入門

坂本治也 編著

■四六判／並製／324頁　◎2500円

世界的にみても寄付行動や見知らぬ人への人助け、ボランティア活動が低調とされる国・日本。これまで積み重ねられてきた学術研究の知見をもとに、利他にまつわる19の疑問と謎を解き明かした稀有な一冊。寄付の活性化こそ日本の最重要課題の一つだ。

〈価格は本体価格です〉